Bauten, Dächer, Handwerker

Walter Klein

Bauten, Dächer, Handwerker

Verlag H. M. Hauschild GmbH, Bremen

Vorwort

Das christlich geprägte Mittelalter beschäftigt sich in seinen Bauvorstellungen mit der Erschaffung der Welt und versteht in der eigenen Architektur das Abbild des Kosmos. Das menschliche Bauen spiegelt die schöpferische Tat Gottes wider. Die Übereinstimmung der Tätigkeit der Architekten mit dem Schöpfertum der Welt führt zu der Erkenntnis, daß der Architekt gleichsam der allumfassende Künstler ist.

Vor dem Hintergrund dieser Betrachtung sind die ersten Darstellungen des Mittelalters von im Werden begriffenen Bauten begründet. Die Illustrationen sind in Kloster- oder Domskriptorien entstanden. Nicht der Bau an sich, sondern die hierdurch gegebene Möglichkeit der Hinwendung zum Architekten der Welt ist der Inhalt der Abbildungen. So sind die mittelalterlichen Darstellungen des Baubetriebs die erste zuverlässige Quelle für zeitgenössische Bautechnik mit allen Baubereichen, Handwerken und ihren Werkzeugen.

Lange vor den Europäern haben Menschen anderer Kulturkreise Häuser mit einem Dach versehen. Das bedeutete Schutz gegen feindliche Mächte und die Unbilden der Natur.

Dach und Dachdeckungen sind uralt. Schon vor der Mauer gab es das Dach – die primitive Wohngrube versah man mit einem künstlichen Schutz aus Rinden, Blättern oder Stroh.

In altgermanischen Zeiten war alles durch Haushandwerker hergestellt worden. Hieraus bildete sich der Beruf des Zimmermanns, dem beim Hausbau die volle Erstellung des Daches zufiel. Der bewundernswerten Leistung der Gestaltung einer gotischen Mauerwerkskonstruktion stehen die Erfindung und Ausführung von Dachstühlen mit oft beachtlichen Spannweiten nicht nach. Die Zimmermannskunst muß sich im Mittelalter zu großer Höhe aufgeschwungen haben. Im 16. und 17. Jahrhundert sind die uns bekannten Konstruktionstypen systematisch zusammengestellt und variiert worden.

Das Hauptwerkzeug der Zimmerleute war die Axt. Aus vielen Darstellungen ist zu ersehen, wie die Balken frei mit der Hand zugehauen wurden – noch heute kann man an alten Holzbalken die schöne Unregelmäßigkeit, die sich aus dieser Praxis ergibt, bewundern. Aber auch das Sägen des Holzes wurde dargestellt.

Aus der Kunst, die Dächer mit Steinen zu belegen, wird nach und nach ein selbständiges Handwerk. Der Steindecker wird erstmals 1298 in Straßburg erwähnt. Er deckt das Dach mit Ziegel- oder Dachpfannen und mit Schiefer. So wird er auch zum Schieferdecker.

Das Dachdeckerhandwerk hat es nicht leicht gehabt, sich durchzusetzen. Vor 1350 waren Zimmerleute, Steindecker und Steinsetzer in einer Zunft vereint – dieses änderte sich erst, als Schieferdecker eine eigene Zunft bildeten.

Die Klempnerei ist aus dem Schmiedegewerbe des Altertums hervorgegangen. Die Nürnberger Spengler muß man als Wurzel gelten lassen – um 1400 gehörten diese Blechschmiede bereits zu den acht Handwerkern, die einen Ratsherrenstuhl besetzen durften.

Als nächstes sind zu nennen der Flaschenschmied und der Laternenmacher, die sowohl in den Darstellungen der Mendelschen Zwölfbrüderstiftung als auch in den Hauptständen von Weigel zu finden sind. In Leipzig werden die Lampenmacher um 1650 auch Klipperer genannt. Diese Zunftbezeichnung schlägt sicherlich die Brücke zum heutigen Klempner.

Die in diesem Bildband gezeigten Darstellungen sind zum Teil bereits in „Das Dach und sein Handwerk" enthalten. Schon in dieser ersten Auflage war der Titel nicht eng begrenzt auf das Dachdeckerhandwerk. Hier sind nun die Gewerke des Zimmermanns und Klempners ebenso in zeitgenössische Darstellungen mit einbezogen wie auch die der übrigen Bauhandwerker.

Natürlich erhebt die vorliegende Sammlung von Abbildungen über das Bauen, das Dach und das Bauhandwerk keinen Anspruch auf Vollständigkeit. Gegenüber der 1. Auflage ist aber doch vieles hinzugekommen, was in alten Schriften und Büchern gefunden wurde. Auch wurde erneut der Versuch unternommen, zu jeder Darstellung Informationen über Erscheinungsjahr und Drucktechnik sowie über den Künstler und seine Motivation dem Betrachter zur Kenntnis zu bringen.

Die neue Ausgabe der Vorlagen zeitgenössischer Darstellungen der Bauhandwerker mit erweitertem Inhalt macht deutlich, wie sich – gesehen mit den Augen der Künstler – in den vergangenen Jahrhunderten das Bauen, das Dach und die sich damit beschäftigenden Handwerke gewandelt haben.

Viel Freude beim Betrachten und Lesen!

Walter Klein
Delmenhorst, im Herbst 1996

Tempelbau
Buchmalerei, um 875

In der Stiftsbibliothek St. Gallen/Schweiz wird das um 875 entstandene „Psalterium Aureum" (Goldener Psalter) verwahrt. Die hieraus entnommene Miniatur zeigt die Dacheindeckung mit Schindeln (Steinplatten) beim Bau der alttestamentlichen Stiftshütte.

PSALMVS DAVID. IN CONSVM
MATIONE TABERNACVLI·

König Wenzels Bilderbibel
Buchmalereien, 390 x 560 mm (Blattgröße)

Die Wenzelsbibel, die älteste deutsche Prachthandschrift der Bibel, wurde im 14. Jahrhundert in Prag geschrieben und gemalt. Das heute nicht zugängliche Original wird in der Österreichischen Nationalbibliothek in Wien unter strengsten Sicherheitsvorschriften aufbewahrt.

Die deutsche Bibel gehört zu den wenigen Handschriften des 14. Jahrhunderts, die noch halbwegs erhalten sind. Darum – und wegen der Pracht dieser Schrift – hat sich der Adeva-Verlag in Graz entschlossen, eine Faksimilierung durchzuführen. Alle interessierten Wissenschaftler und Sammler werden nun erstmals Zugang zu diesem Werk haben.

Nicht nur Schrift und Sprache sind es, die faszinieren, sondern vor allem die 646 großartigen, in den Text eingefügten Buchmalereien. Von diesen Darstellungen – durch Fotografien übertragen – wird hier mit freundlicher Genehmigung der Österreichischen Nationalbibliothek in Wien nebst dem Turmbau zu Babel weiteres vom Tempelbau vorgestellt.

Weitere Buchmalereien aus der Zeit um 1460 sind hier wiedergegeben, wie sie in Schriften über das Bauen in der Vergangenheit als Reproduktionen zu finden sind.
Einmal wird die Herstellung von Ziegeln und deren Trocknung gezeigt; und außerdem ist der Brennofen zu erkennen.

Das andere Bild zeigt Handwerker wie den Steinmetz und den Maurer bei der Arbeit.
Ein weiterer Handwerker ist mit dem Mischen von Mörtel beschäftigt – und im Hintergrund auf einer Leiter sehen wir den Dachdecker.

Bibeldarstellung
Bauarbeiter, Dachschindeln vernagelnd
Federzeichnung

In der Staatsbibliothek der CSR in Prag befindet sich die Original-Federzeichnung aus einer Bibel der Jahre 1430–1435.
Die Zeichnung wurde dem Buch „Der Mensch und seine Arbeit" entnommen, das 1971 in Prag herausgegeben wurde. So wie die frühen Holzschnitte des 15. Jahrhunderts, waren Zeichnungen und Malereien der damaligen Zeit thematisch fast ausschließlich religiösen Sujets. Ihre Aufgabe bestand in der bildlichen Darstellung der christlichen Heilslehre. Der dazugehörende Text wurde zeichnend danebengesetzt und mit in das Holz geschnitten.
Die übernommene Federzeichnung vermittelt uns einen Einblick in die Beschaffenheit des Handwerkszeugs.

Girart-de-Roussillon-Handschrift
Bau einer Kirche
Buchmalerei, dazu ein Ausschnitt

In der Österreichischen Nationalbibliothek in Wien befindet sich auch die „Girart-de-Roussillon-Handschrift" aus dem Jahre 1447.
Unter dem Titel „Girart de Roussillon und seine Frau errichten zwölf Abteien" existiert eine Buchmalerei mit vier Miniaturen.
Die hier wiedergegebene Darstellung eines mittelalterlichen Baubetriebs zeigt im Vordergrund zwei Steinmetze und im Hintergrund den Dachdecker bei der Schindeldeckung.
Die Vergrößerung der Miniatur unterhalb der großen Abbildung läßt auch den Zimmermann bei der Arbeit erkennen.

Marx Treitzsauerwein
Kaiser Maximilians Weißkunig

**Zimmerleute bei der Arbeit
Kaiser Maximilian bei den Maurern**
Buchdruck nach Holzschnitten

Der Weißkunig behandelt die Geschichte der Vorfahren von Kaiser Maximilian I., seine Geburt sowie die geschichtlichen und politischen Ereignisse seiner Regierungszeit (1493–1509). Bearbeitet wurde die Biographie vom kaiserlichen Sekretär Marx Treitzsauerwein. Die Illustrationen zeigen die verschiedensten Handwerker und Künstler bei der Arbeit – darum sind sie von großer Bedeutung für die Wertung der mittelalterlichen Kulturgeschichte.

Die Original-Holzschnitte entstanden zwischen 1512 und 1517 durch Hans Burgkmair nach eigenen Entwürfen oder auch nach Hans Schäufelein und Leonhard Beck. Die Auftragsarbeit des Kaisers brachte Burgkmair zum Höhepunkt seiner Holzschneidekunst, da seine Vorlagen besonders schnittgerecht angelegt waren.
Die hier wiedergegebenen Bilder sind verschiedenen Werken über das Handwerk der vergangenen Jahrhunderte entnommen. Dies erklärt die mindere Druckqualität.
Um einen Holzschnitt anzufertigen, wird auf eine Holzplatte zuerst die Zeichnung aufgetragen. Dann arbeitet der Formschneider die gezeichneten Linien mit dem Messer haarscharf nach. Der dazwischenliegende Teil wird herausgeholt, Linien und Flächen bleiben stehen.

Haus- und Kirchenbau
Buchmalereien, 120 x 108 mm,
135 x 95 mm,
160 x 155 mm

Die drei Abbildungen sind den „Chroniques de Hainaut" (1465–1470) entnommen, die in der Bibliothéque Royale Albert in Brüssel/Belgien aufbewahrt werden.
Die Abbildung oben links zeigt den Wiederaufbau einer zerstörten Stadt in Fachwerkbauweise. Alle Stadien des Hausbaus sind erkennbar, so die Gerüstkonstruktion und die Dacheindeckung. Hier wird mit Stroh oder Schilf gedeckt.
Die anderen Abbildungen illustrieren Zimmermannsarbeiten und die Eindeckung mit Schindeln beim Kirchenbau.

Lucas Brandis
Rudimentum novitorum
Abbildungen aus dem Bauhandwerk
Holzschnittblatt, 280 x 370 mm
Abbildungen von Holzschnitten, 85 x 65 mm
(Bildmaß)

Diese „Cronicarum et historiarum epitome" des Jahres 1475 von Lucas Brandis, Lübeck, enthält mehrere hundert altkolorierte Holzschnitte, von denen hier einmal eine ganze Seite und Bildnisse wiedergegeben sind.
Das „Rudimentum novitorum" ist eines der frühesten und schönsten deutschen Holzschnittbücher und darüber hinaus der erste datierte Lübecker Druck.

Die früheren Holzschnitte zeigten thematisch im Prinzip immer religiöse Motive und bildliche Darstellungen der Heilslehre. Dazu gehörte erläuternder Text, der oft mit dem Bild zugleich in den Holzstock geschnitten wurde.
Man spricht bei diesen Druckwerken von „Inkunabeln", wenn die Buchdruckwerke vor dem Jahre 1500 entstanden sind. Die Inkunabel des „Rudimentum novitorum" hat die Arbeiten beim Bau der Stadt Lübeck zum Inhalt.
Die Bildseite rechts zeigt einen solchen Textholzschnitt. Die obenstehenden Abbildungen von altkolorierten Holzschnitten sind nach Fotografien reproduziert.

phetare· vide infra vbi naum·

⁋ Anno· xij· ioathan ·madidus rex medorum· ij· cepit· & annis· xl· regnauit·
Istius anno· ix· roma conditur·

⁋ Item ioathan hoc anno deuicit amonitas & fecit eos tributarios· ij· palip· xxvij·

⁋ Anno ioathan· xiij· rasin rx sirie· & facee rex israhel ceperunt vastare regnum iuda quod tam postea pfecerunt tempe achaz· iiij· Re· xv· in fine· & c· xvj· i principio·

⁋ Decimo quarto anno ioathan fm comestorem vidit ysaias dominum sedentem eiusdem· c· vi· Et micheas exorsus est pphetare·

⁋ Decius quitus annus ioathan q e mudi teius millesimus· ccvij· fuit anus remissionis & inbileus· xxv·

⁋ Decimo sexto ano ioathan· alqueon princeps· xiij· athemensium· pq codrus cepit· & presuit annis· ij· Et pq morte eius· principes ibidem defecerunt· & in decem annos magistratuum cosuetudo couersa est· vide supra anno sez· xxxv· moysi· Item ioathan hoc anno moritur

⁋ Item hic defecerunt regna sez chorinthiorum & lacedemomorum fm quosdam· vide supra anno· xlviij· osie·

De achaz· xij· rege iuda·

Achaz filius ioatha· xij· rex iuda cu est anorum· xx· cepit regnare ano sez mudi tercii millesimo· cc· ix· Etatis quarte· ccc· xix· facee regis israhel ano· xvij· Ante vrbem conditam ano· iiij· Et regnauit anis· xvi· in ih'rusale· Nec fecit rectum coram domino que vero fecent mala patet· iiij· Re· xvi· p totum & ij· palip· xxviij· Et interpretatur couertens· aut apprehendens· siue conuersus visioni aut apprehendens fortitudinem·

⁋ Anno pmo achaz· ascendit rasin rex sirie· & facee rex israhel in ierusale· & obsederunt ea vide· iiij· Re· xvi· & ij· pali xxviij· Rex tamen assinoru iuuit achaz ibidem & hoc sez anno· ij· achaz vt infra Quomodo autem obeth ppheta compu

lit facee· leiu redeuntem in samariam· & quomodo ad increpatione suam remisit captiuos ad ppria parz· ii· palip· xxviij ante medium·

⁋ Anno· ii· achaz· rasin & rex israhel facee· secundo obsederunt ierusale· iiij· Re· xvi· Et timentem achaz rege iuda confortauit ysaias· ysa· vii· dicens· Ne timeas ab his duabus caudis ticonum fumigantiu· & cetera· Et adiecit· pete tibi signum & cetera· Sed no credidit achaz· & misit nucios ad regem assinorum teglatphalasar· qui uenit & vastauit siriam & rasin interfecit· Et transtulit damascenos in cirenem· q est uersus ethiopiam· quia est & alia cirene in affrica· cetera patent· iiij· Re· xvi· & ii· palip· xxviij·

⁋ Hic costruitur roma·

⁋ Anno· iiii· achaz qui est mundi tercius millesimus· cc· xii· Etatis quarte· ccc xxii· facee regis israhel· xx· olimpiadis quinte· anno· iiii· madidi regis medorum· anno· ix· ardisi pmi regis lidorum· xxv bothoris regis egipti ano· xxx· numitor frater amulii· proce filius pater ylia· q & rea filuia· auus remi & romuli· per ipsos nepotes suos restituitur in regnum· infecto per eos amulio rege· paterno eorum vt dictu est· Et regnauit numitor

Francesco Petrarca
Trostspiegel in Glück und Unglück

**Baustelle mit Baumeister
Steinmetzhandwerker
Steinbildhauerwerkstatt**
Holzschnitte, 155 x 95 mm

Das philosophische Werk Francesco Petrarcas erschien in seinem lateinischen Urtext 1474 in Straßburg. Es gehörte zum festen Bestandteil der Lehrbücher deutscher Humanisten und hat deren Denken und Schaffen deutlich beeinflußt. Die erste deutsche Übersetzung erschien in Augsburg im Jahre 1532. Die illustrierenden Holzschnitte stammen von einem unbekannten Künstler, der den Notnamen „Petrarca-Meister" erhielt.

Er zeigt einmal den Baumeister als stattlichen Herrn, der seine Anweisungen gibt. Dieses Blatt symbolisiert die Aussage Petrarcas: „Daß dein Haus wohlgebaut ist, ist dein Ruhm nicht, sondern der des Zimmermanns".
Auf der Baustelle der Steinmetze ist ebenfalls wieder der Baumeister mit seinem Stab, der Anweisungen erteilt. Der Steinmetz, der an einer großen Platte arbeitet, scheint zu den Arbeitern auf dem Bau zu sprechen.
In der Werkstatt eines Steinbildhauers sind fertige Arbeiten ebenso zu sehen wie der Handwerker und sein Gehilfe selber. Die verstreuten Geräte geben zu erkennen, daß der Schöpfer des Bildnisses mit der Bildhauerkunst bestens vertraut war.

Templum annis lapsū vult instaurare ROBERTVS, Suadet opus, parent illi. Ducis ecce sacerdos,
Et reperit socios; sola sed arma sciunt. Atq; sacerdotis munera miles obit.

Johann Sadeler (Jan d. Ae.)
Biblische Darstellung
Kupferstich, 208 x 160 mm

Die Übersetzung des Textes unter dem Kupferstich lautet: „Einen seit Jahren vom Verfall bedrohten Tempel will Robertus [wohl ein Einsiedlermönch, Anm. d. Hrsg.] restaurieren, Gehilfen machte er ausfindig, doch die verstehen nur des Krieges Handwerk. Doch er vermag sie zur Mithilfe zu bewegen, und sie folgen seinen Anweisungen. Und siehe da, ein Priester übernimmt die Aufgabe des Feldherrn und Soldaten die des Priesters."

Der Zeichner und Kupferstecher Johann Sadeler wurde 1550 in Brüssel geboren. Nach der Lehre bei seinem Vater bereiste er Italien und Deutschland. Er stach eine größere Anzahl von Folgen mit biblischen Darstellungen. Das vorliegende Blatt konnte trotz großer Bemühungen bisher keiner Folge zugeordnet werden.
Sadeler starb im Jahre 1600 in Venedig.

Anno 1129. hat Keyser Lotharius die Statt Vlm zerbrochen/da sie jhn nicht für ein Keyser erkennen wolten: aber Keyser Conrad der nach jhm kam/hat sie wider vñ viel weiter lassen bawen/vñ

gab den Bürgern auch viel Freyheiten/angesehen daß sie vmb seinet willen den grossen schaden erlitten hatten. Man macht auch die Statt drey mal weiter dañ sie vorhin war gewesen. Im jahr 1140. fieng man an den Graben auffzuwerffen/vnd mit dem Grund füllt man zu die alten Gräben/vnd gieng die Statt widerumb an/nam zu in Ehr/Reichthumb vnd Gewalt/daß sie jetzt der fürnemeste Stett eine ist in Teutschem Landt.

Sebastian Münster
Cosmography, Oder beschreibung Aller Länder herrschafftenn und fürnembsten Stetten des gantzen Erdbodens
Zimmermann und Steinmetz
Holzschnitt, 145 x 75 mm

Der deutsche Humanist Sebastian Münster hat ein umfangreiches Werk hinterlassen. Er ist in die Geschichte eingegangen als der große Geograph des 16. Jahrhunderts. Die Kosmographie zählte zu den begehrtesten Büchern, die die Druckkunst dieser Zeit hervorbrachte. Von 1544 bis 1628 erschienen 35 vollständige Auflagen. Kein anderes Werk des 16. Jahrhunderts kann sich eines gleichen Verlagserfolges rühmen. Die erste Ausgabe war aber noch kein ausgereiftes Werk. Münster hat aber immer weiter Material gesammelt, so daß in den Folgejahren erweiterte Auflagen in deutscher und lateinischer Sprache herauskamen.
Sebastian Münster wurde im Jahre 1488 in Nieder-Ingelheim geboren. Nach Studium in Löwen und Freiberg kam er nach Pforzheim. 1515 ging er als Lektor nach Tübingen. Später übernahm er den Lehrstuhl für Hebräisch in Basel. Er lehrte an dieser Universität bis zu seinem Tode im Mai 1552.

Hausbücher der Zwölfbrüderstiftungen zu Nürnberg
Federzeichnungen, 125 x 170 mm

Der Nürnberger Handelsherr Conrad Mendel gründete 1388 eine Wohnstatt für zwölf hilfsbedürftige alte Handwerker. Die „Zwölfbrüderstiftung" bestand bis 1799.

Die Männer, die hier aufgenommen wurden, mußten ledig sein, „nit jung und mit tapferem Alter beladen". Sie erhielten dort freie Wohnung, Kost, Anstaltstracht und ein Taschengeld. Es mußten ihrer immer zwölf sein – wie bei den Aposteln.

Nach dem Vorbild der Mendelschen Stiftung schuf 1510 der Nürnberger Patrizier Matthäus Landauer ein ebenfalls für zwölf Handwerker bestimmtes Altersheim.

In beiden „Zwölfbrüderhäusern" wurden Hausbücher geführt, die von außerordentlichem volkskundlichem und kulturhistorischem Interesse sind, denn alle in die Stiftung aufgenommenen Brüder wurden von Malern bei ihrer früheren Arbeit in der Werkstatt, im Hof oder auf der Baustelle mit den entsprechenden Handwerksgeräten mit größter Sorgfalt dargestellt. Jeder Bruder bekam im Hausbuch seine eigene Seite, wo wichtige Angaben wie Name, Beruf und auch das Todesjahr eingetragen wurden.

So entstand eine über mehrere Jahrhunderte hinwegreichende Bilderchronik von Handwerkern heute lange ausgestorbener Berufe. Beide Hausbücher enthalten zusammen über 1300 Abbildungen.

Von den Handwerkern hat sich keiner zu seinen Lebzeiten durch eine besondere Tat ausgezeichnet, und doch haben es die Gründer dieser Spitäler für wichtig gehalten, sie alle abbilden zu lassen. Es ist die Hochschätzung der Handwerksarbeit gewesen, die Nürnberg groß gemacht hat, und das tief wurzelnde, mittelalterliche Gemeinschaftsgefühl, das jeden einzelnen aufwertet, eben weil er zu dieser Gemeinschaft gehört.

24

der lxxx bruder der do starb hieß Peter Zymerman

Die Hausbücher befinden sich heute in der Nürnberger Stadtbibliothek. Mit freundlicher Genehmigung der Bibliotheksleitung werden aus der Fülle der Bildnisse hier aus dem Mendelschen Hausbuch alle vier vorhandenen Dachdecker, fünf Zimmerleute, zwei Flaschner und je ein Maurer und Steinmetz wiedergegeben.
Aus dem Hausbuch von Landauer sind dann abschließend noch ein Dachdecker und ein Steinmetz zu finden.

Der Zimmermann.

Ich Zimmermann/ mach starck gebeuw/
In Schlösser/ Heusser/ alt vnd neuw/
Ich mach auch mancherley Mülwerck/
Auch Windmüln oben auff die Berg/
Vber die Wasser starcke Brückn/
Auch Schiff vnd Flöß/ von freyen stückn/
Blockheusser zu der gegenwehr/
Dedalus gab mir diese Lehr.

Der Kupfferschmidt.

Ich mach auff hohe Thürn die Knöpff/
Eymer damit man Brünnen schöpfft/
Badkeßll/ Trög vnd die Badwannen/
Feuwr Kuffen/ Breuwkeßl Pfannen/
Klein vnd groß Kessel zu dem waschen/
Hellhäffn/ Külkeßl/ vnd Weinflaschen/
Fleischscheffel/ Spülnepff/ wasser Stütz/
Brennhüt zum Wasser brennen nütz.

Jost Amann
Eygentliche Beschreibung aller Stände

Der Zimmermann
Der Kupfferschmidt
Der Laternmacher
Der Blatner
Holzschnitte, 60 x 80 mm (Blattmaß)

Jost Amann (auch Amman oder Aman) wurde 1539 in Zürich/Schweiz geboren. Er lebte und arbeitete ab 1560 als Maler und Kupferstecher in Nürnberg, wo er 1591 starb.
Aus der Fülle der Holzschnitte, die den Namen des Jost Amann tragen (es wurde in neuerer Zeit bestritten, daß Amann selbst in Holz geschnitten hätte), sind hier vier Beispiele aus dem Handwerksbereich wiedergegeben – auch wenn der Dachdecker in seinem Repertoire fehlt.
Das erste Buch mit Holzschnitten von Jost Amann verlegte Sigmund Feyerabend im Jahre 1568 in Frankfurt/Main mit der Bezeichnung „Eygentliche Beschreibung aller Stände auf Erden, Hoher und Nidriger, Geistlicher und Weltlicher, Aller Künsten, Handwerken und Händlen. Durch den weitberümpten Hans Sachs Gantz flüssig beschrieben und in Teutschen Reimen gefasset, Sehr nutzbarlich und lustig zu lesen, – in Druck gefertigt".

Der Laternmacher.

Ich mach die groß künstlich Latern/
In Kirchen leuchtend klar Lucern/
Mach auch die blind Latern/ gestaucht/
Die man in dem Feltläger braucht/
Schön Liechtkolben ich auch bereit/
Bey Nacht / zu Gastung und Hochzeit/
Darzu Latern groß vnde klein/
So man zu Nacht braucht / in Gemein.
                       Der

Der Blatner.

Gut Stehle Harnisch ich schlag kan/
Beyde für Roß und auch für Mann/
Gantze Küriß und die Roßpar/
In die Schlacht/wol versorget gar/
Auch zun Thurnir / Stechn vnd Rennen/
Sonst allr art / wie mans mag nennen/
Für den Gmein hauffen/schlecht gemacht/
Das habn die Spartaner auff bracht.
   T iij   Der

Diesem Werk folgte im gleichen Jahr und vom gleichen Verleger eine Ausgabe mit den Verszeilen von Hans Sachs in lateinischer Sprache und mit deutscher Bezeichnung der Darstellung. Das in seinem Miniaturformat kostbar wirkende Buch erlebte vier Auflagen. Die nächste erschien 1574, eine weitere dann noch 1588.

Jost Amann/Garzoni
Piazza universale

Steinmetz
Kalk- und Ziegelbrenner
Zimmermann
Holzschnitte in Buchseiten
60 x 80 mm (Bildmaß)

Das im Jahre 1641 erstmals von Merian, Frankfurt/Main, herausgegebene Buch trägt den ergänzenden Titel: „Das ist: Allgemeiner Schauplatz, Marckt und Zusammenkunft aller Professionen, Künsten, Geschäften, Händeln und Handwercken".
Auch dieses Werk gibt einen hervorragenden Überblick über den Stand von Handwerk und Manufaktur im 17. Jahrhundert – wobei die Holzschnitte von Amann, die 70 Jahre zuvor das „Ständebuch von Hans Sachs" illustrierten, wiederverwendet wurden.
Garzonis „Piazza universale" wurde von Merian dann 1659 nochmals aufgelegt.

Jan Luyken
Spiegel van et menselyk bedryf

De Metselaar – Der Maurer
De Steenzaager – Der Steinsäger
De Lootgieter – Der Bleigießer
Kupferstiche, 75 x 85 mm

Der Zeichner, Radierer und Dichter Jan Luyken (1649–1712) lebte und arbeitete in Amsterdam. Hauptsächlich beschäftigte er sich mit Darstellungen der biblischen Geschichte. Einige seiner besten Illustrationen befinden sich im „Spiegel van et menselyk bedryf", in dem Vorgänge aus dem täglichen Leben bebildert und beschrieben werden. Das Werk erschien 1694 in Amsterdam.

Jan Luyken wird in einschlägigen Lexika als der fruchtbarste und zugleich als einer der vielseitigsten Radierer der holländischen Schule in der Zeit von Rembrandt bezeichnet.

Jan Luyken
De Bykorf des Gemoeds

De Zethaak
Kupferstich, 75 x 85 mm

Auch dieses Werk ist vom Schöpfer des Werkes „Spiegel van et menselyk bedryf", jedoch ist es weniger bekannt. Hier werden in 102 Kupferstichen Szenen des menschlichen Lebens wirklichkeitsgetreu illustriert.
Jan Luykens „De Bykorf des Gemoeds" kam 1711 – also im Jahr vor seinem Tode – heraus.

Jan Luyken
Afbeelding der menselichen Bezigheden

Tichelaar – Ziegler
Kupferstich, 75 x 85 mm

In der „Afbeelding der menselichen Bezigheden", um 1710 herausgegeben von R. & J. Ottens, Amsterdam, sind die gleichen Kupferstiche von Jan Luyken wie im „Spiegel van et menselyk bedryf" verwendet worden.

Caspar Luyken/P. Abraham à Santa Clara
Lets vor allem

De Leidekker
De Steenbakker
De Architect
De Steenzager
De Blikslager
De Metselaar
Kupferstiche, 75 x 85 mm (Bildmaß)

Caspar Luyken (1672–1708) war holländischer Radierer und Zeichner als Sohn, Schüler und Mitarbeiter von Jan Luyken in Amsterdam. Er lebte von 1699 bis etwa 1705 in Nürnberg, wo er für Christoph Weigel arbeitete. Aber auch für andere Buchverlage war er tätig, und außerdem illustrierte er mehrere Werke von P. Abraham à Santa Clara. Im Gegensatz zu den schlanken Figuren seines Vaters sind Caspars Menschen breit und in einen kräftigen Gegensatz zum hellen Hintergrund gesetzt.

Der Schieferdecker stammt aus der 1. Ausgabe des im Jahre 1720 erschienenen „Lets vor allem" – ebenso „De Steenbakker". „De Architect of Bouwmeester" und die anderen Handwerker finden sich in dieser textlichen Form in späteren Ausgaben.

DE ARCHITECT OF BOUWMEESTER.

Men moet voor af den buidel meten,
En dan den grond tot een gebouw;
Want hy die het eerste komt vergeten,
 Heeft van zyn BOUWEN haast berouw:
Doch daar het Geld gebrek kan stoppen:
Komt eindelyk toch de dood aankloppen.

DE STEENZAGER.

Draag met gedult den zwaren STEEN
 Des Kruises-last, en denk met een,
Elk moet een lydent leven leiden:
 De droefheid loopt ten eind', de tyd
 Der zege is niet zo verre of wydt,
De Ziel zal haast van 't Lichaam scheiden.

DE BLIKSLAGER OF LANTAARNMAKER.

Merk, ziele, in dezen donkeren oort,
 Op Godes schynent waarheids woord,
't Is een LANTAARNE, om u te toonen
Dat Huis, daar gy in 't Licht zult woonen,
 En daar ge in glans zult klaarder zyn
 Dan aller Sterren glans en schyn.

DE METSELAAR.

Erscheide meenigen zyn 'er wie d'eerste Metselaar mag geweest zyn? *Plinius* meent, dat een seekere *Doxius*, de Soone van *Gellius*, het eerste huis van leem gebouwt heeft; hebbende sulx van de Swaluwen geleert, welke door drift der Natuur uit

Christoph Weigel/P. Abraham à Santa Clara
Abbildungen der Gemein-Nützlichen Haupt-Stände

Der Flaschner
Der Zimmermann
Der Dachdecker
Kupferstiche, 80 x 90 mm

Christoph Weigel wurde 1654 im heutigen Marktredwitz geboren. Er arbeitete zunächst als Kupferstecher an verschiedenen Orten, ging 1698 nach Nürnberg und gründete dort später eine Kunst- und Buchhandlung mit einem Zweiggeschäft in Wien. Er verlegte und vertrieb auch seine eigenen Werke. Viele seiner Blätter wurden von bei ihm beschäftigten Meistern geschaffen. Dies gilt auch für die „Haupt-Stände". Die Hälfte aller Blätter werden Jan und Caspar Luyken zugeschrieben.

Der Dachdecker.
Gott decket, deck' auch du, des Nächsten Fehler zu.

Bedeckt mit heiligen Gedancken,
die nicht bey jeder Welt-Lust wancken,
das Hertz, des Höchsten liebes Hauß;
Dann sonsten treibt der Sünden Regen,
den werthen Gast mit seinem Seegen,
von solcher offnen Wohnung aus.

Die von Weigel herausgebrachten Werke stehen in der Nachfolge der traditionellen Ständebücher. Die Texte beschreiben weit- und tiefgehend die einzelnen Darstellungen und Berufe, so wie es auch im Titel angekündigt wird. Weigel starb im Jahre 1725 in Nürnberg.

Alle Kupfer stammen aus den „Abbildungen der Gemein-Nützlichen Haupt-Stände – von denen Regenten und Ihren so in Friedens- als Kriegs-Zeiten zugeordneten Bedienten an, biß auf alle Künstler und Handwercker, nach jeden Ambts- und Beruffs-Verrichtungen, meist nach dem Leben gezeichnet … von Christoff Weigel in Regensburg, gedruckt im Jahr Christi 1698".

Der Schieferdecker
Verfallen soll, wird erst von Hoffart voll.

Wer allzu hohe Fahrten wagt,
wenn ihn die Lust zu steigen plagt,
den kan ein leichter Schwindel stürtzen
Und wen der Hoffarts-Schwindel dreht,
Im fal ihn Kunst und Gunst erhöht,
dem muß ein schneller Fall die Steige lüst verkürtzen

Christoph Weigel/P. Abraham à Santa Clara
Etwas für Alle

Der Schieferdecker
Der Baumeister
Kupferstiche, 80 x 90 mm

Weigels Zeitgenosse P. Abraham à Santa Clara (d. i. Johann Ulrich Megerle, 1644–1709), der weltbekannte Kaiserliche Prediger am Wiener Hof, benutzte die „Haupt-Stände" zu seinem ebenso umfangreichen „Etwas für Alle. Das ist: Eine kurtze Beschreibung allerley Stand-, Ambts- und Gewerbs-Personen". Hier finden wir den Schieferdecker.

„P. Abraham à S. Clara … war ein wahrhaft großer Mensch, … ein musterhafter Gottesstreiter von untadeliger Lebensführung, von unerhörtem Freimut nach oben und nach unten, dabei ein Sprachgenie, ein Satiriker von immenser Belesenheit und voller Mutterwitz und guter Psycholog. Der badische Barfüßermönch verstand es in der Wiener Augustinerkirche so zu predigen, daß die Gemeinde über die derben Späße dröhnend lachte oder aus Angst vor den drastisch geschilderten Qualen der Hölle laut aufheulte."
So eine Beurteilung in einem Lexikon.

> **Der Baumeister**
> Krieg, Feur und Zeit verlacht der stolzen Häuser Pracht.
>
> Man muß zuvor den Beutel messen,
> ehe man abmest den Grund zum Hauß
> sonst treibt es den mit Schand hinaus,
> der vorgeehrt darinn gesessen:
> Wo aber Geld nicht mangeln kan,
> da klopfft der Tod doch endlich an.

P. Abraham à Santa Clara verfaßte auch schon für Weigel die Überschriften zu den einzelnen Berufen sowie die gestochenen sechszeiligen allegorischen und religiösen Sinnsprüche. Alle diese Stiche übernahm er dann für sein „Etwas für Alle", erschienen von 1699 bis 1711 im Weigel-Verlag.

Als Jan und Caspar Luyken sowie Christoph Weigel sich in Amsterdam und Nürnberg Ende des 17. und Anfang des 18. Jahrhunderts als Kupferstecher betätigten, hatte diese Technik schon Jahre der Entwicklung hinter sich. Künstler wie Dürer und Schongauer hatten bereits Werke geschaffen, mit denen sie zeigten, wie meisterhaft sie den Stichel zu führen wußten.

Für den Kupferstich verwendet der Stecher eine nicht allzu starke, sorgfältig glattgeschliffene Kupferplatte. Darauf werden die Umrisse der Zeichnung seitenverkehrt übergetragen. Jetzt muß die Darstellung Linie für Linie in das Metall eingeschnitten werden. Die Druckintensität ergibt die Breite des Einschnitts, und damit fällt die Entscheidung über hell und dunkel – der Einschnitt nimmt später die Druckerschwärze auf.

Die Abnutzung der Kupferplatte ist stark, so daß klar wird, warum die Zahl der hergestellten Abzüge zwischen 500 und 1000 Stück begrenzt ist.

Jan Georg van Vliet
Die Künste und Gewerbe

Der Zimmermann
Der Klempner
Radierungen, 165 x 212 mm

Um 1610 in Delft geboren, arbeitete van Vliet in der Werkstatt von Rembrandt. Der Einfluß des großen Lehrers ist in den Arbeiten nicht zu verkennen, Jan van Vliet gehörte zu seinen bedeutendsten Radierern. Nach dem Jahre 1635 gilt er als verschollen, da sich jede Spur von ihm verliert.

Zu seinen frühen Werken gehört auch die Folge von 18 Radierungen über Handwerke und Künste. Diese Blätter sind so qualitätvoll, daß sie sich kaum von denen des Meisters unterscheiden – dies wird vor allem in der Behandlung von Hell und Dunkel deutlich.

Blätter dieser Art sind äußerst selten. Nur hin und wieder wird ein Original-Stich in einer Auktion angeboten.

Der Klempner im Norden fertigt heute dieselben Produkte wie der Spengler oder Flaschner im Süden. Aber in der geschichtlichen Entwicklung war der Kupferschmied schon früher bekannt, vor allem beim Herstellen von Hausgeräten. In dieser Sparte war auch der Flaschner angesiedelt, aus dem sich der Beruf des Klempners entwickelte.

Ein Beispiel ist der „Flaschschmied". In den Darstellungen der Mendelschen Zwölfbrüderstiftung ist er abgebildet. Von ihm stammt mit Sicherheit die Berufsbezeichnung „Flaschner". Im Ständebuch von Jost Amann mit den Versen von Hans Sachs sind der „Blatner" und der „Laternmacher" zu finden. Auch diese Berufe sind Vorgänger des Klempners.

Johann Amos Comenius
Orbis sensualium pictus – Die Welt in Bildern

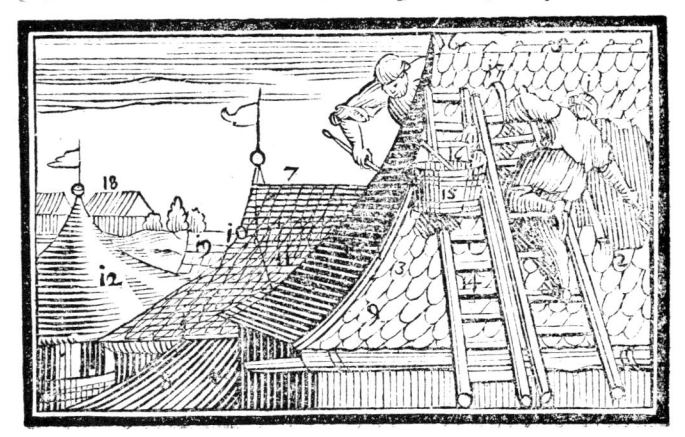

Der Dachdecker
Der Zimmermann
Der Ziegler
Das Haus
Der Flaschner
Der Kupffer-Schmidt
Der Steinmetz
Der Maurer (2 Abb.)
Holzschnitte, 84 x 54 mm

Das Geburtsjahr des „Orbis sensualium pictus" wird in den einschlägigen Lexika mit 1658 angegeben. Seit dieser Zeit sind immer wieder neue Auflagen in den verschiedensten Sprachen und mit immer neuen Holzschnitten erschienen.
Die wiedergegebenen Abbildungen stammen aus einer deutsch-lateinischen Auflage von 1750. Der Maurer erscheint gleich zweimal – einmal zusätzlich aus einer viersprachigen Ausgabe von 1833.
Johann Amos Comenius, der Schöpfer des „Orbis sensualium pictus", wurde 1592 in Nivnitz/Mähren geboren. Nach dem Studium der Theologie und Philosophie in Heidelberg ging er in den Schuldienst und strebte nach Verbesserung des Unterrichts. 1641 erschien seine erste Schrift zur Pädagogik. 1650 wurde er zur Gründung einer Schule nach Ungarn berufen. Dort erarbeitete Comenius sein Werk für die Kinder, den „Orbis sensualium pictus", das ihn zum bedeutendsten Reformpädagogen des 17. Jahrhunderts machte.
Letzte Zuflucht fand Comenius in Amsterdam, wo er 1670 starb. Das dortige Comenius-Museum verwahrt seine Hinterlassenschaft.

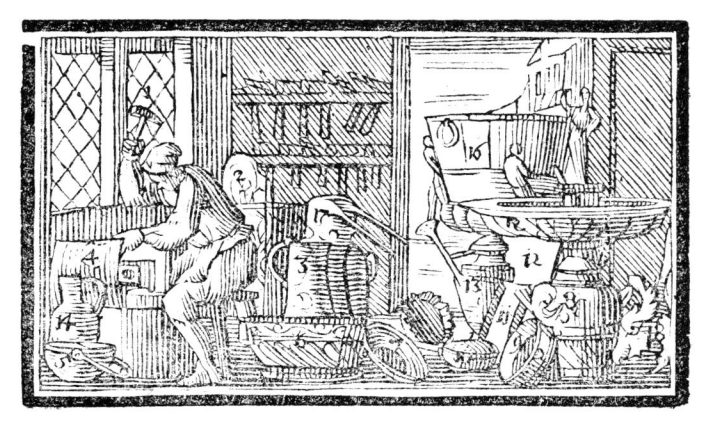

Das von Comenius geschaffene Werk diente als Sachbuch in erster Linie der Erlernung der lateinischen Sprache mit einem Bestand von 4000 Wörtern und 150 Holzschnitten. In den Bildern sind Details mit Ziffern versehen, die im Text eine Beschreibung erfahren. Die Holzschnitte selbst sind von „berufsmäßigen Graphikern" der damaligen Zeit – und auch später – ausgeführt worden. Sie stammen auch als Vorlage nicht von Comenius.

Wolf Helmhard von Hohberg
Georgia curiosia aucta

Ziegelhütte
Bauarbeiter
Kupferstiche, 142 x 106 mm

Das ist: „Umständlicher Bericht und klarer Unterricht von dem adelichen Land- und Feld-Leben. Auf alle in Teutschland übliche Land- und Haus-Wirthschafften gerichtet, hin und wieder mit vielen untermengten raren Erfindungen und Experimenten versehen, einer mercklichen Anzahl schöner Kupffer gezieret und in Dreyen absonderlichen Theilen, in zwölf Büchern bestehend, vorgestellt."

Die gezeigten Blätter stammen aus dem ersten Teil der späteren Ausgabe des Jahres 1716; verlegt von Martin Endters, Nürnberg.

Nicolas de Larmessin
Habits des métiers et professions

**Habit de Ferblanquier –
Bekleidung des Klempners**
Kupferstich, 190 x 270 mm

Der kolorierte Kupferstich stellt eine Rarität dar, da nur selten ein Blatt aus dem links genannten Werk in einem Antiquariat auftaucht.
Gerard Valck wird in den Lexika als Kupferstecher und Kartograph geführt, der zwischen 1651 und 1726 in Amsterdam lebte und arbeitete. Die Herausgabe eines großen Landkartenwerks gehört mit zu seinen wesentlichen Arbeiten.
Die von Valck ca. 1690 gefertigten Stiche werden auch unter dem Titel „Costumes grotesques" in verschiedenen Lexika beschrieben. So wie hier der Klempner sind auch andere Handwerker mit Gegenständen und Werkzeugen umgeben, die ihren Beruf charakterisieren.
Das von Larmessin in Paris herausgebrachte Werk umfaßt insgesamt 36 Darstellungen.

Habit de Ferblanquier

Martin Engelbrecht
Neu-eröffnete Sammlung der mit ihren eigenen Arbeiten und Werckzeugen eingekleideten Künstlern, Handwerckern und Professionen

Ein Zim̅ermann
Die Zieglerin
Der Ziegler
Kupferstiche, 184 x 285 mm

Der Augsburger Kupferstecher und Kunstverleger Martin Engelbrecht brachte um 1730 seine 189 Blätter umfassende Folge „Neu-eröffnete Sammlung …" heraus. Alle Blätter haben neben dem französischen und deutschen Titel in der Unterschrift mehrere zweisprachige Zeilen mit Aufzählung der auf dem Bild gezeigten Handwerkszeuge. In dieser Form wird jedes Gewerbe durch eine männliche und eine weibliche Figur wiedergegeben, die mit den Erzeugnissen oder Werkzeugen des betreffenden Handwerks dargestellt und geschmückt sind.

Die Zieglerin und der Ziegler auf der folgenden Doppelseite tragen die Signatur von C. P. Maj als Zeichner und Maler. Auf der rechten Seite steht ein Hinweis auf Martin Engelbrecht mit dem Zusatz „exud." – dies ist der Verleger und Künstler, der die Bildvorlagen in Kupfer gestochen hat.

Un charpentier.   *Ein Zimermann.*

1. piece de bois. 1. ein Stuck Holz. 2. compas. 2. ein Hand Zirkul. 3. le pie. 3. ein Zohll Stab. 4. groſſe Sie. 4. eine groſſe Segen 5. planche. 5. ein Brett od Dilen. 6. gros rabot à deux. 6. ein groſſer fueg. Hobel. 7. rabot à un. 7. ein Kleiner Hand Hobel. 8.
maillet 8. ein Knütſel od Schlägel. 9. hache pioche. 9. die Zwerck Axt. 10. petite Sie. 10. die Hand Seegen. 11. hache d'aſſem-
blage 11. eine Bund Axt. 12. auget pour couleur 12. das Farb trögl ſamt der Schnur. 13. perpendicule. 13. die Seſs Wang.
14. meſure 14. der Mauſs Stab.

Cum Priv. Maj.   Mart. Engelbrecht excud. A.V.

Femme de tuillier.   **Die Zieglerin.**

1. Tour couverte de tuiles plattes, 1. ein Thurn mit blatte gedeckt. 2. pèle de fer, 2. ein Eiserne Schauffel. 3. un balai, 3. ein besen. 4. tuiles creuses, 4. hohle Ziegel. 5. tuiles plattes, 5. Ziegelblatte. 6. tuiles à crochet, 6. umgekehrte Zieglblatte. 7. moule de brique, 7. Stein Model. 8. moule à brique pour corniche, 8. Semsstein Model. 9. moule de brique à pavé, 9. Pflaster stein Model. 10. moule mediocre pour brique à pavé, 10. mittelmäßiger Pflaster st. Model. 11. moule à brique platte, 11. hohl Ziegel Model. 12. moule, 12. Spitzwegge Model. 13. plus petit moule, 13. kleiner Pflast st. Model. 14. moule à tuiles creuses, 14. hohl Ziegel Model. 15. brique à batir, 15. ein Maurstein. 16. tuiles creuses, 16. ein hohl Ziegel. 17. brique platte à pointe, 17. eine blatte mit Spitz. 18. un radoir, 18. ein Streich maß. 19. pioche à l'argile, 19. die Laim Haue. 20. brique ronde et platte, 20. eine runde blatte.

Le Tuillier. Der Ziegler.

1. une brique, 1. ein Stein. 2. une tuille ovalle. 2. ein Dach Ziegel. 3. un racloir. 3. ein Streich maß. 4. model de tuille à tablette. 4. Plattenstein model. 5. moule vuide. 5. leerer Model. 6. modele à careau à pavé. 6. Pflaster model. 7. tuile creuse. 7. hohl Ziegel. 8. careau à pavé. 8. Pflasterstein. 9. autre moule à careau. 9. Platten model. 10. plus grand moule. 10. langer Stein model. 11. four. 11. der Bren Ofen. 12. dressoir. 12. der Ziegelbanck. 13. l'argile preparée. 13. der Thon od Zubereitete Erde. 14. brique à faire secher. 14. Stein zu trücknen. 15. moule. 15. Spitzwegge model. 16. pioche à l'argile. 16. die Laim Haue. 17. careaux. 17. Plattenstein.

Cum Priv. Maj.   Mart. Engelbrecht excud. A.V.

Ohne Titel
Kupferstich, 72 x 125 mm (Abb. o. links)

Die Herkunft dieses alten Kupferstichs – um 1780 entstanden – ist nicht bekannt.

Ohne Titel
Kupferstich, 57 x 83 mm (Abb. o. rechts)

Zu diesem reizenden kleinen Kupferstich können ebenfalls keine Angaben gemacht werden. Das aus einem Buch entnommene Blatt könnte etwa um 1750 gestochen und gedruckt worden sein.

Beer Street – Die Biergasse
Stahlstich, 132 x 152 mm (Abb. S. 51) ▶

Der abgebildete Stahlstich „Beer Street" erschien im Jahre 1795 im Verlag von A. H. Payne. Als ursprüngliche Vorlage ist eine Bildkomposition von William Hogarth anzusehen, die 1751 entstand. „Beer Street" verkündet mit harmlosem Humor den Segen des Bieres, das hier nicht wiedergegebene Gegenstück „Gin Lane" zeigt die verheerenden Folgen des Branntweinkonsums. Und während sich die Personen im Vordergrund dem Biergenuß hingeben, sind auf dem Dach die Dachdecker fleißig bei der Arbeit.

William Hogarth lebte von 1697 bis 1764 in London als Maler, Kupferstecher und Radierer. Seine unzähligen Bilder, Zeichnungen und Radierungen befinden sich in Sammlungen und Ausstellungen vieler Museen in der ganzen Welt.

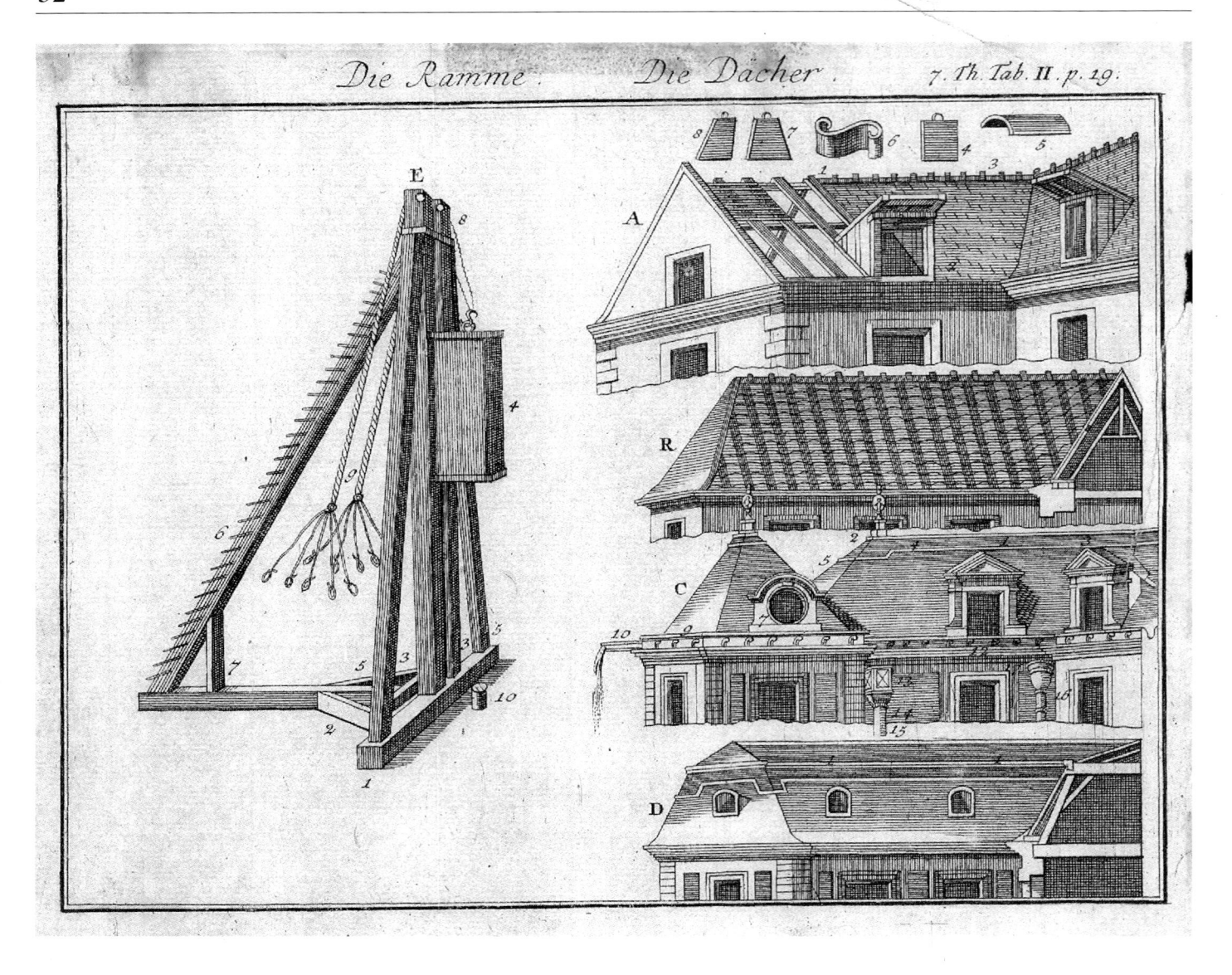

Noel A. Pluche
Schau-Platz der Natur

Die Ramme. Die Dächer
Das Zimmerwerk
Kupferstiche, 172 x 130 mm

Erstmals wurde das Werk „La spectacle de la nature, ou entretiens sur les particularités de l'histoire naturelle" in acht Bänden 1732–1750 in Paris von Noel A. Pluche aufgelegt. Pluche wurde 1688 geboren, er war Doktor der Theologie und Professor in Paris. Sein interessantes naturgeschichtliches Werk erlebte mehrere Auflagen. So auch als „Schau-Platz der Natur, oder: Unterredungen von der Beschaffenheit und den Absichten der natürlichen Dinge" in den Jahren 1753–1755 in Nürnberg und 1760/61 in Frankfurt/M. und Leipzig. Der siebte Teil enthält die Kupfer von der Ramme, den Dächern und vom Zimmerwerk.
Noel A. Pluche verstarb 1761.

Das Zimmerwerk.

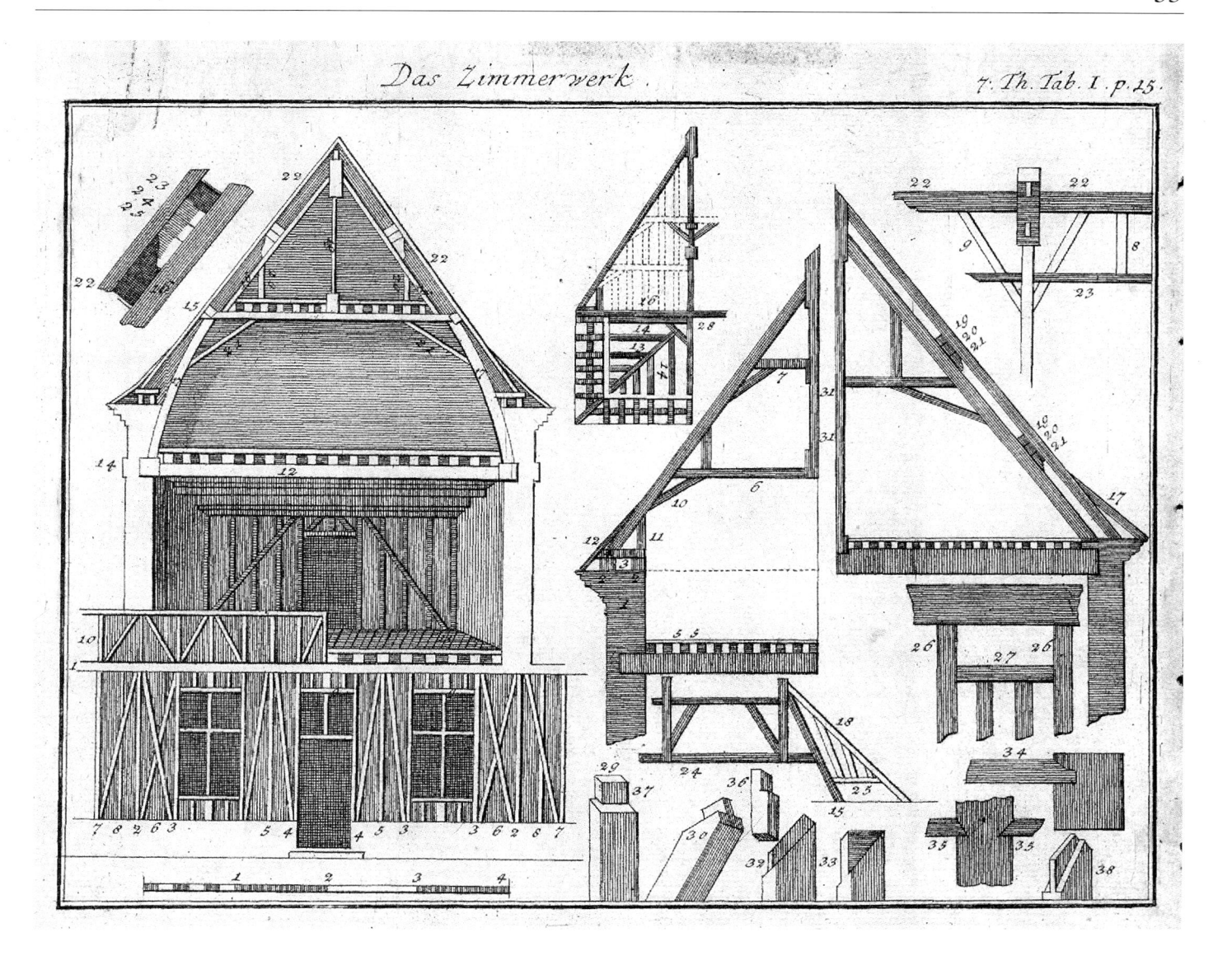

7. Th. Tab. I. p. 13.

Denis Diderot/Jean d'Alembert
Encyclopédie, ou Dictionnaire raisonné des sciences, des arts et des métiers, par une société des gens de lettres

Couvreur – Dachdecker
Kupferstiche, 150 x 205 mm
Couvreur in Suppl. Pl 1 + Pl 2
Kupferstiche, 140 x 205 mm
Briqueterie et Tuilerie – Ziegelei
Kupferstiche, 150 x 210 mm

„Lexikon oder Wörterbuch der Wissenschaften, der Künste und der Gewerbe in Verbindung mit Schriftstellern. Aufgestellt, geordnet und veröffentlicht durch Denis Diderot und Jean d'Alembert, 17 Bände, 1751–65" – so lautet die Titelangabe in einem einschlägigen Lexikon.

Das war der Anfang der großen französischen Enzyklopädie als Informationsquelle für alle Bereiche der Kultur des 18. Jahrhunderts vor der Französischen Revolution.

Im Jahre 1745 beschäftigte sich der Pariser Verleger Le Breton mit der Idee, eine französische Ausgabe der englischen „Cyclopaedia" von Chambert herauszubringen. Le Breton tat sich zunächst mit drei weiteren Verlegern zusammen und beauftragte Denis Diderot (1713–1784) mit der Gestaltung einer neuen französischen Enzyklopädie. Diderot verschaffte sich die Unterstützung seines bereits berühmten Freundes Jean d'Alembert.

Jeder dieser Bände rief bei seinem Erscheinen eine Sensation hervor. 1759 wurden die ersten Bände verboten und vom Papst indiziert. Le Breton gab jedoch heimlich weitere Bände der Enzyklopädie heraus. Der Verleger Panckauke setzte das Werk bis 1780 fort.

In dieser epochemachenden Enzyklopädie wurden praktisch alle damals bekannten handwerklichen und künstlerischen Berufe in dekorativen Werkstattszenen mit ihrem Handwerkszeug, aber auch die Jagd-, Reit- und Fechtkunst, Medizin, Architektur, Naturkunde usw. ausführlich dargestellt.

1762–1765 folgten elf Bände mit Stichen zu den Wissenschaften, Künsten und mechanischen Kunstfertigkeiten, 1776–1777 dann vier Bände als Ergänzung des Lexikons, 1777 eine Folge der Sammlungen von Stichen und 1780 ein Gesamt-Inhaltsverzeichnis in zwei Bänden.

Mehrere Raubausgaben der Enzyklopädie erschienen ebenfalls. Auch Panckauke unternahm den Versuch, mit seiner „Encyclopédie méthodique" in 201 Bänden (1782–1832) die Ausgaben von Diderot und d'Alembert zu verdrängen – jedoch ohne Erfolg.

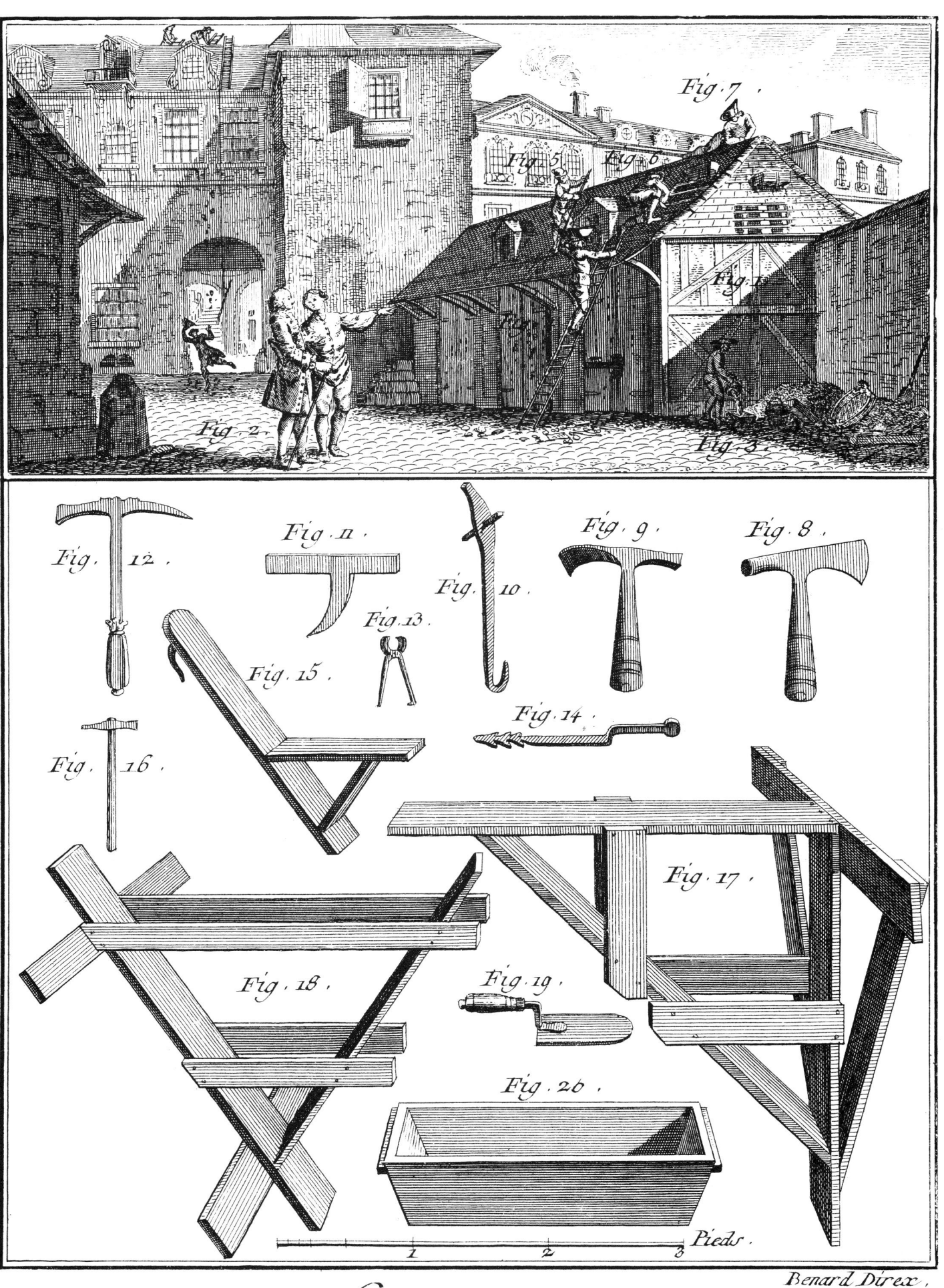

Couvreur.

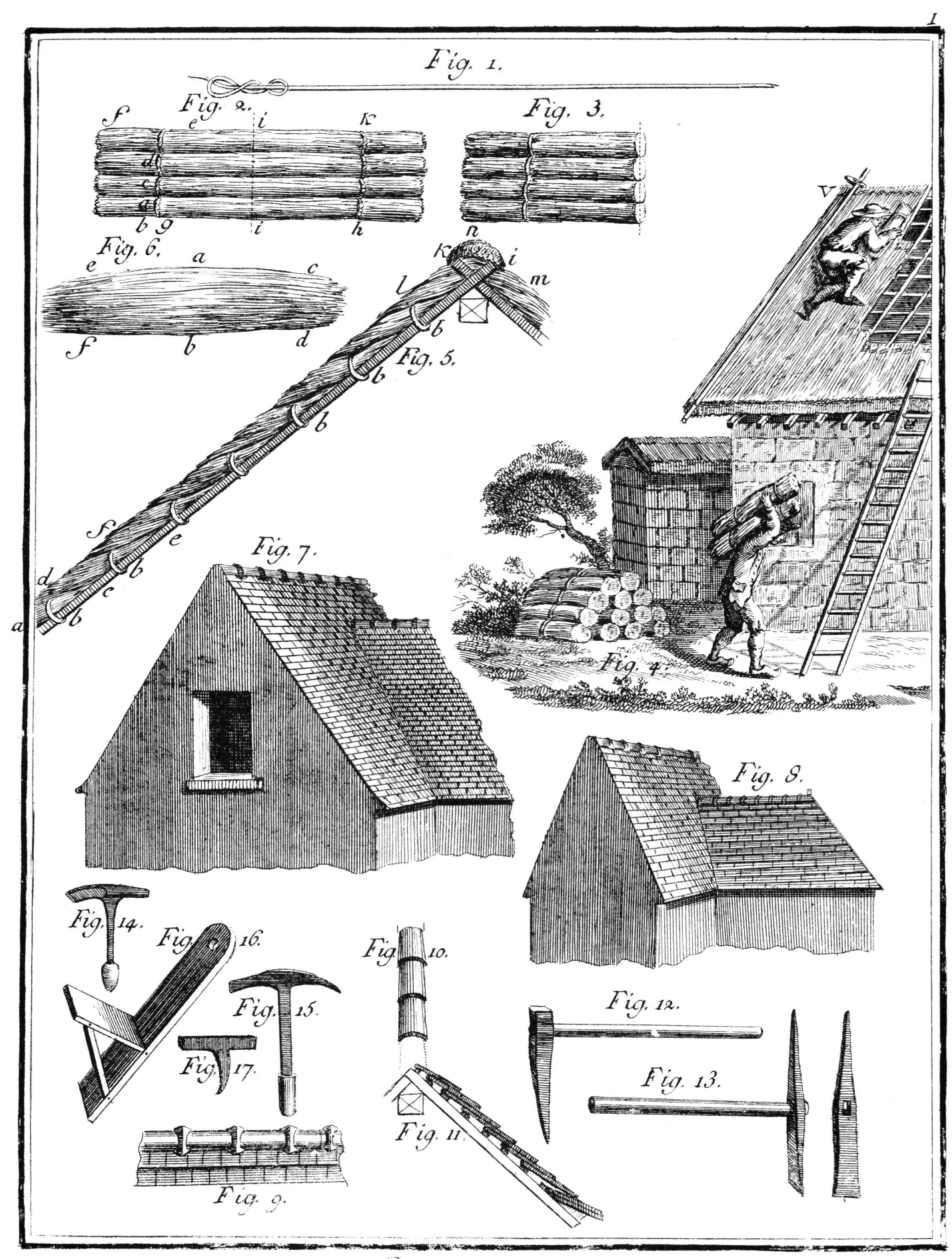

Couvreur.

57

Suppl. Pl. 1

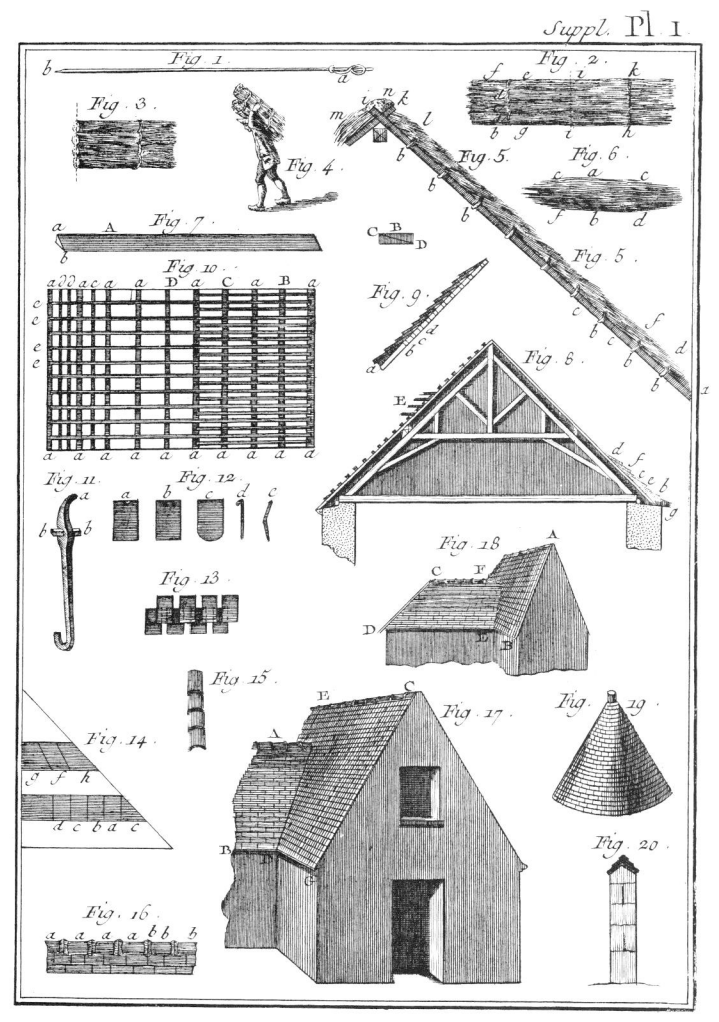

Couvreur.

Suppl. Pl. 2

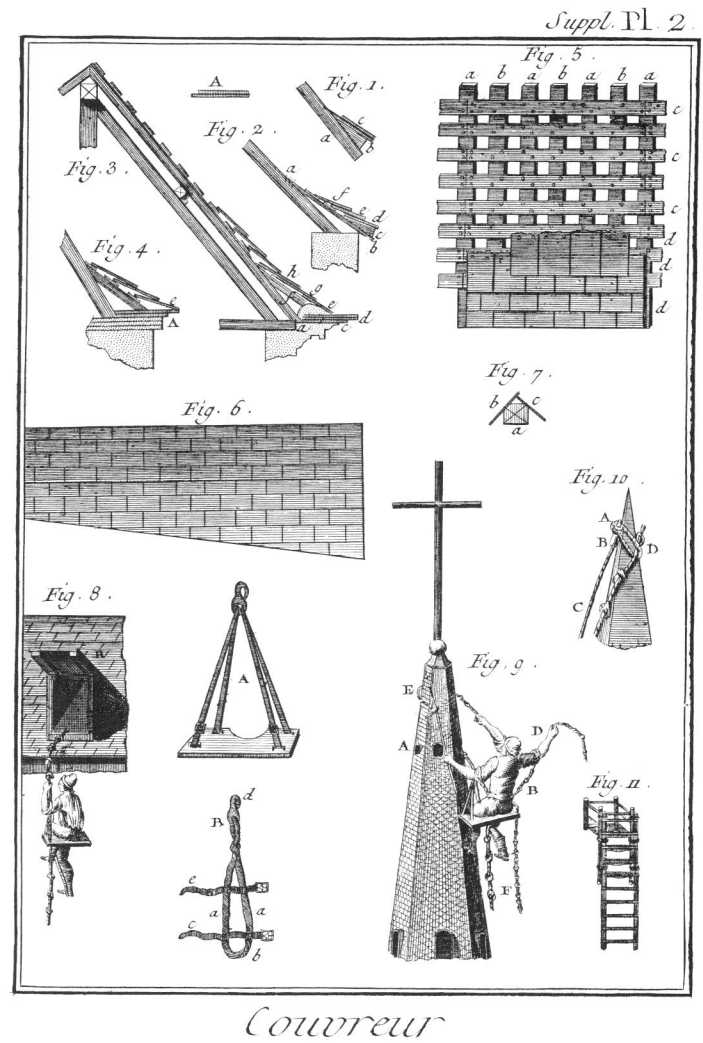

Couvreur.

Briqueterie et Tuilerie.

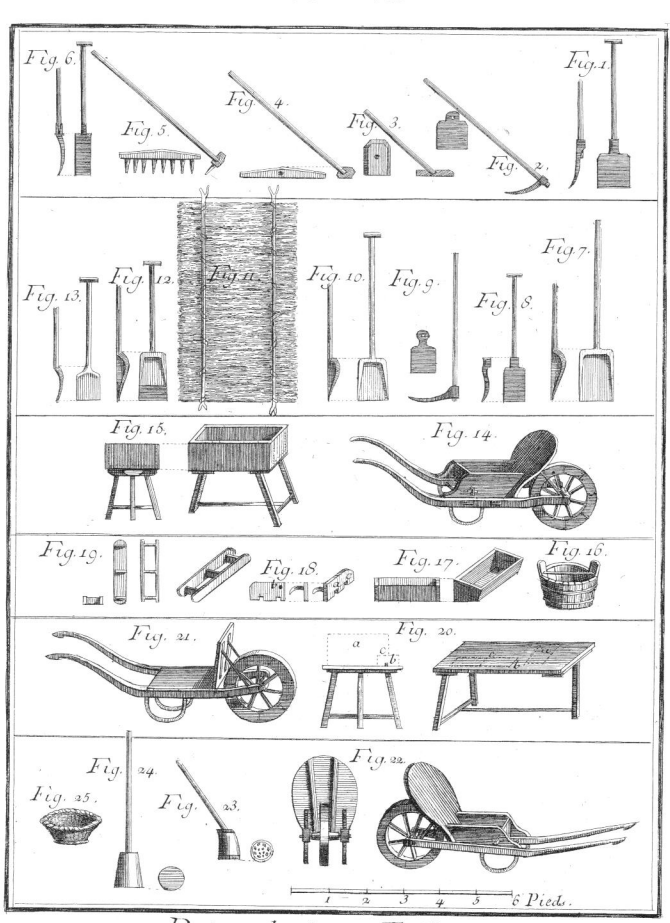

Briqueterie et Tuilerie.

Charpente – Zimmerleute und Holz
Kupferstich, 158 x 215 mm

Die Abbildung der Zimmerleute auf der Baustelle ist sowohl in der großformatigen als auch in den kleineren Ausgaben der Enzyklopädie vorhanden. Interessanterweise ist der kleine Kupferstich dabei spiegelverkehrt.

Ferblantier – Flaschner und Werkzeuge ▶
Kupferstich, 210 x 360 mm

Interessant ist die Abbildung der Werkstatt des „Ferblantier", des Flaschners.
Dies war der Geräteklempner, der in der damaligen Zeit auch in Deutschland diese Arbeitsmethoden praktizierte. Der Werkstoff, mit dem gearbeitet wurde – „Fer blanc" – war ein dünnes, mit Zinn beschichtetes Stahlblech. Hieraus wurden Kaffeekannen, Deckel und Trichter gefertigt. Der Ferblantier befaßte sich jedoch nicht mit der Bauklempnerei – für diese Arbeiten war der Couvreur bzw. der Plombier zuständig.

59

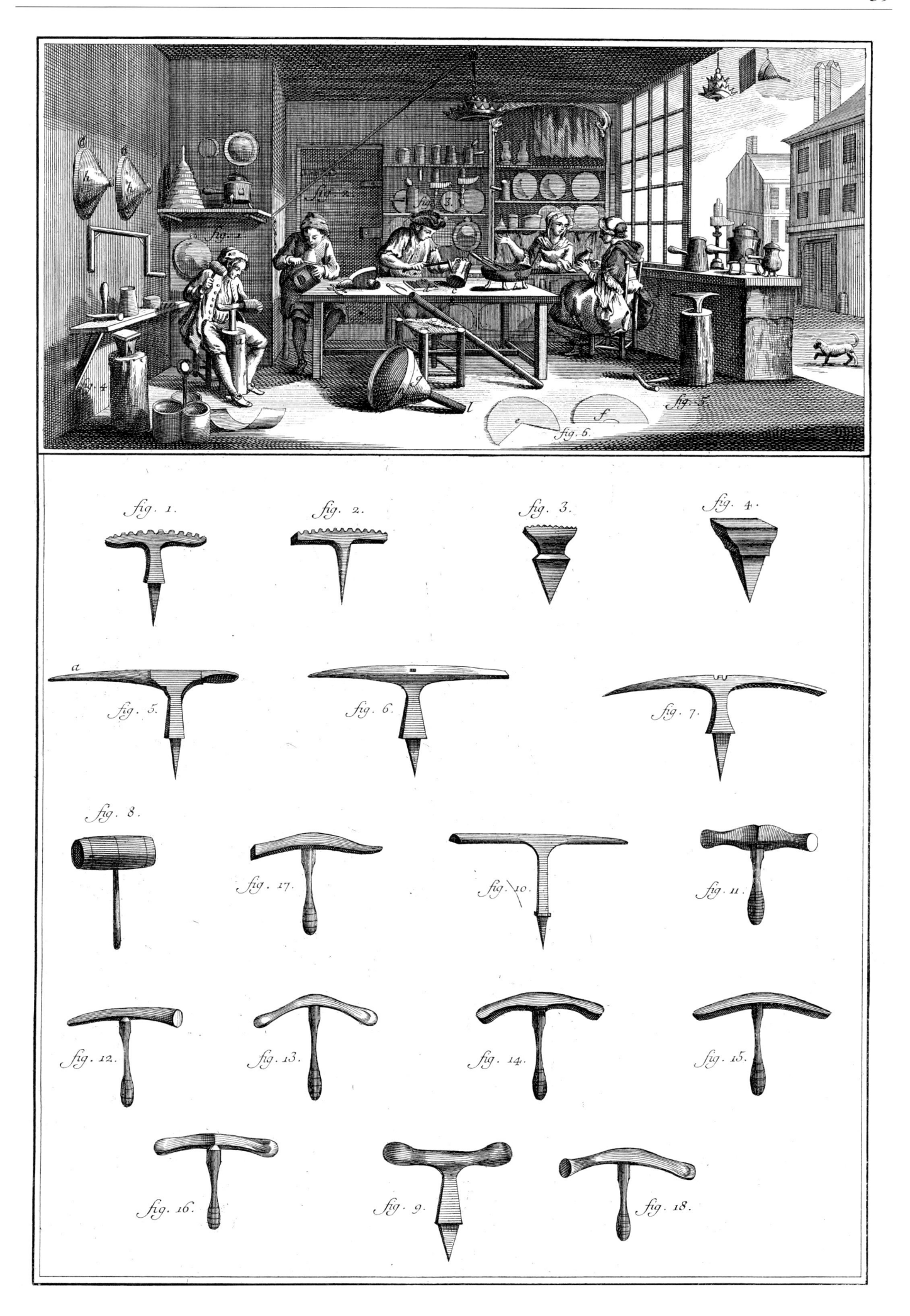

fig. 1.   *fig. 2.*   *fig. 3.*   *fig. 4.*

fig. 5.   *fig. 6.*   *fig. 7.*

fig. 8.   *fig. 17.*   *fig. 10.*   *fig. 11.*

fig. 12.   *fig. 13.*   *fig. 14.*   *fig. 15.*

fig. 16.   *fig. 9.*   *fig. 18.*

Maconnerie – Maurer und Wände
Kupferstich, 160 x 215 mm

Tuilerie – Ziegelei
Kupferstiche, 200 x 120 mm

J. H. G. von Justi/D. G. Schreber
Schauplatz der Künste und Handwerke, oder vollständige Beschreibung derselben von den Herren der Academie der Wissenschaften zu Paris

Der französische Staatsmann Jean-Baptiste Colbert (1619–1683) stellte der 1666 gegründeten Pariser Akademie die Aufgabe, eine wissenschaftliche Beschreibung der handwerklichen Arbeiten der französischen Gesellschaft zu erstellen. Damit wurde 1695 begonnen. Es wurde ein schwieriges Unterfangen, da einzelne Handwerker und Industriebetriebe ihre Fertigung geheimhalten wollten.

1711 wurde de Réaumur beauftragt, das Material zu sichten, und 1761 erschien das große Werk „Déscriptions des arts et métiers" – die Beschreibung der Künste und Handwerke.

Die hier wiedergegebenen Abbildungen stammen im Ursprung aus den „Déscriptions". Das gesamte Werk besteht aus 20 Bänden mit ausführlichen Beschreibungen und unzähligen Kupferstichen. Die großen Tafeln zeigen die damals üblichen Handwerke mit ihren Werkstätten bzw. Schauplätzen, Maschinen und Werkzeugen. Es wurden abgebildet die Handwerker bei der Arbeit, die Ausgangsmaterialien und die verschiedenen Phasen der Materialbearbeitung – insgesamt 482 Kupfertafeln.

Das Werk kann als eine inhaltlich teilweise notwendige Ergänzung zum Tafelmaterial der Enzyklopädie von Diderot und d'Alembert – und damit als eine Hauptquelle zur Kulturgeschichte der vorindustriellen Zeit – angesehen werden.

Die von J. H. G. von Justi und ab dem 5. Band von D. G. Schreber vorgenommenen Übersetzungen wurden in den Jahren 1762 bis 1775 vom Verlag Rüdigern, Berlin und Leipzig, herausgegeben.

Fougeroux de Bondaroy/Justi
Bd. II – 1762
L'Art de tirer les Carrières la Pierre d'Ardoise – Die Kunst den Schiefer aus den Steinbrüchen zu brechen

Pl. I   210 x 205 mm
Pl. II   215 x 110 mm und
          215 x 108 mm
Pl. III   215 x 118 mm
Pl. IV   218 x 112 mm
Kupferstiche

Hier sind fünf Kupferstiche von vier Platten, wie sie sich in der Original-Ausgabe befinden, wiedergegeben.

Ardoises.

Pl. II

Ardoises. Pl. III.

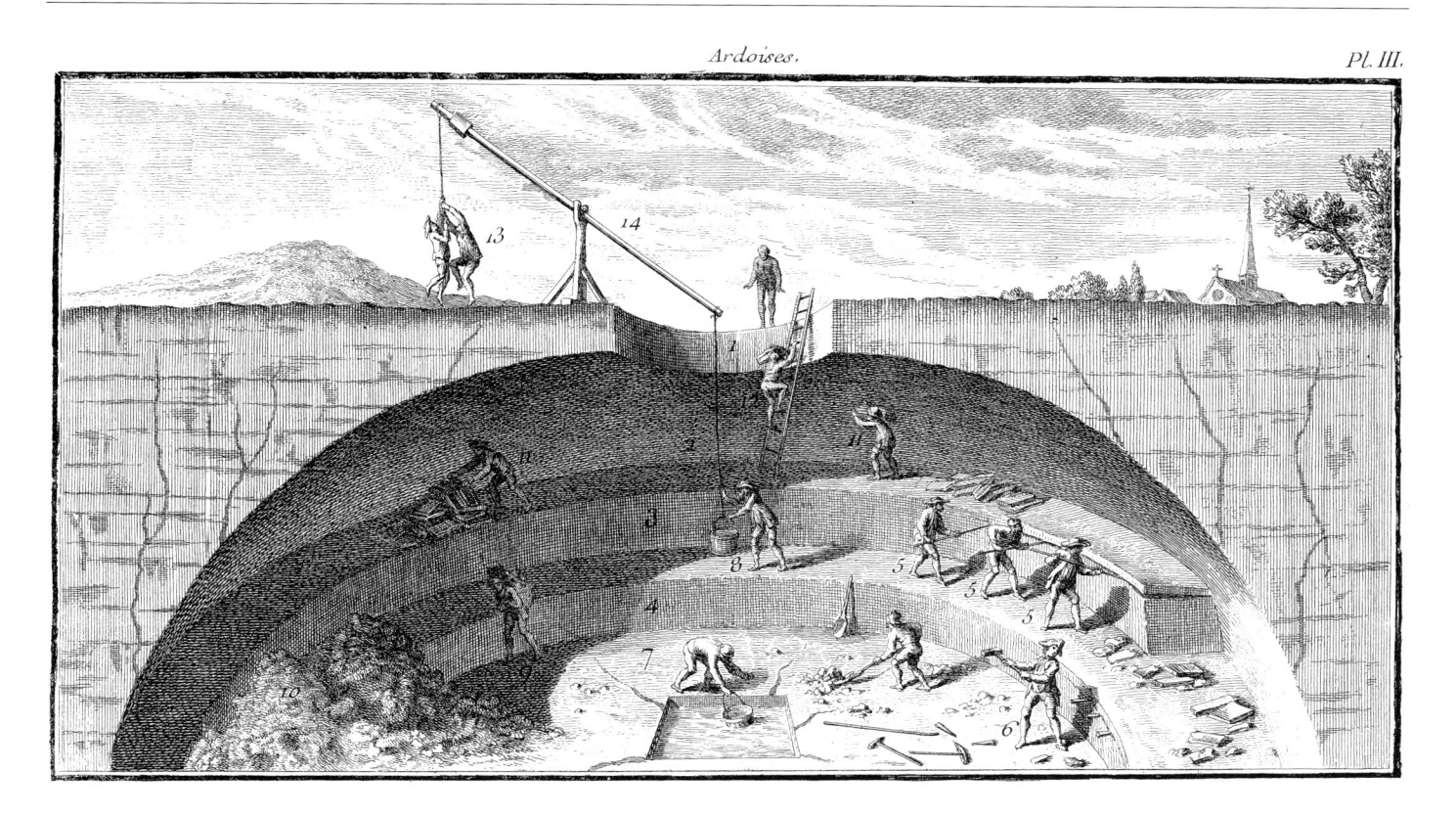

Ardoises. Pl. IV.

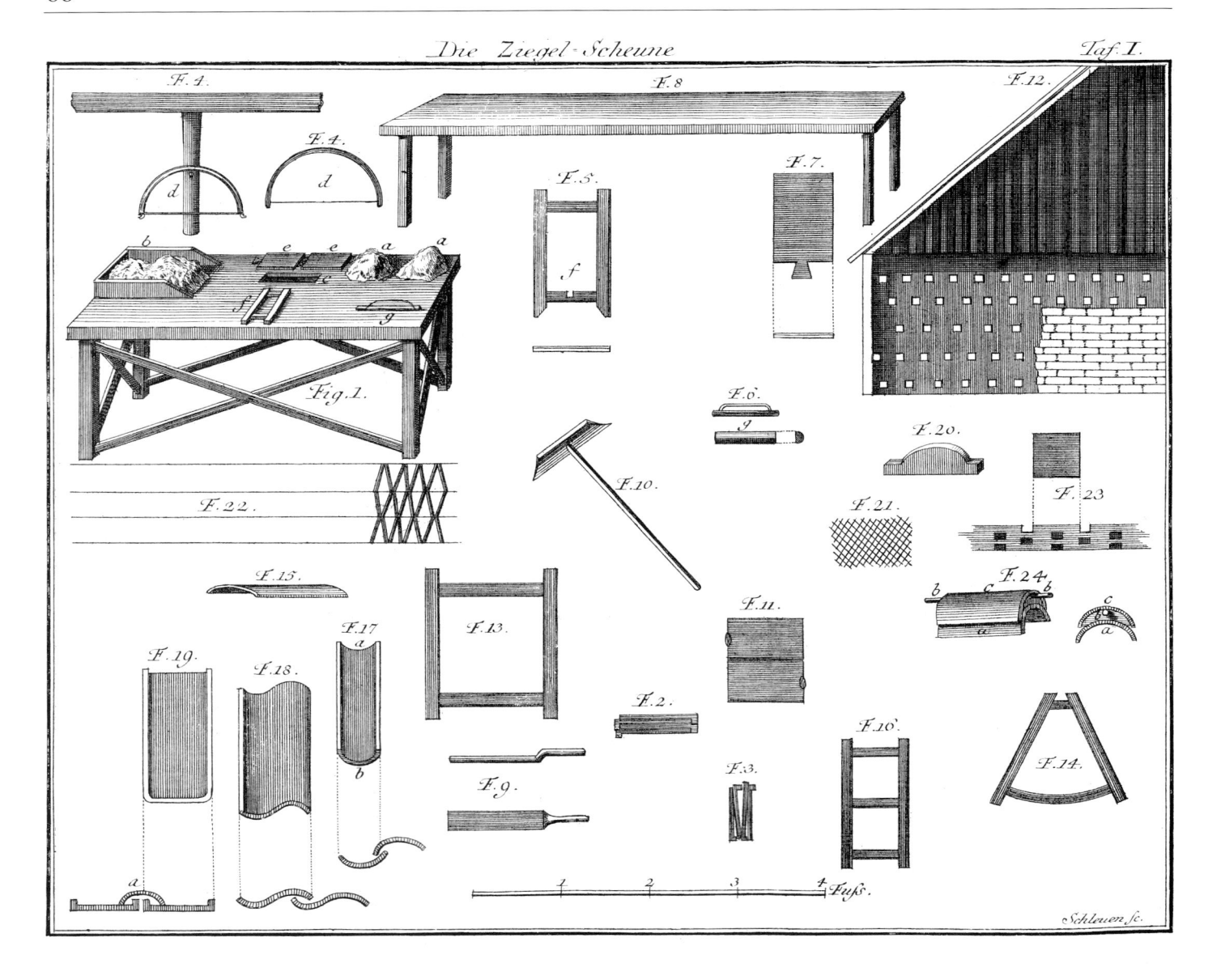

Duhamel, Fourcroy und Gallon/Justi
Bd. IV – 1765
Die Kunst Mauer- und Dachziegel zu streichen

Taf. I   240 x 195 mm
Taf. III   224 x 195 mm
Taf. IV   245 x 198 mm
Taf. VI   207 x 198 mm
Taf. VII 205 x 152 mm (Ausschnitt)
Kupferstiche

Die Kupferstiche stammen von Schleuen und sind aus der von Justi vorgenommenen Übersetzungsausgabe. Da die Blätter alle mit „Schleuen sc" bezeichnet sind, ist klar, daß diese von Johann David Schleuen d. Ält. gestochen wurden und nicht von seinen Söhnen.
Alle gemeinsam bildeten eine Radierer- und Stichverlegerfamilie, die nachweislich in Berlin ab 1740 arbeitete und dort ihre Arbeiten verkaufte.

Die Ziegelscheune. Taf. III.

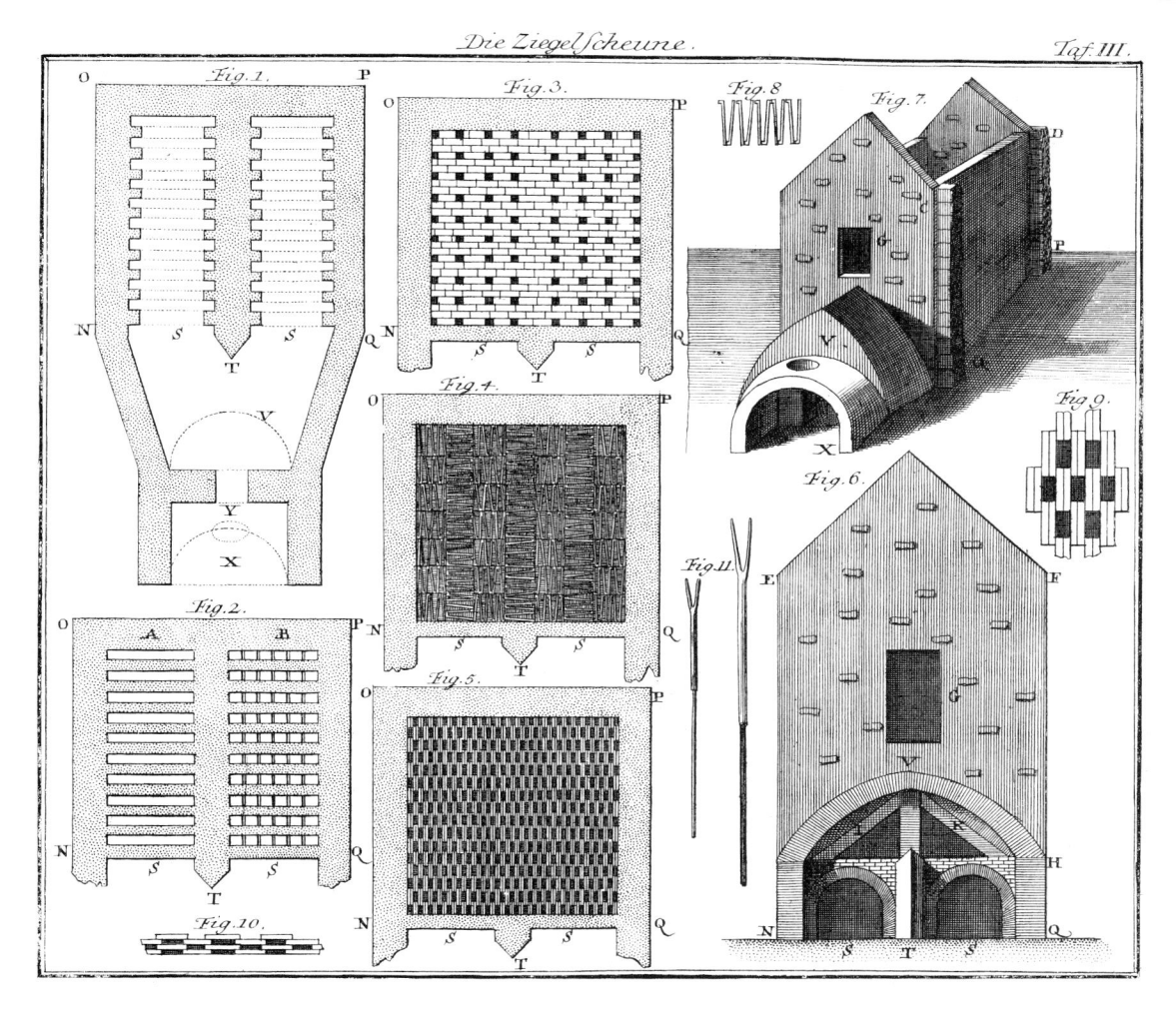

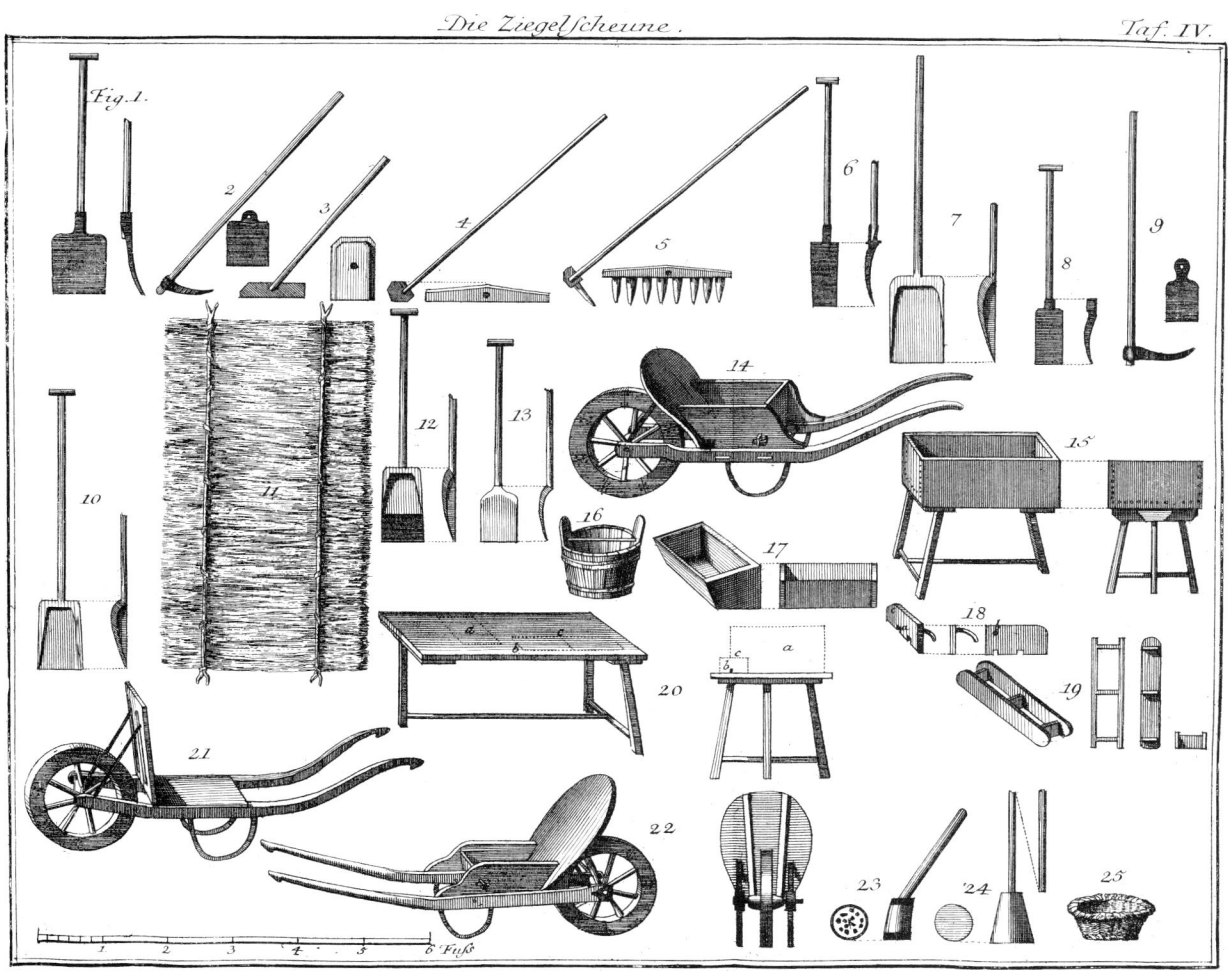

Die Ziegelscheune. Taf. IV.

68

Die Ziegelscheune. Taf. VI.

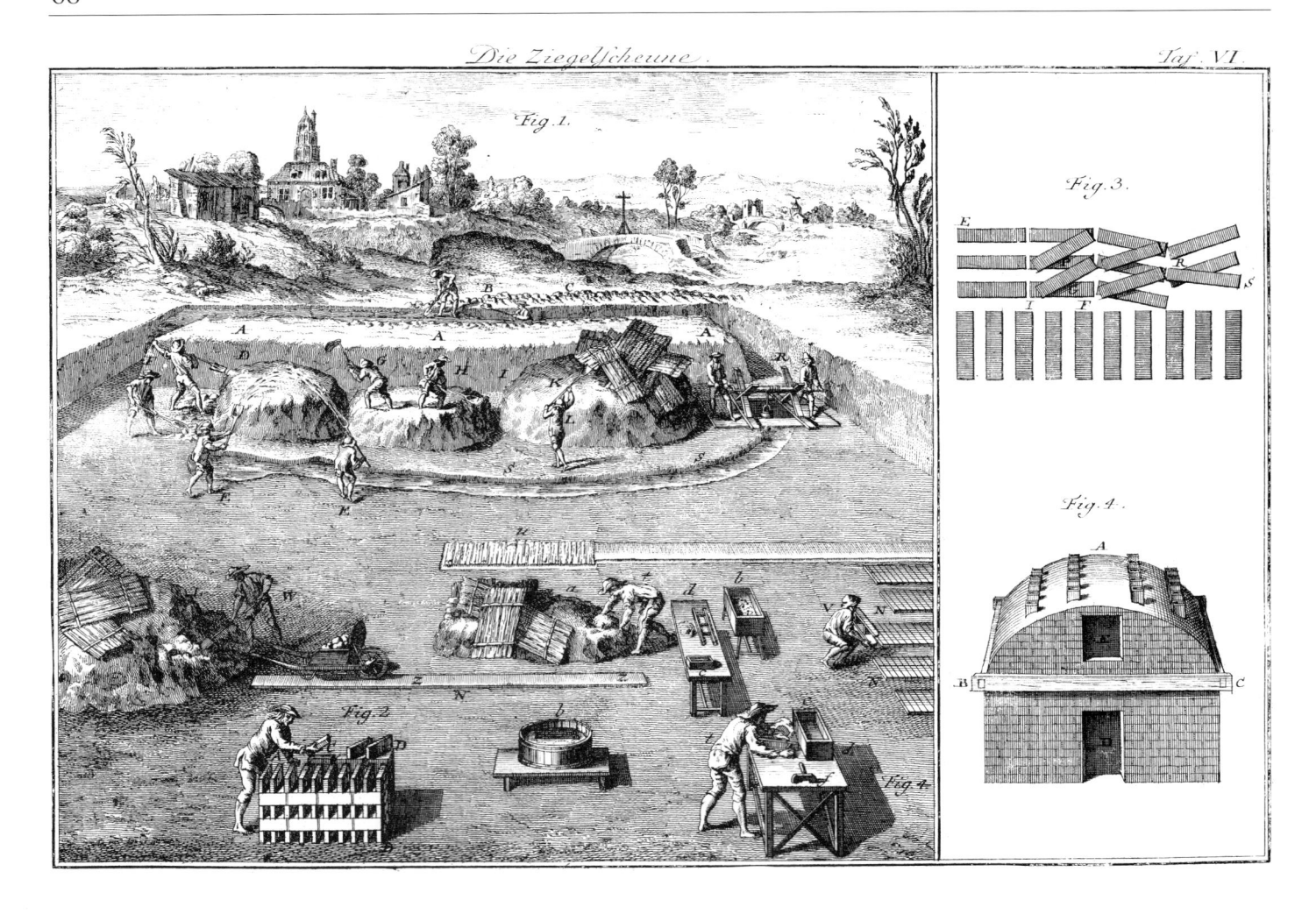

Fig. 1.

Fig. 2. Fig. 4.

Fig. 3.

Fig. 4.

Die Ziegelscheune. Taf. VII.

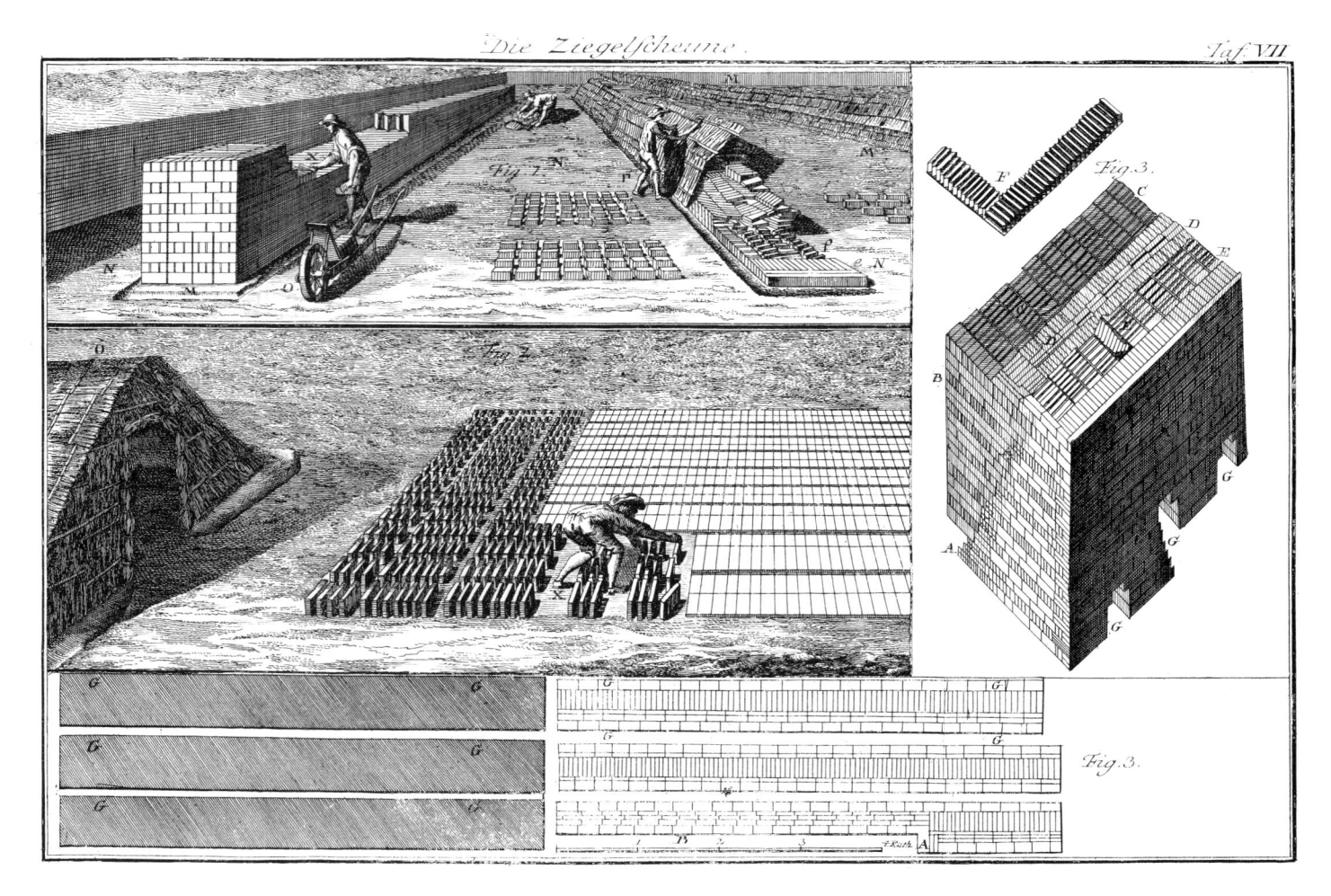

Fig. 1.

Fig. 2.

Fig. 3.

69

Duhamel du Monceau/Schreber
Bd. VI – 1767
**L'Art du Couvreur –
Die Kunst des Dachdeckers**

Pl. I 210 x 185 mm (Ausschnitt)
      210 x 155 mm (Ausschnitt)
Pl. II 210 x 320 mm
Pl. IV 210 x 320 mm
Kupferstiche

Auch diese Stiche sind der Originalausgabe entnommen, in der sich insgesamt vier Kupferstiche befinden.

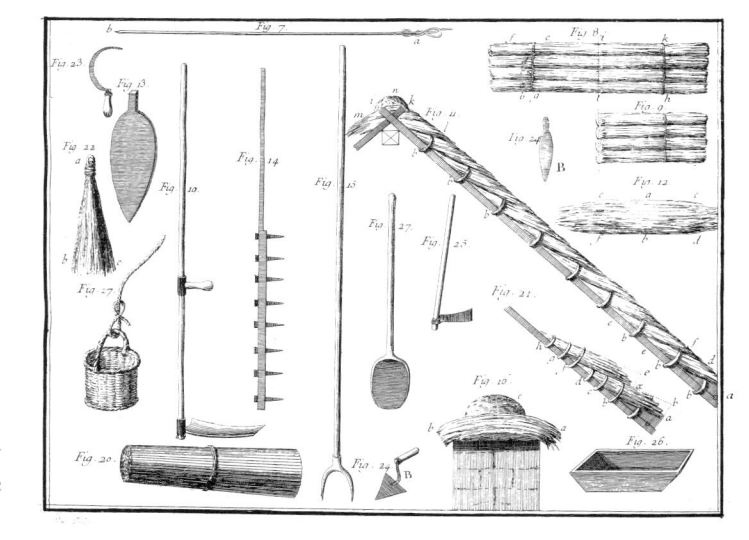

Couvreur.

Pl. II.

Couvreur. Pl. IV.

Carl Wijnblad/Schreber
Bd. VII – 1768
Anweisung wie Ziegelhütten einzurichten, und sowohl Dach- als auch Mauerziegel aufs vorteilhafteste ... zu brennen

Von Ziegelhütte (Tab. III)
Kupferstich, 322 x 204 mm

Im Bd. VII befinden sich Kupferstiche einer Ziegelscheune (1) und von Ziegelhütten (6). Die Tafel 3 wurde der deutschen Ausgabe nach der Übersetzung von Schreber entnommen.

J. E. Bertrand
Bd. I – 1762
L'Art des Plombier (Pl. XII)
Die Kunst der Bleiverarbeitung
Kupferstich, 210 x 325 mm

Die heute nur noch selten und in Einzelbänden – oder Einzelblättern – zu findende Enzyklopädie „Déscriptions des Arts et Métiers" wurde auch von J. E. Bertrand in einer späteren Auflage herausgegeben – in den Jahren 1771–1783. Aus dieser Ausgabe liegt nur das Blatt über den Bleiverarbeiter bzw. Flaschner vor.

Plombier.

Pl. XII.

Fig. 12. Fig. 13. Fig. 3. Fig. 15.
Fig. 7.
Fig. 10. Fig. 14.
Fig. 9. Fig. 11.
Fig. 4.
Fig. 5.
Fig. 6.
Fig. 8.
Fig. 1.
Fig. 2.

Dessiné et Gravé par N. Ransonnette.

Der Klempner.   *Bractearius.*

Le Ferblantier.   *L' Ottonajo, o Lattonajo.*

Johann Wilhelm Meil
Spectaculum Naturae & Artium

Der Klempner
Kupferstich, 125 x 104 mm

Der seltene Kupferstich entstammt einer Folge von 30 fein radierten Tafeln von 1761 und 20 Tafeln des Jahres 1765 in einem Anschauungsbuch für die Jugend in deutscher, lateinischer, französischer und italienischer Sprache. Alle Darstellungen wurden ausführlich beschrieben. Das Werk verlegte Georg Ludwig Winter in Berlin.

Johann Wilhelm Meil wurde 1733 in Altenburg/Thür. geboren. Nach seiner Umsiedlung nach Berlin wurde er als Illustrator bekannt. Dort lebte und arbeitete er bis 1805. Meil gilt als Vertreter der allegorischen Illustration und der dekorativen Vignette. Seine Stiche sind Ausdruck einer genauen Beobachtungsgabe und von lebendiger Darstellungsweise.

Ein solch treffendes Bild aus dem Handwerkerleben zeigt hier der Kupferstich vom Klempner. Die feine Arbeit ist Vorlage für einen Stich in den „Sechzig eröffnete Werkstätte … 1789" von Johann Wagner, der aber einem Vergleich mit dem Original nicht standhält.

Vom 17. bis 19. Jahrhundert war es üblich, am unteren Rand des Blattes Angaben über den entwerfenden bzw. ausführenden Künstler und auch über Drucker bzw. Verleger anzubringen. Die hier verwendeten Bezeichnungen bedeuten: Entworfen und ausgeführt von J. W. Meil.

P. N. Sprengels
Handwerke und Künste in Tabellen

Die Schieferdecker – Werkzeuge

Kupfertafel, 165 x 135 mm

Das allgemeine Bücher-Lexikon von Heinius nennt insgesamt 17 „Sammlungen", die in der Zeit von 1772–1796 in Berlin im Verlag der Buchhandlung der Realschule erschienen sind. Die neunte Sammlung – fortgesetzt von O. L. Hartwig – behandelt jeweils mit fortlaufendem Text die Berufe der „Bearbeitung der Erd- und Steinarten". Darunter fällt auch der Schieferdecker, dessen Werkzeuge und Gerätschaften in einer Tafel dargestellt werden.

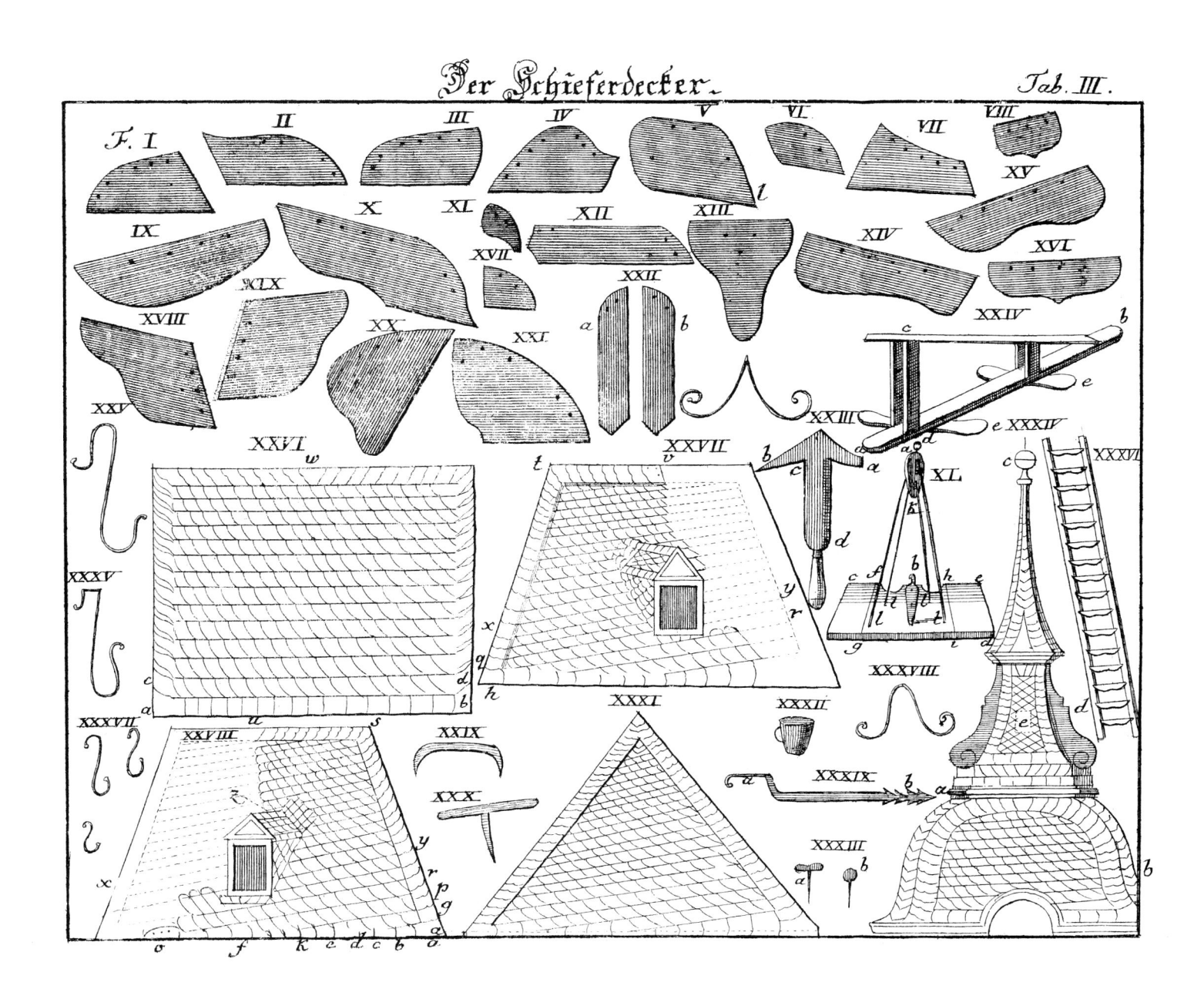

Joh. W.
Kurze Abhandlung von der Holzspahrkunst, nebst einer kleinen Anmerkung vom Ziegelmachen

Figur 2 – **Sägen in der Schneidgrube**
Figur 3 – **Sägen auf dem hölzernen Bock**
Figur 6 – **Die Erfindung von Franz Arnold von Lewenau**
Figur 8 – **Drei Gruben für den Ziegelmacher**

Kupferstiche
215 x 175 mm, 220 x 170 mm,
220 x 175 mm, 220 x 170 mm

1767 verlegte Johann Paul Krauß in Leipzig ein kleines Werk über die Holzgewinnung und Holzverarbeitung sowie über das „Ziegelmachen", verfaßt von Joh. W., dessen Name nirgends vollständig angegeben ist.

W. verfolgt in erster Linie die Absicht, seinen Lesern aufzuzeigen, wie man sparsam mit Holz umgeht. Dabei stellt er aber auch ausführlich die Gestaltung von Gräben vor, in denen Ton und Lehm bearbeitet und zum Rohprodukt für den Ziegelbrand zusammengeführt werden.

Die Sprache des 18. Jahrhunderts ist aber der Grund, warum hier eine Wiedergabe der Texte und Kupferstiche erfolgt.

Wann der Baum liegt nach der Länge der Grube auf den Walzen, so steiget der eine Holzschneider in die Grube, und der andere auf dem Baum, sie stehen also mit den Gesichtern gegen einander.

Wann die Säge etwann einen, oder 1½ Schuh in das Holz eingedrungen ist; so werden in dem Spalt hinter der Säge, hölzerne Keil eingetrieben, und in solchem Abstand ferner fortgefahren, welches den Spalt erweitert, und die Leichtigkeit im Schneiden befördert.

Wann sich keine solche Schneidgruben, etwann wegen dem sich in dem Boden befindenden Wasser, oder wann der Grund Stein oder Felsenartig ist, anbringen lässet; so müssen starke hölzerne Böcke, oder Schragen, die den Schragen an den Mauergerüsten ähnlich, aufgerichtet werden. Auf diese Böck werden ebenfals die Balken, als wie neben die Grube gelegt; auf diese aber die Walzen, und auf die Walzen der Baum, welchen man schneiden will.

Hat ein geschickter Erfinder, Arnold von Lewenau, eine sehr einfache Säge zusammen gesetzt, mit welcher ein einziger Mann einen Baum von zwey Schuh im Durchschnitt, in eben der Zeit, als ein solcher von zween Männern umgehauen werden kann, ganz genau an der Wurzel abschneidet. Figur 6 zeigt die Stellung des Holzschneiders, wie er auf der Erde sitzet, oder kniet, wenn er einen Baum abschneiden will.

Erheischen es aber die Umstände, daß man Ziegeln verfertigen lassen muß, wo sich die Vermischung von Laimen, Thon und Sand, von Natur aus nicht befindet; so muß solche durch die Kunst und Fleiß bewerkstelliget werden. Es werden nahe bey der Hütte, in welcher die Ziegel verfertiget werden sollen, drey Gruben nahe beyeinander, nach beliebiger Grösse in die Erde gegraben. Gemeiniglich sind die zwo Gruben zu beyden Seiten nur die Helft so groß, als die in der Mitte.

Alle drey Gruben werden innwendig mit starken Bohlen- oder Doppelbrettern, an allen 4 Seiten eingefasset, desgleichen auch der Boden mit Brettern belegt, so daß sie gleichsam einem hölzernen Kasten ähnlich sehen. Es ist nöthig, wann sich kein fließend oder stehendes Wasser nahe bey diesen Gruben oder Ziegelhütten befindet, daß ein Brunnen an dessen Stelle seyn muß. So werden die zween Seitenkästen, in den einen Laim, in den andern aber Thon oder Letten, eingefüllet, welche sodann mit Wasser, durch Rinnen, angelassen werden, bis solche beynahe voll sind. Nach 36. bis 48. Stunden wird von der einen Seite so viel Laim, und von der andern so viel Letten, mit Schauffeln durch abgerichtete Taglöhner, in den mittleren leeren Kasten eingeschöpfet, als solche für genug halten, recht wohl und gut untereinander knöten zu können, bis die Massen diejenige Festigkeit unter währendem Knöten, durch die hierzu bedungene Taglöhner erhält, die der Ziegelmacher zur Verfertigung der Ziegeln, vor recht bearbeitet erkennet. Es werden hierzu starke dauerhafte Männer ausgesucht, die diese mühsame Arbeit aushalten können. Bey der Abknötung dieser Ziegel-Masse hat es diese Vorsichtigkeit nöthig, daß den Taglöhnern anbefohlen wird, auch die kleinsten Steinlein, so sie unter den Füssen empfinden würden, heraus zu nehmen, und wegzuwerffen, damit keines in der Massa zurück bleibt, wann es auch nur die Grösse einer Bohne haben sollte: weil die Ziegel, die gebrannt werden, und in denen sich Steine befinden sollten, in dem Brennen zerspringen, und viele andere um sich her zu Grund richten.

Kurzböck, Wien
Schauplatz der Natur und Künste

Dachdecker
Zimmermann
Maurer
Säger
Steinsetzer
Kupferstiche, 129 x 100–106 mm

Das umfangreiche und mit insgesamt 480 Kupfertafeln illustrierte Kompendium in der Art eines Nachschlagewerkes wurde von Kurzböck, Wien, in zehn Bänden über zehn Jahre zwischen 1774 und 1783 herausgegeben. Die Tafeln zeigen alle im 18. Jahrhundert bekannten Berufe, Manufakturen und Werkstätten sowie Tiere, Naturwunder und vieles mehr. Alle Abbildungen tragen einen erklärenden Text in vier Sprachen. An den einzelnen Jahresausgaben haben verschiedene Künstler mitgewirkt. Auffallend ist jedoch die unterschiedliche „Kunst, den Stichel zu führen". Die meisten der fein gestochenen Kupfer sind von Wagner – mit starker Ausdruckskraft und durch die Liebe zum Detail erkennbar. Die Abbildung des Dachdeckers befindet sich im 9. Band von 1782 und ist leider nicht monogrammiert.

1789 wurde vom gleichen Verlag ein weiteres Werk über das Handwerk herausgegeben, wobei die Kupfertafeln aus dem „Schauplatz" übernommen wurden.

80

81

Sechzig eröfnete Werkstätte der gemeinnüzigsten Künste und Handwerk für junge Leute zur Auswahl ihres künftigen Nahrungsstandes

Der Ziegel- oder Dachdecker
129 x 96 mm
Der Klempner, Spengler oder Flaschner
124 x 104 mm
Kupferstiche

Der 1789 bei Kurzböck in Wien herausgegebene Band enthält mit 60 Kupferstichen Darstellungen aus der Kunst und dem Handwerk. Den Abbildungen sind ausführliche, erklärende Texte beigefügt.
Am Beispiel des Kupferstichs vom Dachdecker wird deutlich, daß die gleiche Vorlage wenige Jahre zuvor auch im „Schauplatz der Natur und Künste" verwendet wurde.
Die Texte wurden nicht übertragen.

Der Stich vom Klempner wurde von Johann Wagner gefertigt nach einer Vorlage von J. W. Meil. Der „Original-Klempner" ist im „Spectaculum Naturae & Artium" zu sehen.

Johann Samuel Halle
Werkstäte der heutigen Künste oder die neue Kunsthistorie

Dachdecker
Zimmermann
Klempner
Kupferstiche, 126 x 78 mm
Werkzeuge
Kupfertafeln, 124 x 172 mm
     290 x 172 mm

Die gesamte Folge der „Werkstäte" besteht aus sechs Bänden, die von Johann Samuel Halle in Brandenburg und Leipzig zwischen 1761 und 1779 herausgegeben wurden. Es war der erste selbständige Versuch, in Deutschland eine Enzyklopädie der Handwerke und gewerblichen Künste nach dem Vorbild der von der Pariser Akademie der Wissenschaften veranstalteten „Déscriptions des arts et métiers" herauszugeben.

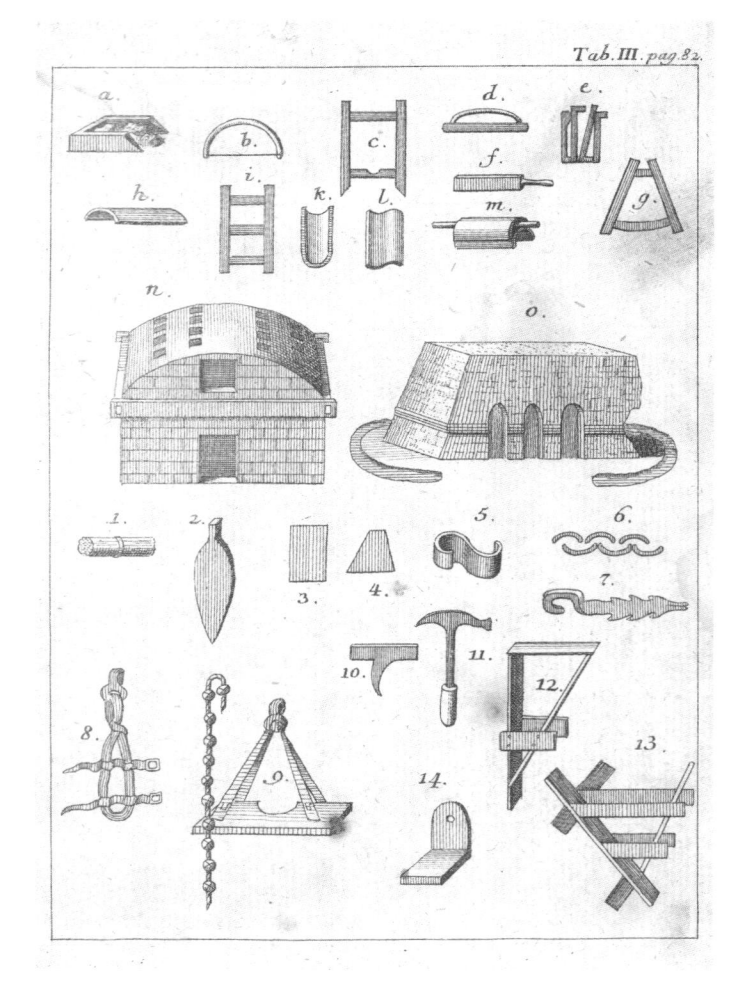

Tab. I. Pag. 44.

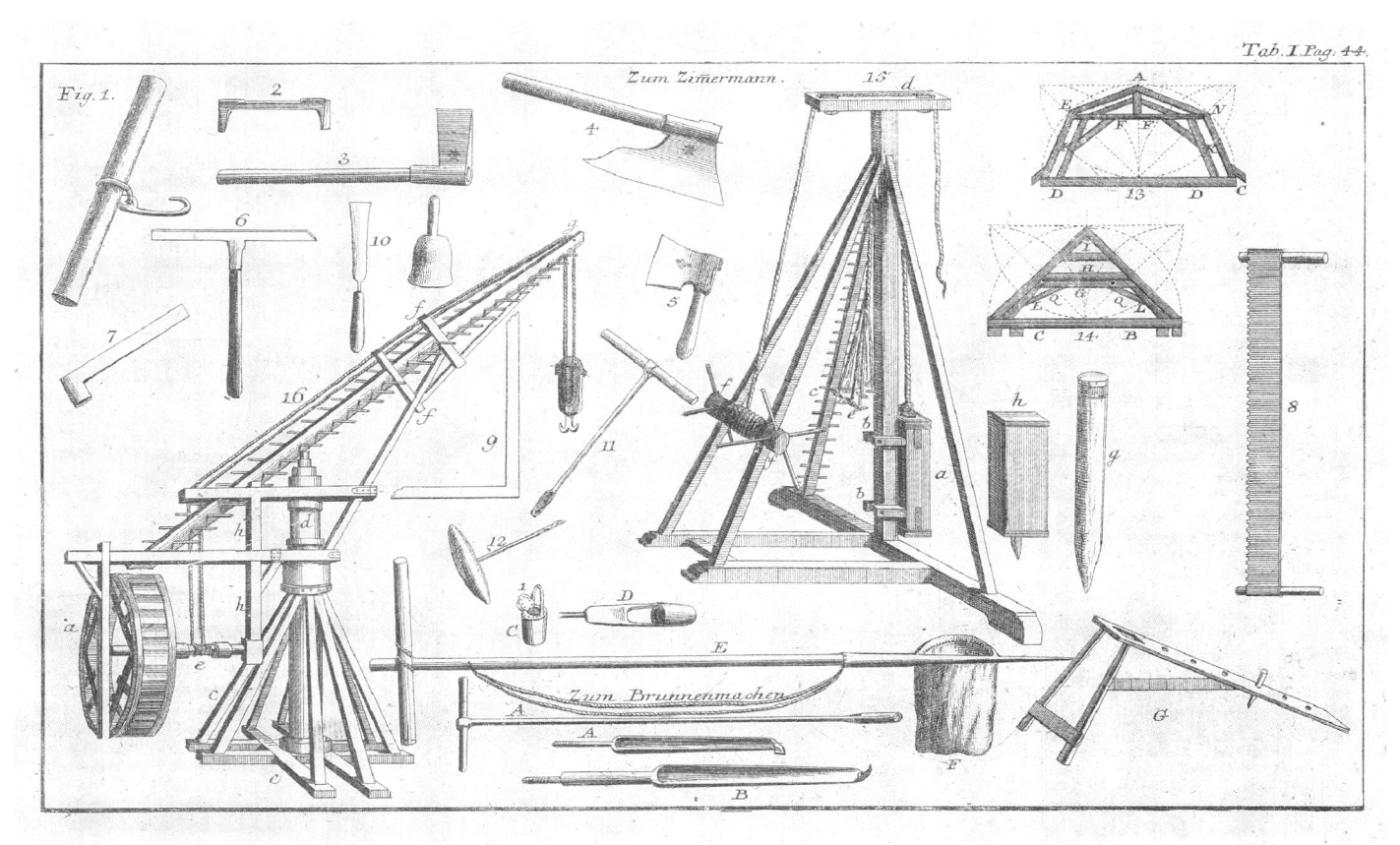

Fig. 1.

Zum Zimermann.

Zum Brunnenmachen.

Behandelt werden in 36 Kapiteln die verschiedensten Berufe und Handwerke. Die Textkupfer zeigen jeweils eine Werkstattszene. Den ausführlichen Texten sind dann noch Tafeln mit dem jeweiligen Handwerkszeug beigefügt.

Halle kann mit Recht für sich in Anspruch nehmen, mit der „Kunsthistorie" der Handwerke etwas Neues begonnen zu haben. Die Kupferstiche sind von Johann David Schleuen d. Ält., der aus einer Radierer- und Stichverlegerfamilie stammte, die erstmals 1740 – und dann bis 1774 – in Berlin nachgewiesen wird.

Der Zimmermann und der Klempner befinden sich im 3. Band, der 1764 herauskam. Der Dachdecker ist im 1772 erschienenen 5. Band zu finden.

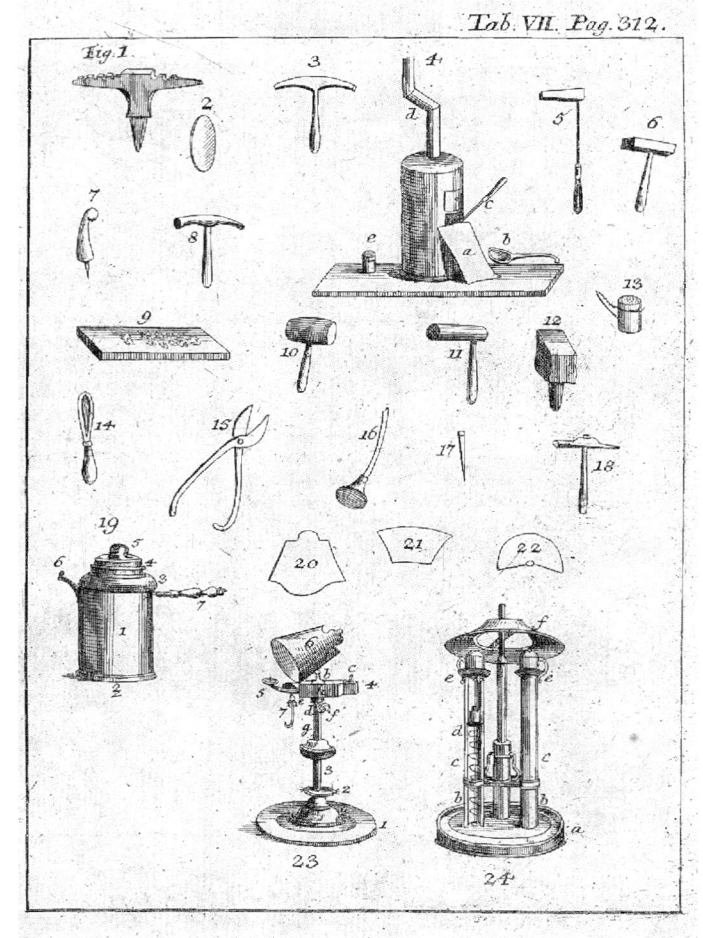

Johann Bernhard Basedow
Kupfersammlung zu Elementarwerk für die Jugend und ihre Freunde

Auf dem Bau
Bergbau, Schiffahrt und die Dachdecker
Kupferstiche, 107 x 82 mm

J. B. Basedow wurde 1724 in Hamburg geboren. Er gilt als Hauptvertreter der Aufklärungspädagogik in Deutschland und Begründer des Philanthropismus. Er war als Publizist bahnbrechend wirksam für die Schulpädagogik und die Einrichtung von Schulbibliotheken. Das „Elementarwerk" wurde 1774 in vier Bänden herausgebracht. Die 2. Auflage erschien 1785 mit dem Titel „Das Basedowsche Elementarwerk. Ein Vorrat der besten Erkenntnisse zum Lernen, Lehren, Wiederholen und Nachdenken". Durch die Darstellungen häuslicher Szenen und solcher aus dem Handwerk hat das Werk nicht nur künstlerische Bedeutung, sondern ist als ein kulturgeschichtliches Dokument anzusehen.
Johann Bernhard Basedow starb am 25. Juli 1790 in Magdeburg.
Die Kupfertafeln wurden zum großen Teil von Daniel Nikolaus Chodowiecki gezeichnet und auch gestochen. Er gilt als bedeutender Grafiker des 18. Jahrhunderts. Chodowiecki wurde 1726 in Danzig geboren und kam 1743 nach Berlin. Dort begann er 1756 mit seinen Radierungen. Er wurde Mitglied der Berliner Akademie der bildenden Künste und später sogar deren Direktor. Chodowiecki war sehr bemüht, keine Posen, sondern ungezwungene Natürlichkeit darzustellen. Motive und Anregungen bot ihm das tägliche Familienleben.
Zu seinem umfangreichen Illustrationswerk gehören Kupferstiche zu den bedeutendsten Werken der Weltliteratur – aber auch zu Kinder- und Jugendschriften. So schuf er auch die Kupfer zu Basedows „Elementarwerk".
Daniel Chodowiecki lebte bis 1801 in Berlin und verstarb dort am 17. Februar jenes Jahres.

Johann Peter Voit
Faßliche Beschreibung der gemeinnützlichsten Künste und Handwerke ...

Der Schieferdecker
Der Ziegelbrenner
Der Zimmermann
Der Maurer
Der Klempner
Der Steinmez
Kupferstiche, 80 x 125 mm

Johann Peter Voit lebte von 1747 bis 1811 in Schweinfurt. In den Jahren von 1768 bis 1771 studierte er in Jena Theologie und Naturwissenschaften. Nach seiner Rückkehr nach Schweinfurt wurde er 1779 Prediger und auch Lehrer an der dortigen lateinischen Schule. 1782 wurde er Professor am Gustavianischen Gymnasium, und 1797 erfolgte seine Ernennung zum Inspektor des Gymnasiums und aller Schulen Schweinfurts, zum Oberpfarrer und zum Professor der Theologie.

J. P. Voit versuchte, das Schulwesen durch Schriften und durch praktische Arbeit zu verbessern. Seine „Schule des Vergnügens" sollte den Kindern auf lustvolle Weise das Lernen beibringen.

In seinen vielen Werken weist Voit auch auf die Bedeutung des Handwerks hin; so insbesondere in seinen dreibändigen „Unterhaltungen für junge Leute aus der Naturgeschichte, dem gemeinen Leben und der Kunst" (1786–1795 und 1804).

Der 1. Teil enthält die Naturgeschichte. Band 2 und 3 stellen die Handwerker unter dem Titel „Faßliche Beschreibung der gemeinnützlichsten Künste und Handwerke für junge Leute als technologischer Unterricht" vor.

Die Abbildungen wurden gestochen von Georg Vogel nach Vorlagen von Ambrosius Gabler. Beide lebten und arbeiteten in der zweiten Hälfte des 18. Jahrhunderts in Nürnberg. Sie waren dort als Maler, Zeichner und Kupferstecher tätig. Ihr umfangreiches graphisches Werk versteckt sich zumeist in den Veröffentlichungen des damaligen Nürnberger Buchhandels, wie hier zu erkennen ist.

Die „Faßliche Beschreibung" erschien in Nürnberg bei C. Weigel und Schneider zwischen 1786 und 1795 und auch 1804.

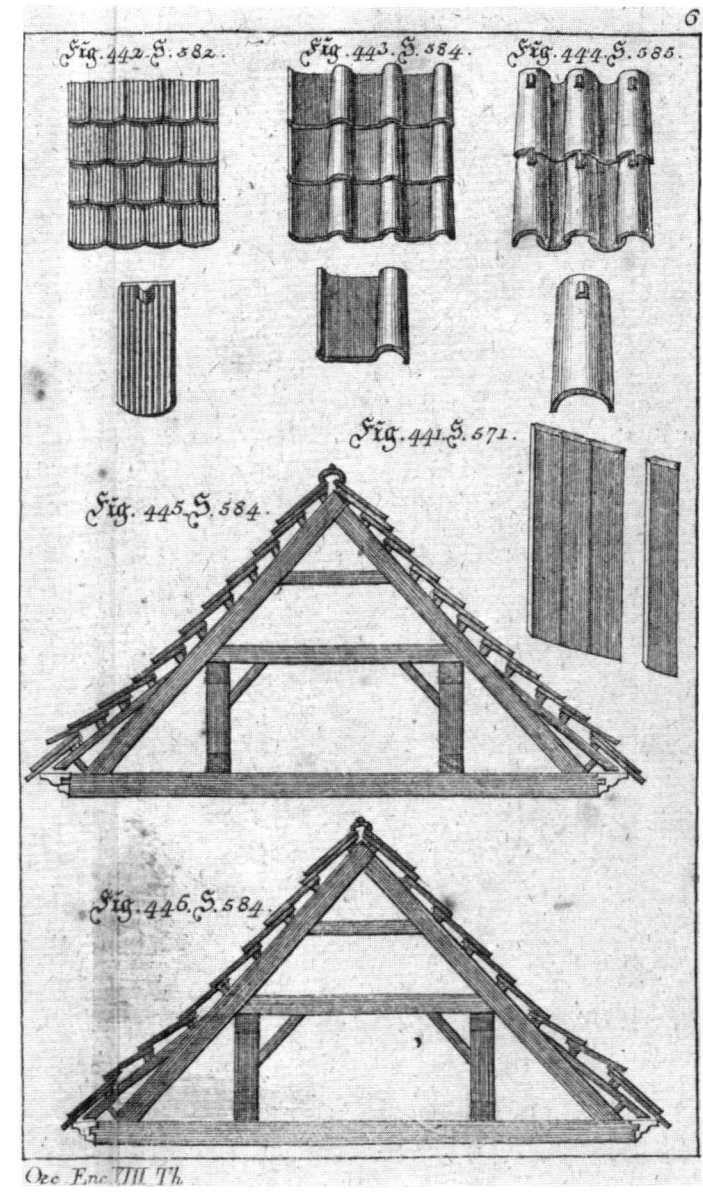

Johann Georg Krünitz
Ökonomische Encyklopädie oder allgemeines System der Staats-, Stadt-, Haus- und Landwirtschaft
8. und 70. Teil
Kupferstiche, 93 x 160 mm
205 x 160 mm

Johann Georg Krünitz wurde 1728 in Berlin geboren. Neben den großen französischen Enzyklopädisten Diderot und d'Alembert gilt er als Deutschlands bedeutendster Vertreter dieses Genres.
Krünitz studierte bis 1749 Naturwissenschaften und Medizin. 1772 begann der hochgebildete Autor mit seiner Arbeit an der „Ökonomischen Encyklopädie" und verfaßte die Bände 1–73. Als er 1796 starb, war gerade der Band mit dem Stichwort „Leiche" abgeschlossen. Die folgenden Bände gaben Fr. J. Floerke, sein Bruder H. G. Floerke und J. W. Korth mit ihren jeweiligen Mitarbeitern heraus. 86 Jahre nach dem Anfang der Reihe bildete der 242. Band den Abschluß.

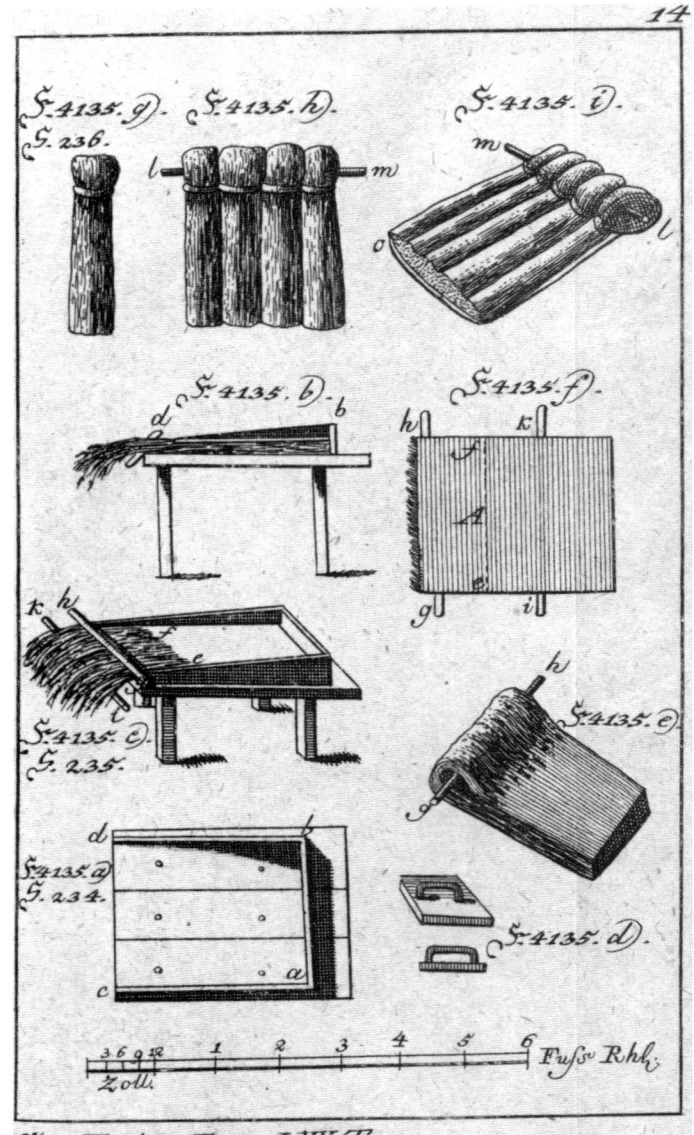

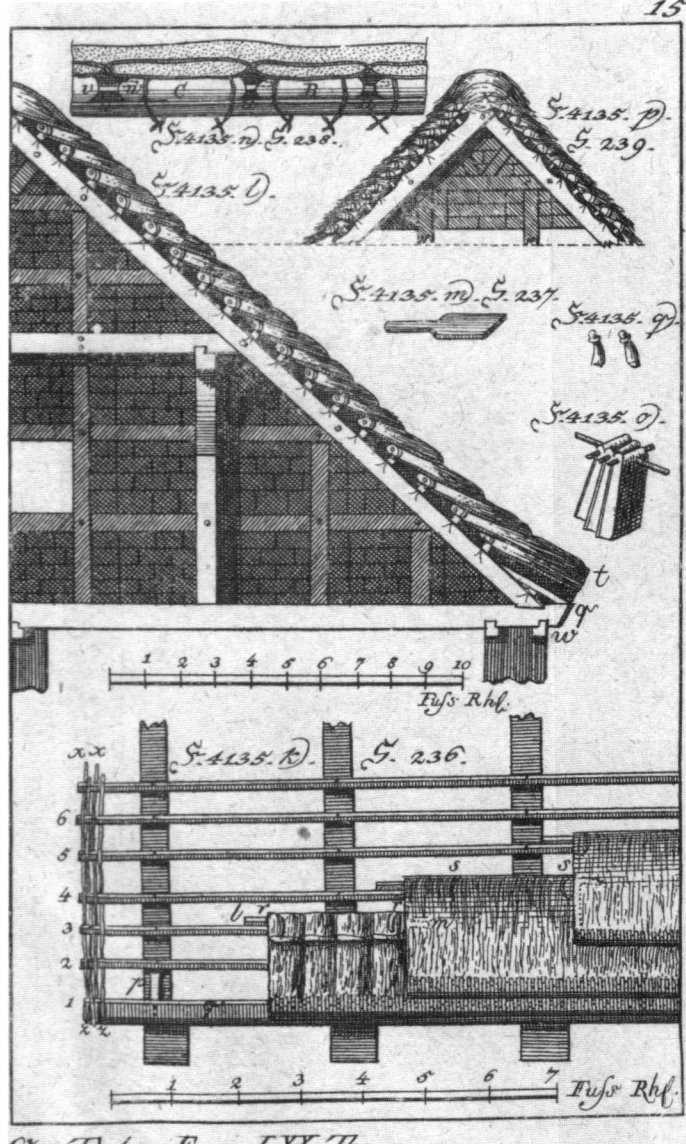

Auch aus heutiger Sicht ist nicht nur die literarische Leistung zu bewundern, auch die über 3000 Illustrationen sind eine beispiellose Großtat. Der „Krünitz" gilt als das umfangreichste deutsche Reallexikon überhaupt, als die maßgebliche Enzyklopädie der frühen Goethezeit, die heute für Historiker und Wissenschaftler zu einem unverzichtbaren Instrument bei der Beurteilung des 18. Jahrhunderts geworden ist. Diese Enzyklopädie ist nicht nur ökonomisch und technisch orientiert, sondern umfaßt auch Themen aus allen Randbereichen. Krünitz war eben bemüht, ein Werk zu schaffen, das auf dem Grundgedanken eines Lexikons basiert und in dem auch systematische Zusammenhänge aufgezeigt werden.

Von den sieben Abbildungen über Dachkonstruktionen und Bedachungsmaterialien des 8. Bandes aus dem Jahre 1787 sind hier die Kupfertafeln 5 und 6 wiedergegeben. Als Vorlage des Kupferstiches über die Verarbeitung von Stroh diente Krünitz dabei die entsprechende Darstellung aus dem „Schauplatz der Künste und Handwerke".

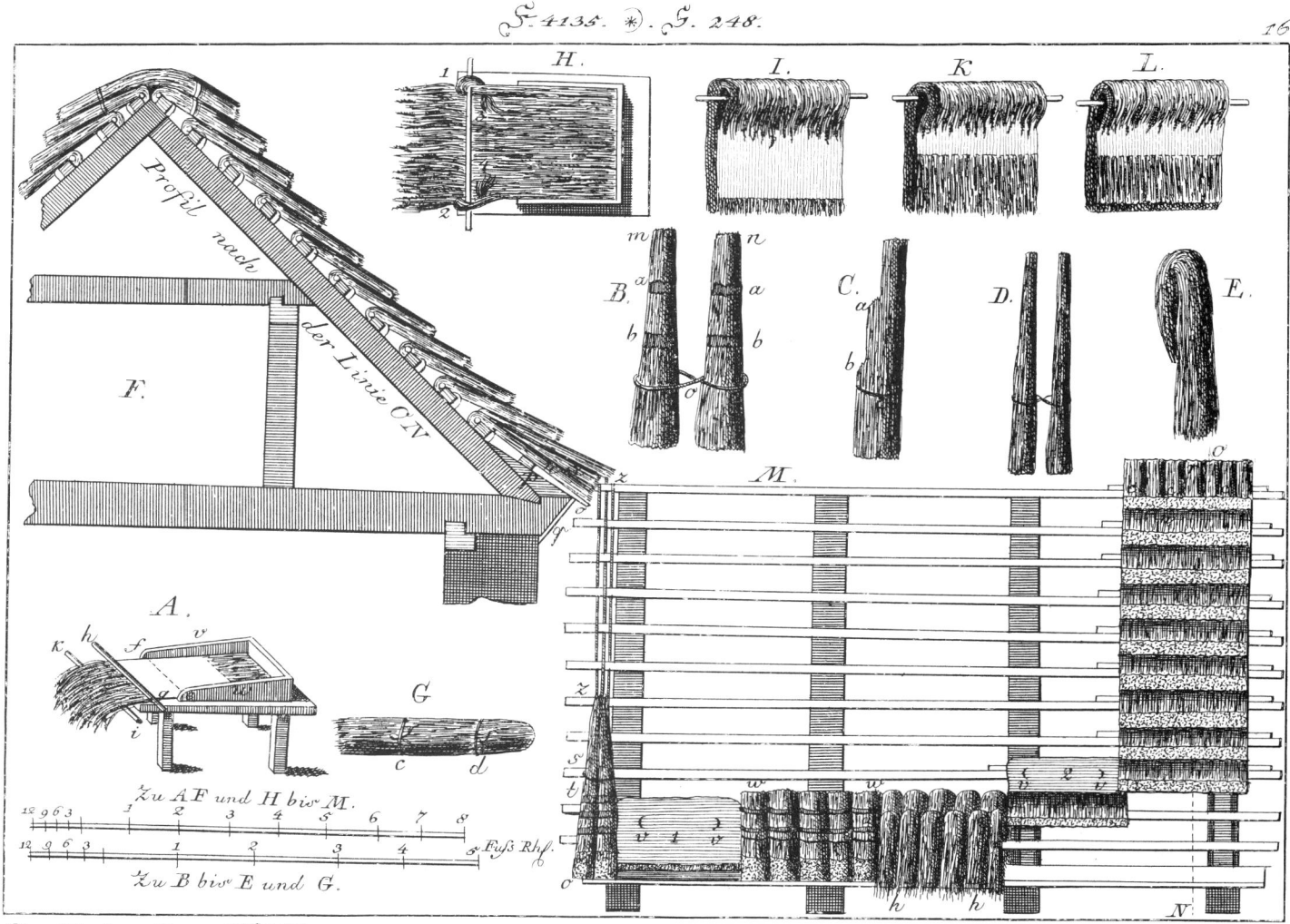

Bei allen Stichen befinden sich Seitenzahlen als Hinweise auf die technische Beschreibung. So heißt es zur Fig. 444 auf Seite 585 zum Thema Hohlziegel:

„… man deckt auch das ganze Dach mit solchen Hohlziegeln. Allein, diese Ziegel haben nicht nur ein schlechtes Ansehen, sondern auch, wegen ihrer hohlen Lage keine große Dauer, und beschweren überdem, weil sie stark in Mörtel eingelegt werden müssen, das Dach sehr; daher man auch heut zu Tage zu ganzen Dachungen wenig mehr gebraucht, ob man sich gleich verschiedene Mühen gegeben hat, sie zu verbessern."

Im 70. Band – herausgegeben 1795 – beschäftigt sich Krünitz nicht nur mit dem Lehm, sondern auch mit den Lehmschindeln als Bedachung. Dazu legt er drei Kupferstiche vor, die inhaltlich denen des Oberbaurats Gilly nachempfunden sind, die dieser 1794 seiner Beschreibung beigefügt hat. J. G. Krünitz beschreibt im Textteil ausführlich die Herstellung der Lehmschindeln nach Textvorgaben von Gilly.

TIMMERMAN.

LOODGIETER.

Einzelblätter

Timmerman – Zimmermann
55 x 95 mm
Loodgieter – Bleigießer
60 x 100 mm
Altkolorierte Aquatinta

Die beiden holländischen Berufsabbildungen werden den Jahren um 1790 zugeordnet. Die Entdeckung der Aquatinta-Technik wird den Jahren 1750–1760 zugeschrieben. Das Prinzip dieses Verfahrens beruht im Gegensatz zur Radierung darauf, Flächen herzustellen. Dies geschieht durch Ätzung, und die Dauer der Ätzung ist entscheidend für die Tiefe und die Stärke des darauffolgenden Farbauftrages. Der Farbdruck – wie hier dargestellt – entsteht mittels mehrerer Aquatintaplatten.

Paul von Stetten
Der Mensch in seinen verschiedenen Lagen und Ständen

Der Ziegelbrenner
Der Zimmermann
Kupferstiche, 62 x 90 mm
Der Maurer
Der Steinmetz
Kupferstiche, 64 x 45 mm

Das Werk von Paul von Stetten wurde 1779 vom Verlag J. J. Haid, Augsburg, herausgegeben. Die Folge von Berufsdarstellungen ist sehr selten und enthält mehrere Abbildungen aus dem Baugewerbe – teils mit zwei oder auch mit drei Abbildungen auf einer Platte.

Als Maler zeichnet Ch. Erhart (1730–1805) verantwortlich, der in Augsburg lebte und dort zahlreiche Bauten seiner Heimatstadt mit Freskomalerei verziert hat. Seine gezeichneten Entwürfe werden im Künstlerlexikon von Thieme-Becker ausdrücklich erwähnt.

Erharts Zeichnungen wurden von E. Eichel in Kupfer gestochen. Er lebte von 1717–1782 in Augsburg und arbeitete dort für verschiedene Verlage. Laut Thieme-Becker sind die Kupferstiche Eichels bereits 1750 gefertigt worden und in Wien 1763 im gleichnamigen Werk von Masculi Encomia Coelituum erschienen.

Joseph Barney
Le Couvreur en Chaume – The Thatcher
(Der Dachdecker)
Kupferstich, 295 x 400 mm (Bildmaß)

Laut Lexikon wird als Kupferstecher Joseph Barney, London, genannt, der gegen Ende des 18. Jahrhunderts seine Arbeiten in „Punktiermanier" ausführte.

Interessanterweise befindet sich im Besitz der Dachdecker-Einkauf Hannover eG das gleiche Bild in spiegelverkehrter Ausführung. Dort ist zu lesen, daß Barney sowohl die Vorlage gemalt als auch den Stich angefertigt hat. Das Blatt ist mit 1802 datiert.

97

Peint par J. Barney.   Gravé par Ruotte.

LE COUVREUR EN CHAUME.   THE THATCHER.

David Gilly
Königlicher Geheimer Ober-Bau-Rath

Beschreibung der Feuer abhaltenden Lehmschindeldächer nebst gesammelten Nachrichten und Erfahrungen über die Bauart mit getrockneten Lehmziegeln

Tab. I
Tab. II
Tab. III
Tab. IV
Kupferstiche, 80 x 145 mm und 225 x 145 mm

In seinem Buch von 1794 stellt D. Gilly zunächst fest, daß ein Gebäude nicht ausreichend gegen Feuer gesichert ist, wenn nur die Wände und Giebel aus unbrennbarem Material bestehen. Dies muß auch beim Dach der Fall sein.
Zwar gewähren Ziegeldächer einen solchen Vorteil, „allein sie sind für den Landmann zu kostbar und verstatten, wenn sie nicht gut gemacht sind, dem Regen und Schnee den Durchgang.
Dahingegen hat die Erfahrung hinlänglich gelehrt, daß die sogenannten Lehmschindeln, die von jedem gewöhnlichen Landmann angefertigt werden können, eine Bedachung der Dächer gewähren, die bei etwaiger Unvorsichtigkeit mit Feuer der Entzündung fast gänzlich widersteht."
In der ersten Abbildung wird die Anfertigung der getrockneten Lehmziegel oder Lehmpatzen beschrieben, welche bisher noch so gut wie unbekannt waren. Die anderen Kupferstiche zeigen dann die Verarbeitung, die von Gilly in seinem kleinen Band ausführlich beschrieben wird.
Im Jahre 1798 veröffentlichte D. Gilly sein „Handbuch der Land-Bau-Kunst" in mehreren Teilen, mit vielen Kupfertafeln ausgestattet. Seine von ihm sehr gepriesenen Lehmschindeldächer sind dort ebenfalls – im zweiten Band – zu finden.
„Lehmschindeldächer sind diejenigen, wo das Stroh, bevor man es aufdeckt, dergestalt zubereitet und mit Lehm überstrichen wird, das eine Art von Tafeln daraus entstehen, die auf dem Dach neben und übereinander gelegt werden."

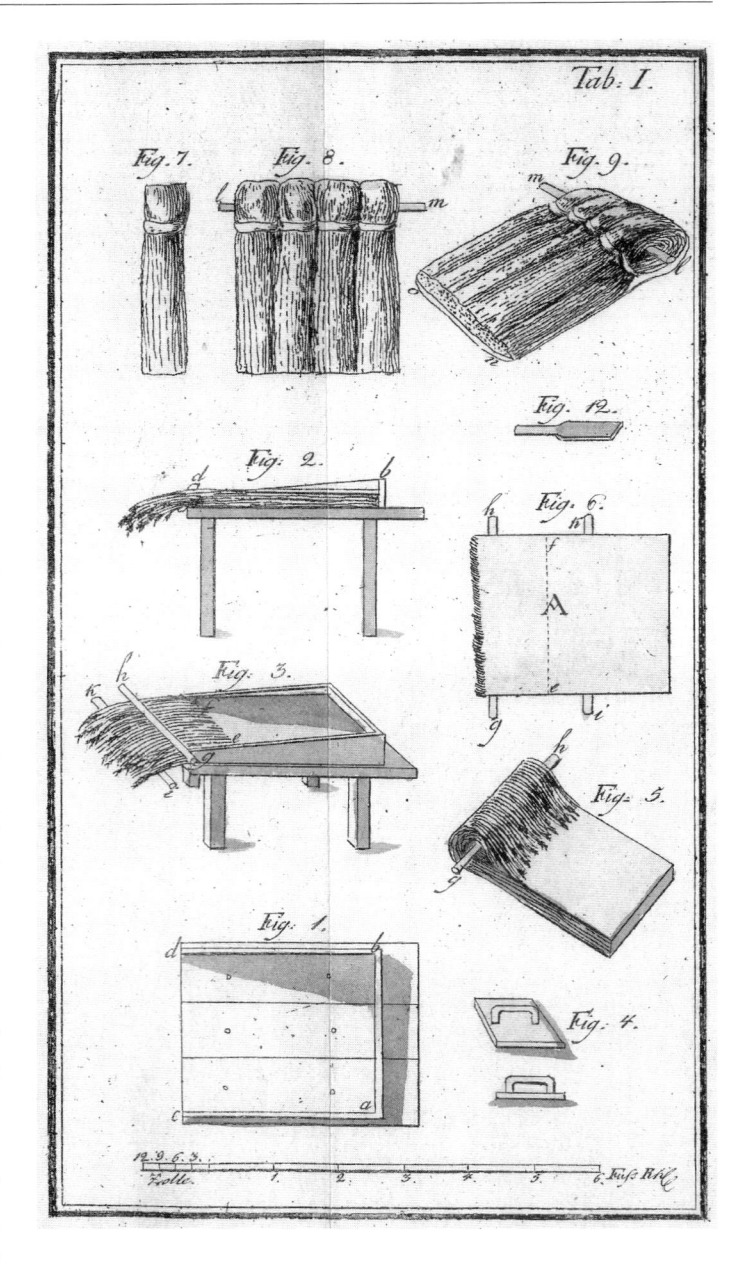

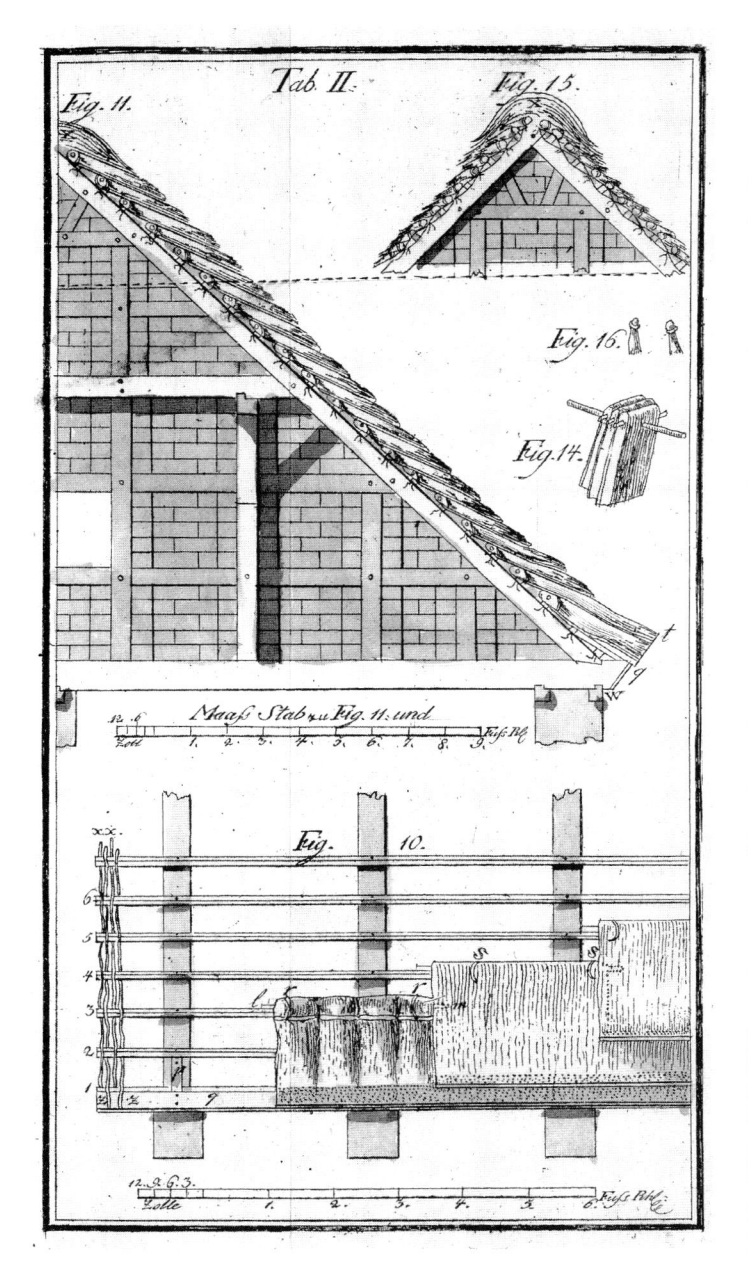

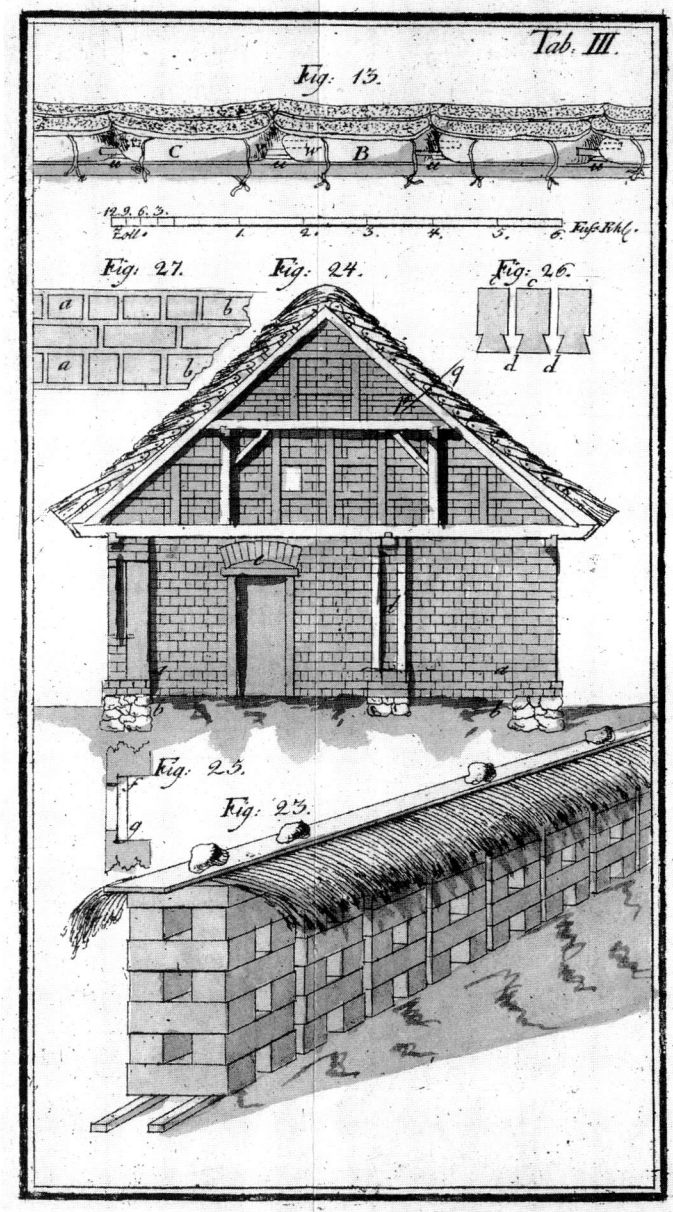

David Gilly (1748–1808) war einer der höchsten Beamten des preußischen Bauwesens und hat einen unmittelbaren künstlerischen Einfluß auf das Bauen in preußischen Provinzen genommen. Er war Mitbegründer der Bauakademie, von der wichtige Impulse für den deutschen Klassizismus ausgingen.

Gilly gründetet 1783 eine private Bauschule. Sein Interesse galt vornehmlich bautechnischen Fragen, was besonders in seinem „Handbuch der Land-Bau-Kunst" deutlich wird.

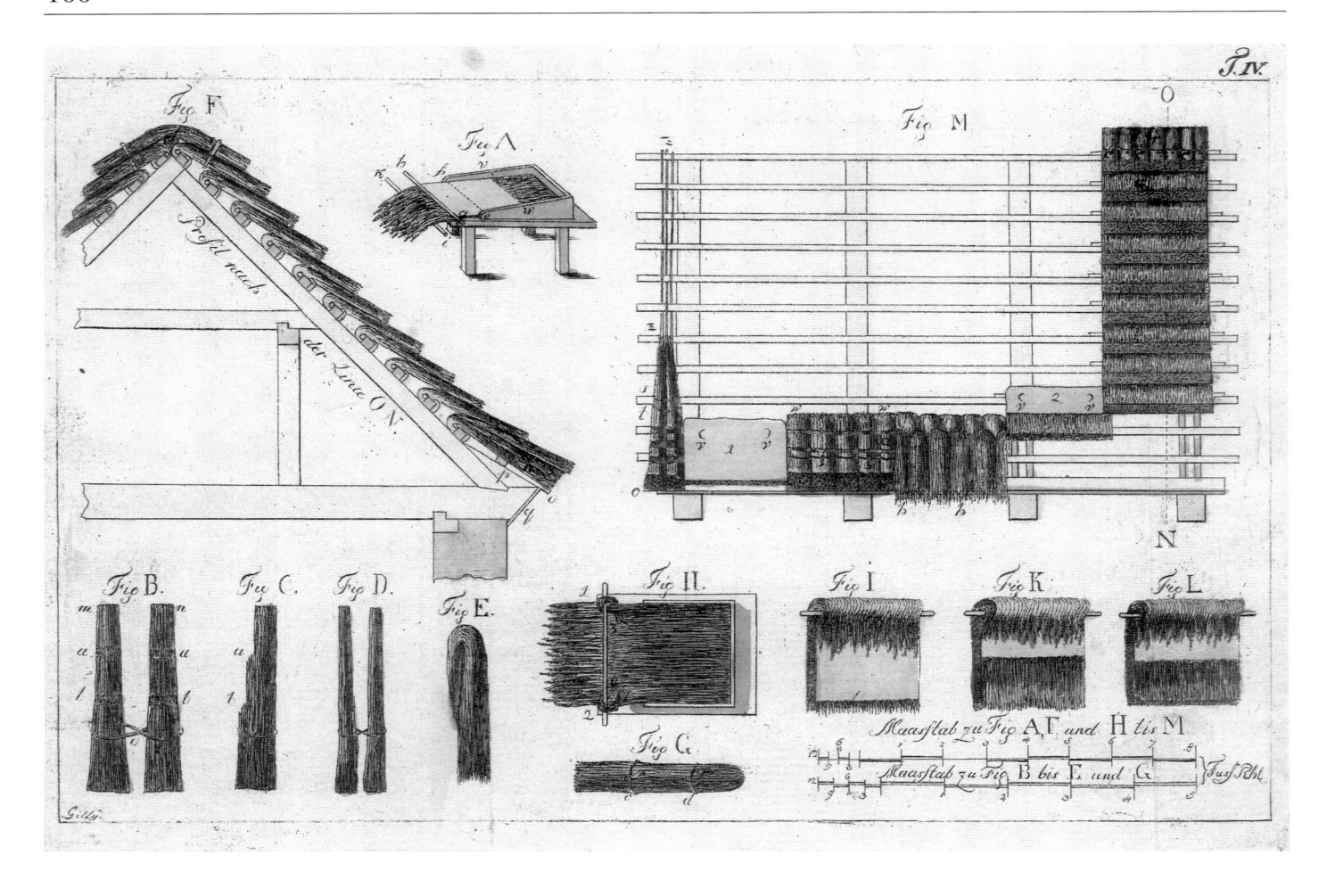

Anmerkung:
Im Jahre 1815 stellte Johann Nepomuk Schönauer in Salzburg seine „Praktische Darstellung der Ziegelhüttenkunde" vor. Sein umfangreiches, mit Kupferstichen versehenes Werk enthält auch einen Abschnitt über Lehmschindeldächer. Inhalt und Darstellung wurden dabei vom Verfasser dem Handbuch von Gilly entnommen.

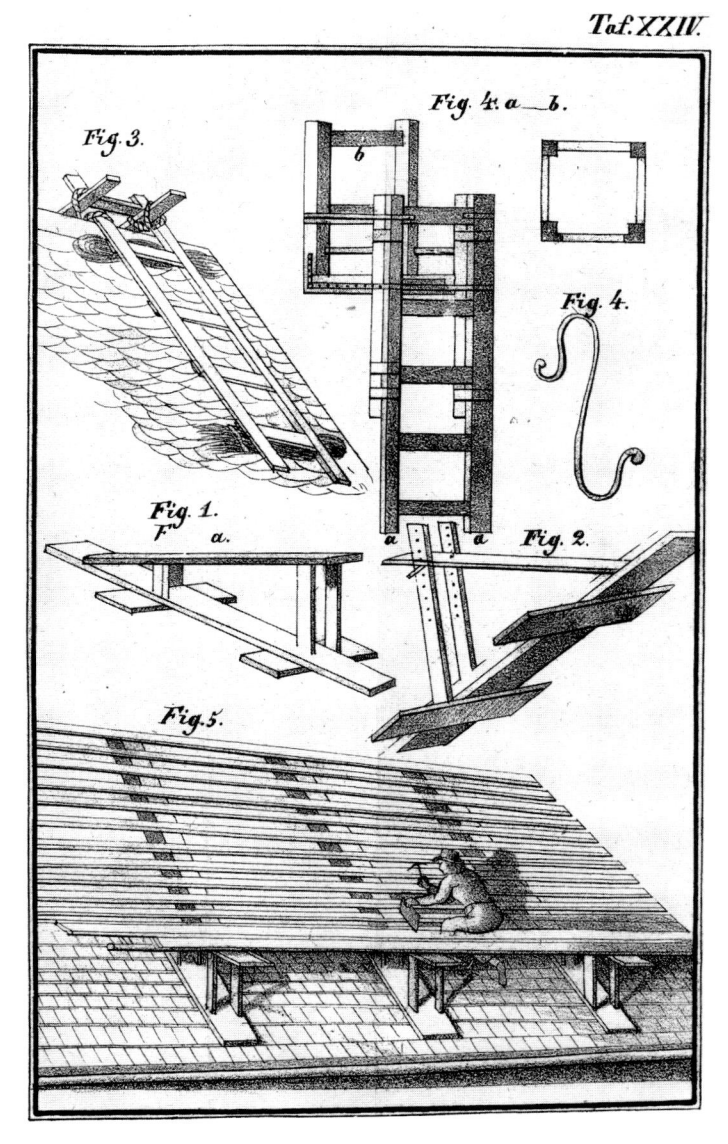

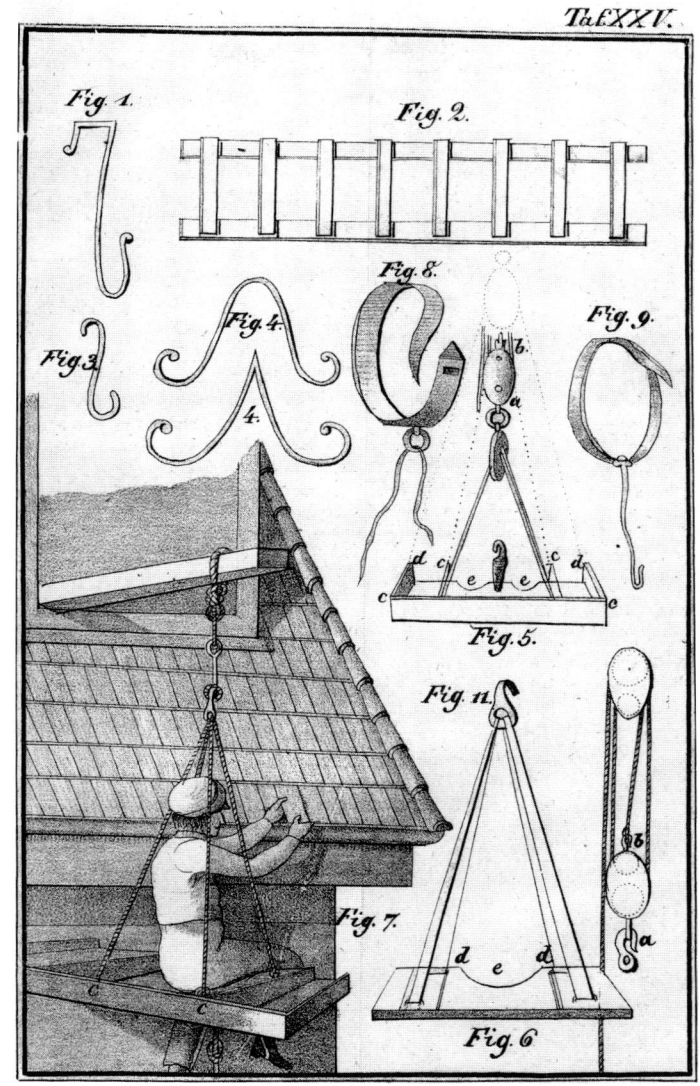

Carl Ludwig Matthaey
Der vollkommene Dachdecker

Taf. I, III, V, VI, X, XVII, XVIII, XIX, XX, XXIV, XXV, XXVI
Lithographien, ca. 90 x 160 mm

Im Verlag von B. Fr. Voigt, Ilmenau, wurde Anfang des 19. Jahrhunderts ein „Neuer Schauplatz der Künste und Handwerke" aufgelegt. In jedem einzelnen Band wurde die Arbeit eines Berufsstandes in Text und Abbildungen vorgestellt. Als 61. Band erschien „Der vollkommene Dachdecker" als „Unterricht in allen bis jetzt bekannten und mit unseren Dachkonstruktionen und Bauverordnungen vereinbarten Dachbedeckungsarten".

102

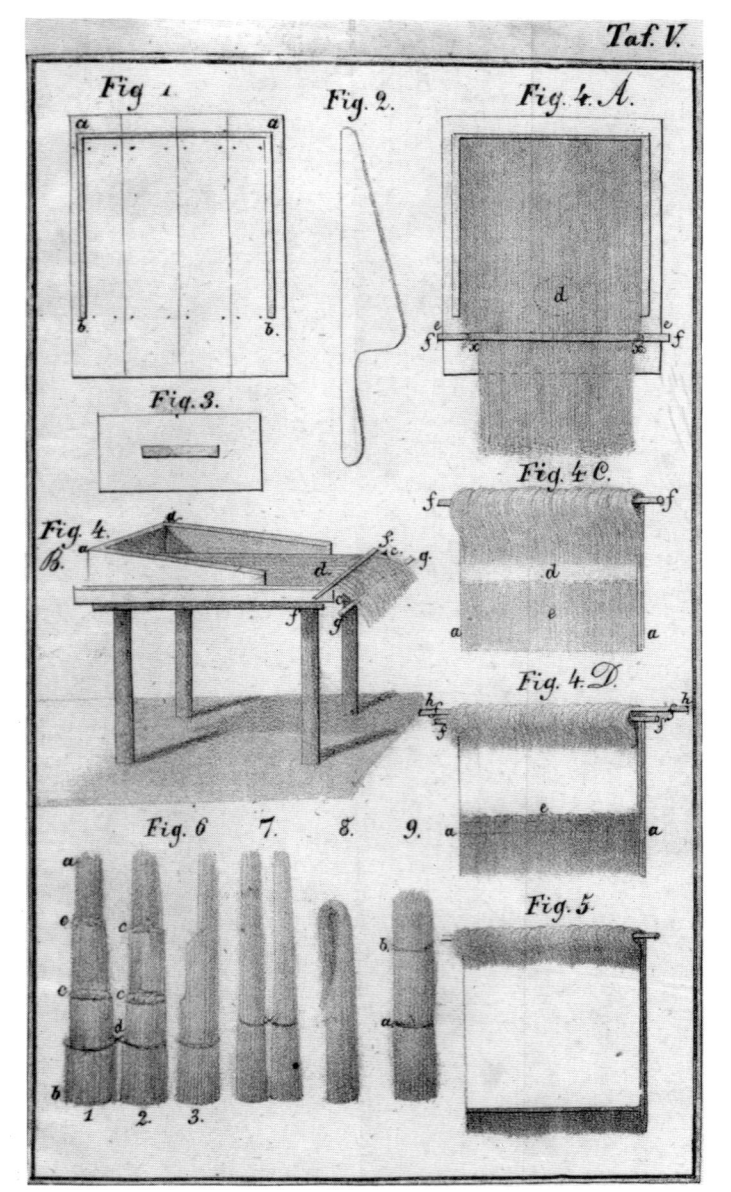

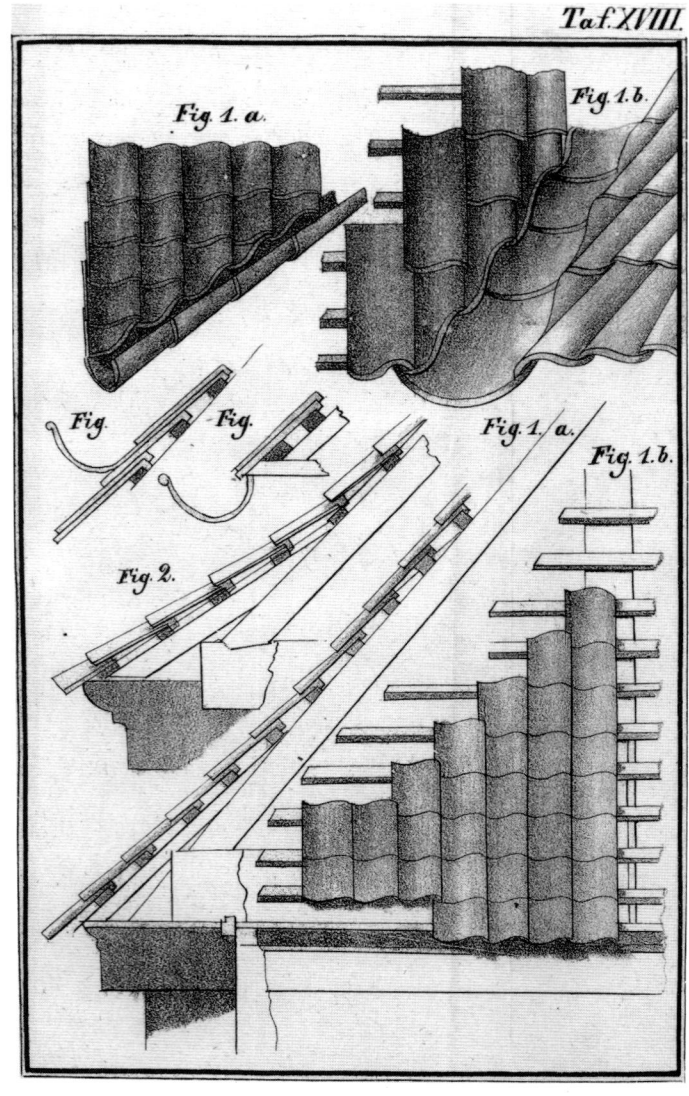

Verfasser – und auch Lithograph – war Carl Ludwig Matthaey, Baumeister in Dresden. Das Werk mit insgesamt 34 Abbildungen, aus denen hier zwölf ausgewählt wurden, erschien 1833. Zu diesem Zeitpunkt war Matthaey bereits 55 Jahre alt und als Architekt, Architekturmaler und Fachschriftsteller tätig.

103

Taf. I.

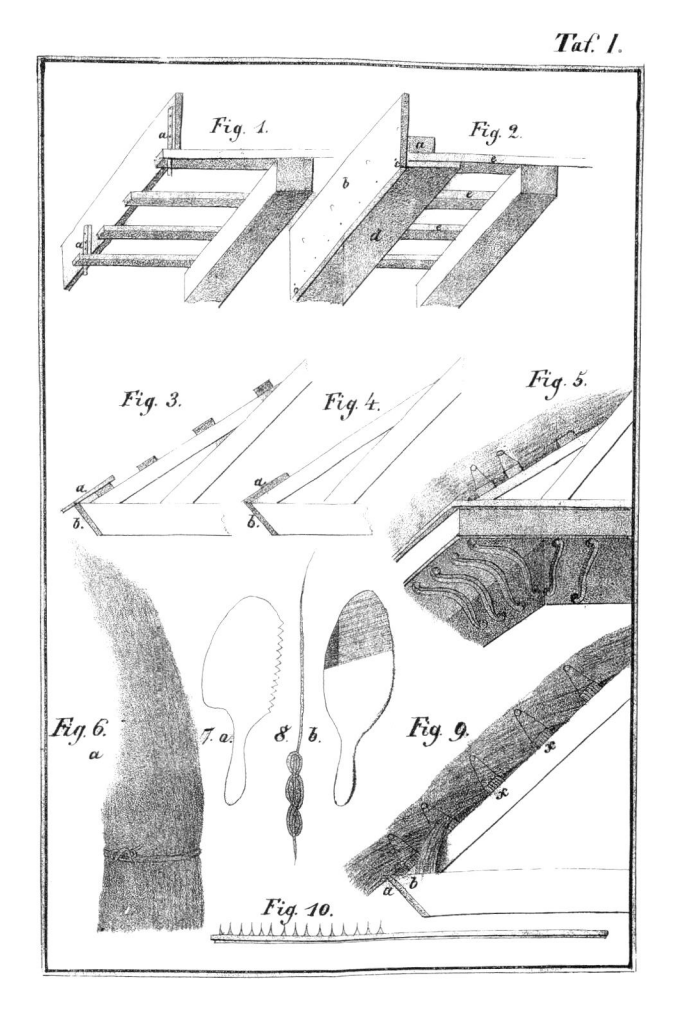

Taf. III.

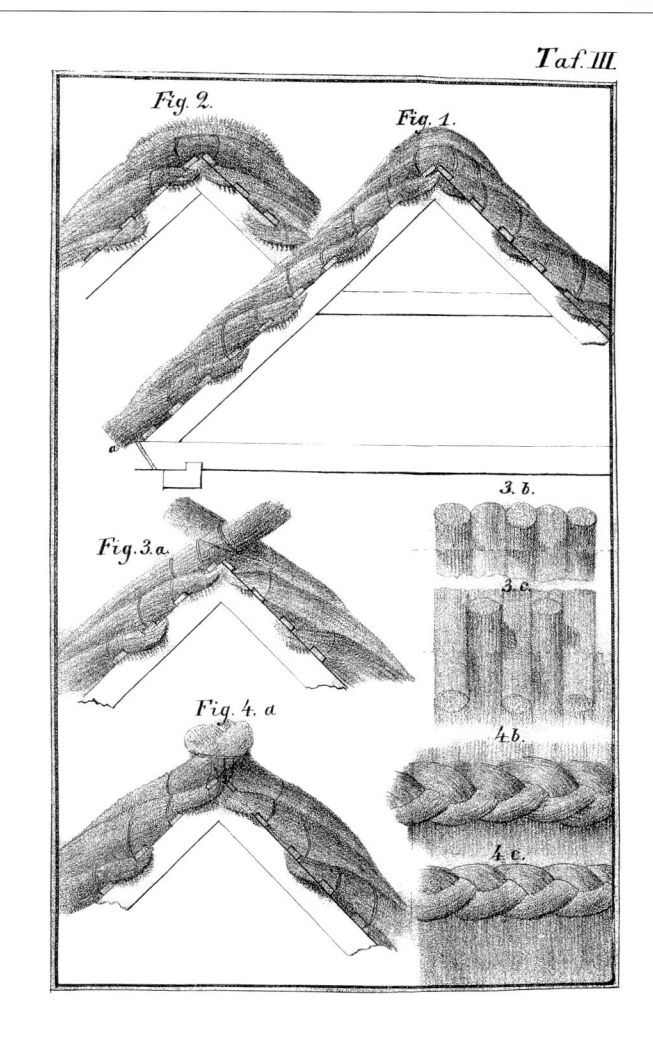

Taf. II.

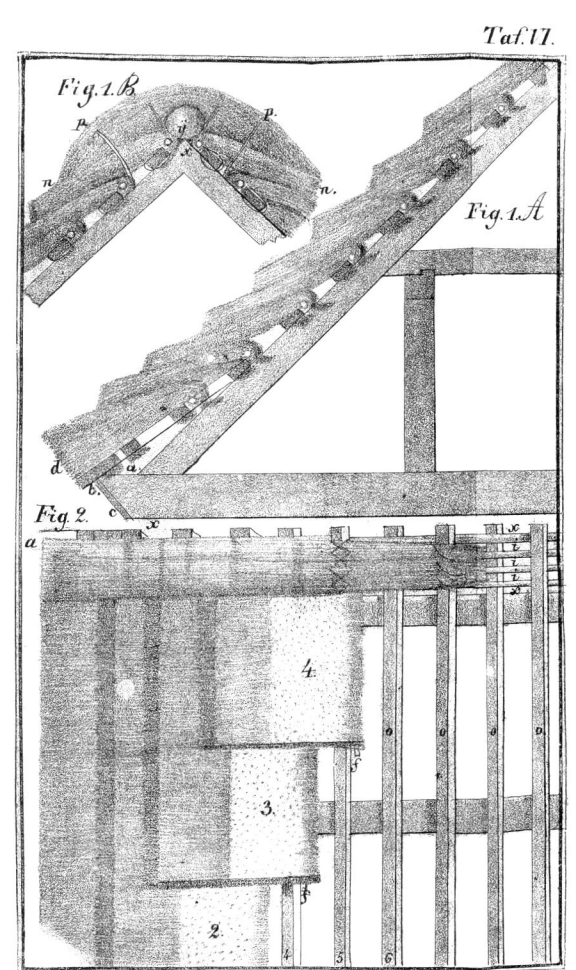

Taf. X.

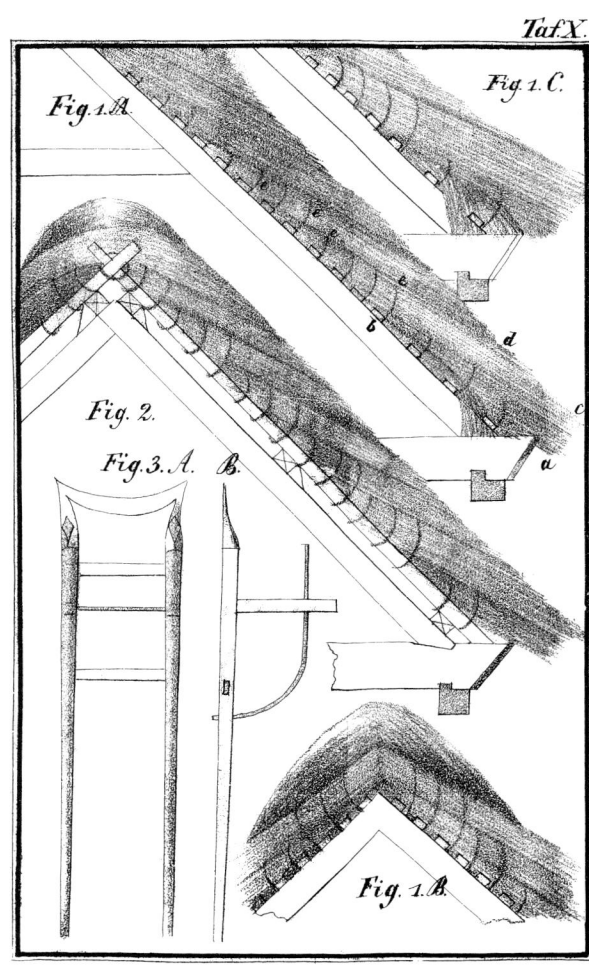

Taf. XIX. Taf. XXVI.
Taf. XX. Taf. XVII.

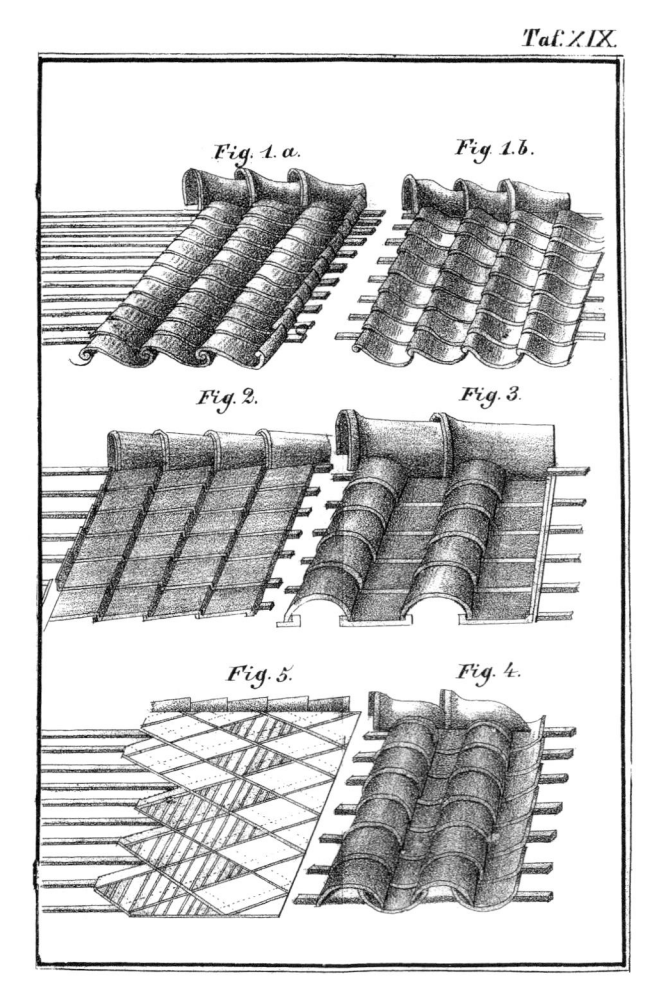

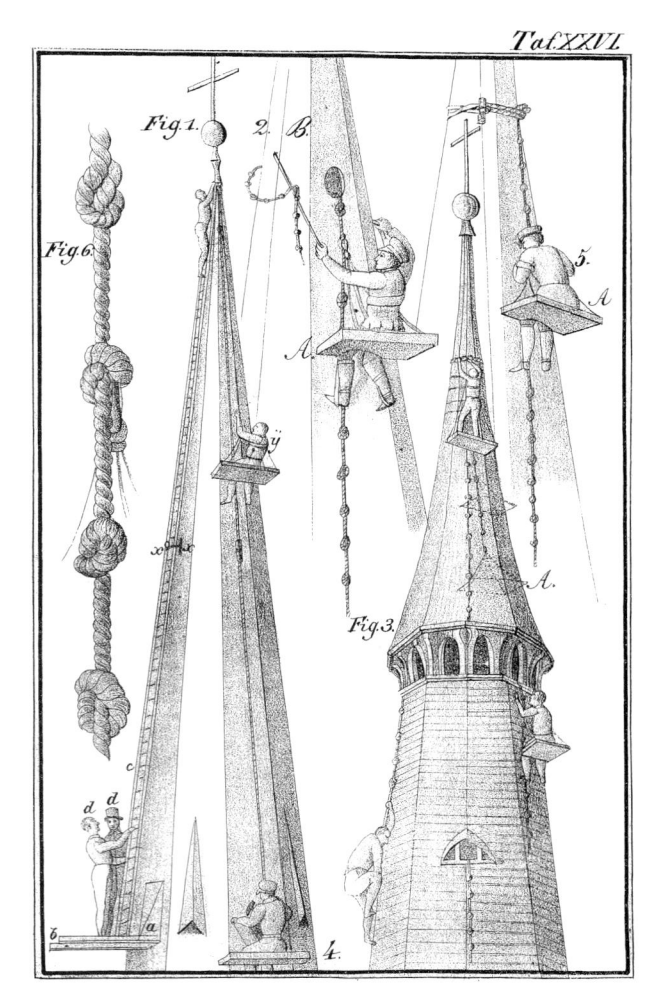

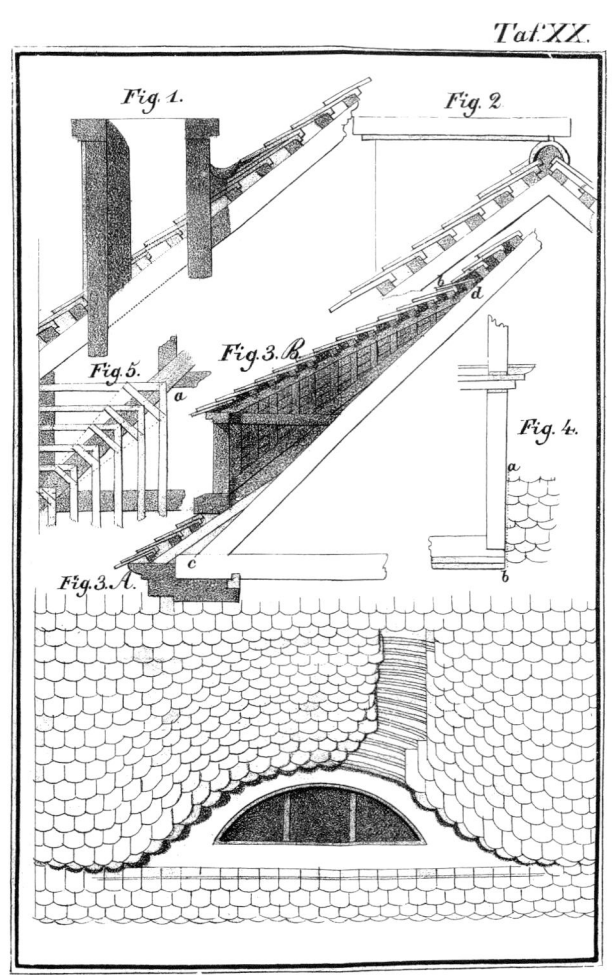

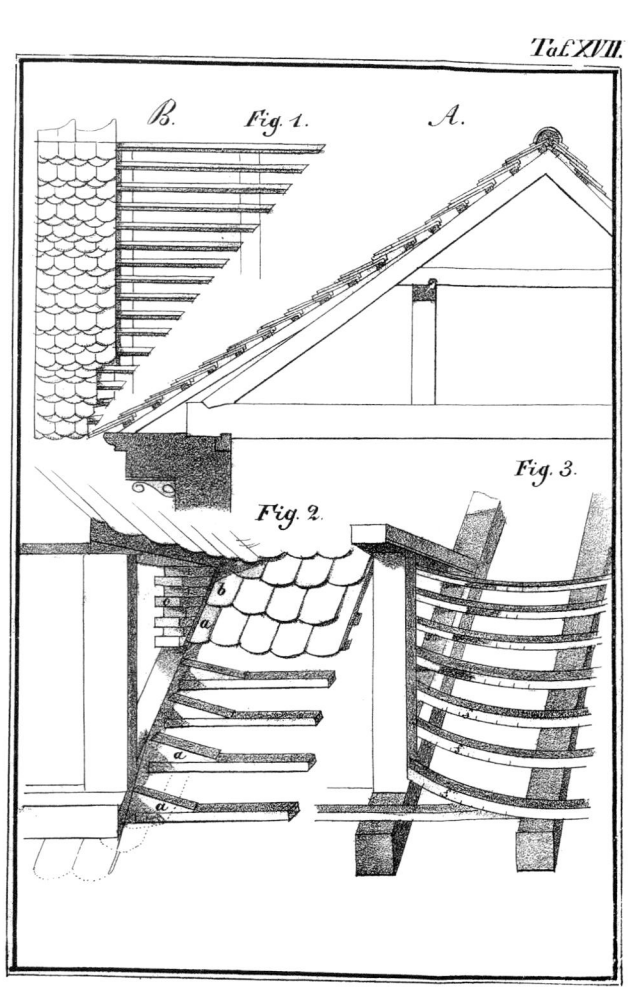

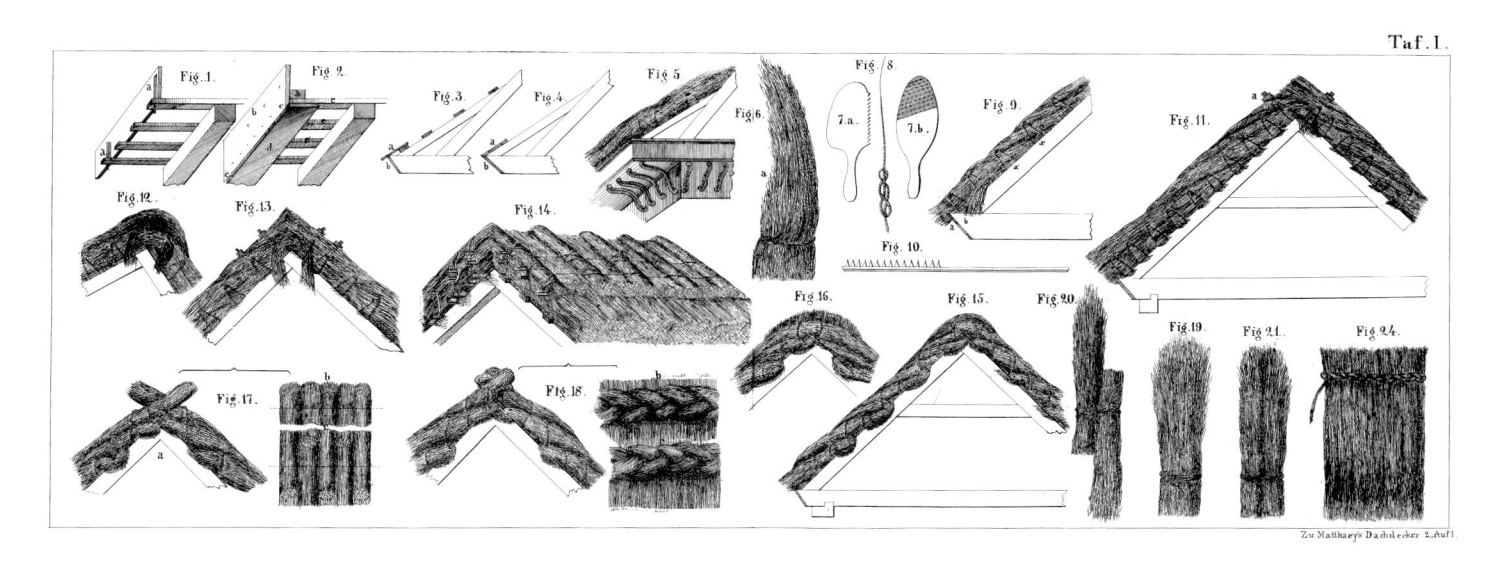

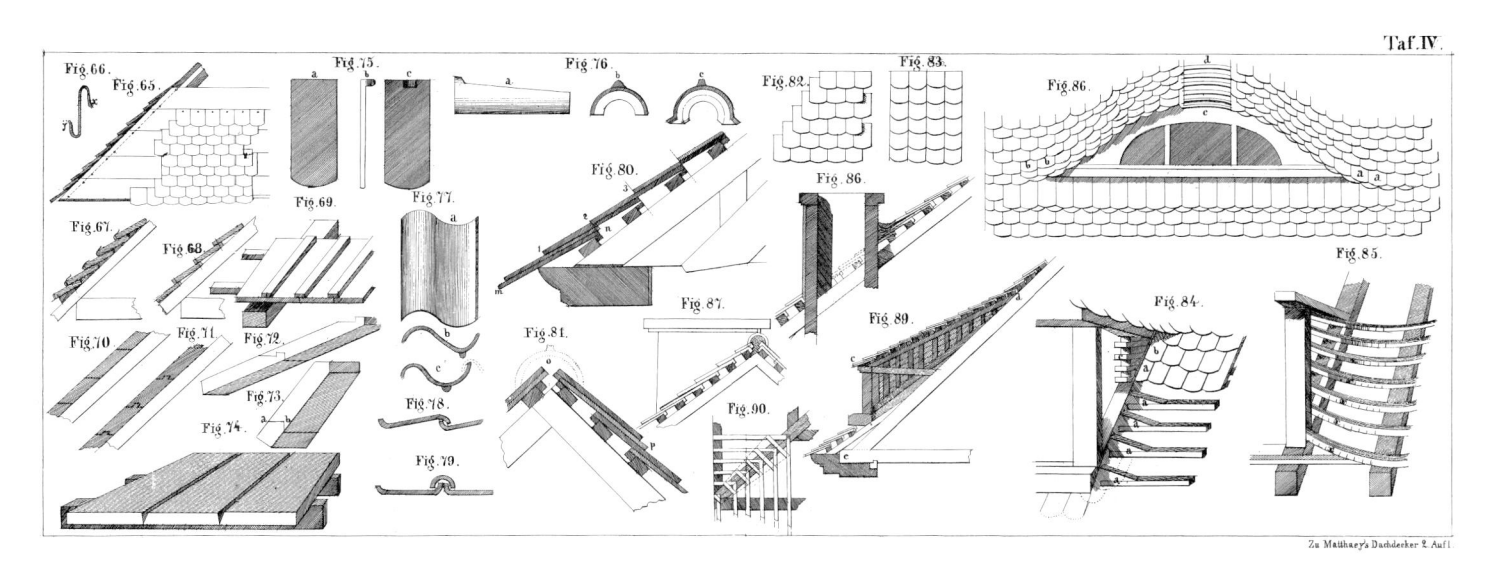

A. W. Hertel
Atlas zu Matthaey's vollkommenen Dachdecker

Taf. I, IV, VI, VIII und XI
Lithographien, 243 x 88 mm

In den folgenden Jahren legte der Voigt-Verlag, Weimar, eine neue, zweite Auflage des „Vollkommenen Dachdeckers" auf. Bauinspector A. W. Hertel wurde mit der Herausgabe beauftragt. Er ließ Darstellungen nach eigenen Erfahrungen erstellen und nannte den Atlas-Band mit den 13 lithographischen Folio-Tafeln „Unterricht in allen bis jetzt mehr oder minder angewandten und mit dem wohnlichen und wirthschaftlichen Bedürfnissen vereinbarten Dachbedeckungsarten".

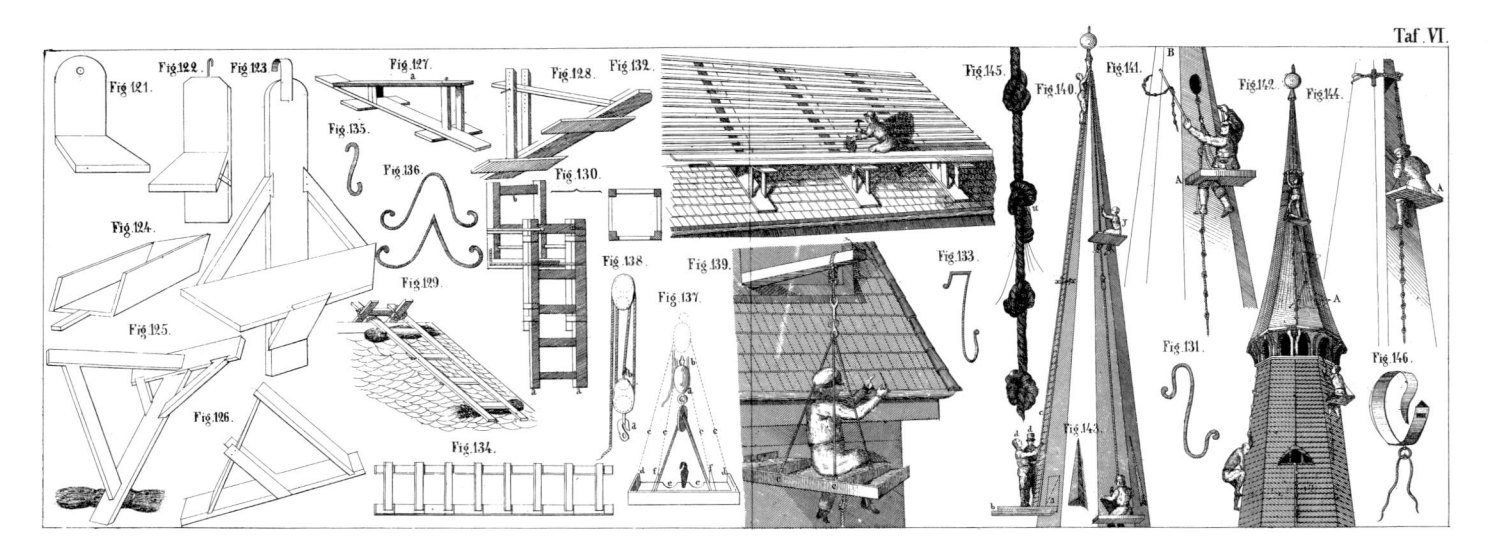

Taf. VI.

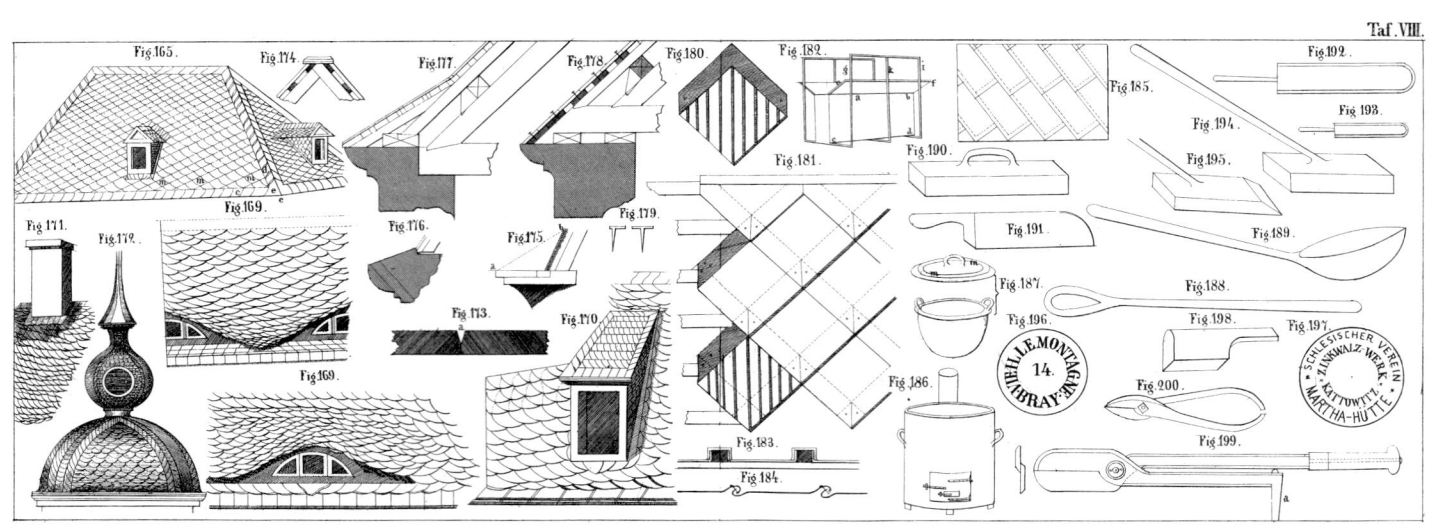

Taf. VIII.

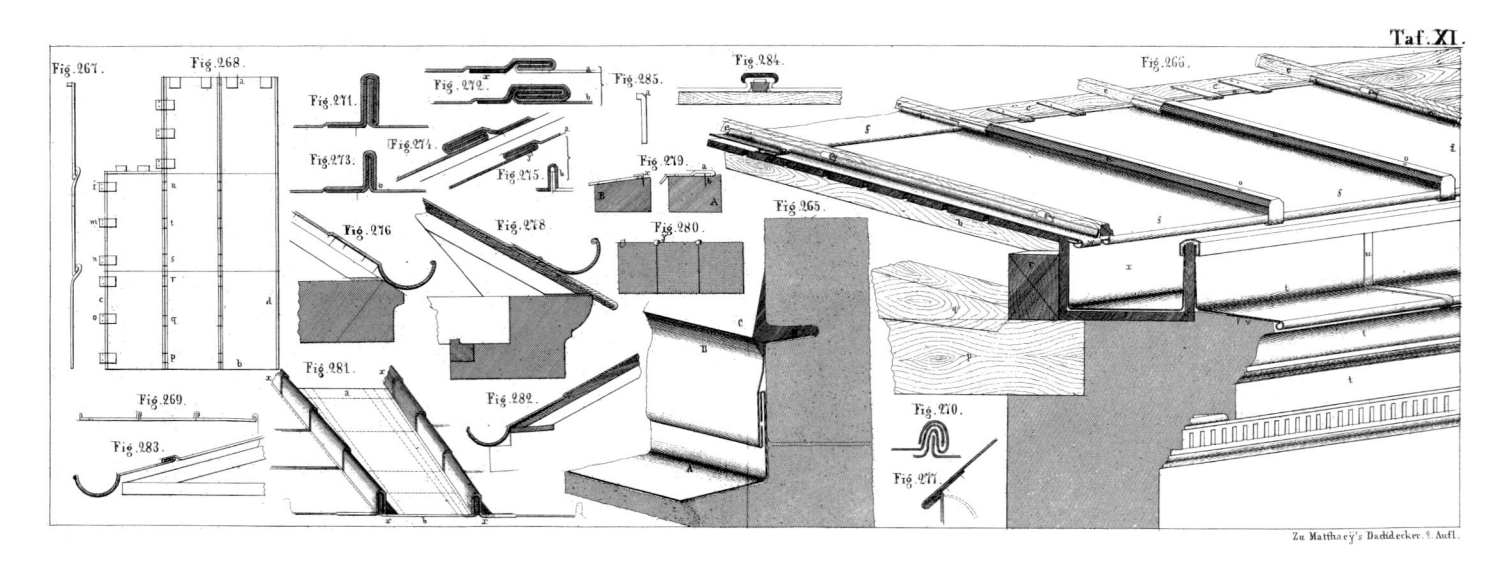

Taf. XI.

Zu Matthaey's Dachdecker. 9. Aufl.

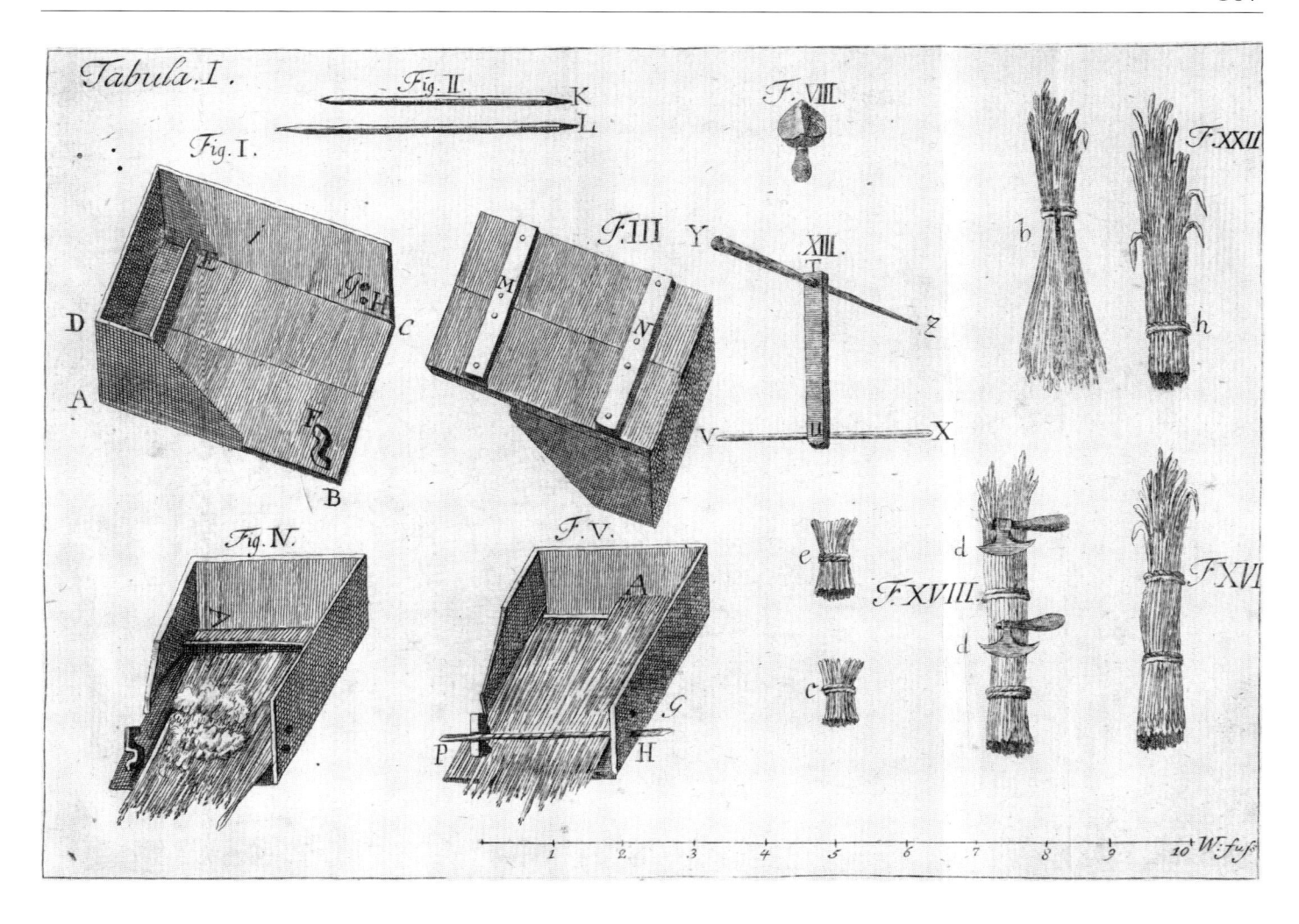

Adam Landgraf
Beschreibung des Habener Strohdaches

Handwerkszeug
Strohschneiden
Strohbedeckung
Kupferstiche, ca. 210 x 150 mm

Die Abbildungen sind einem Buch entnommen, das 1801 von M. A. Schmidt in Wien herausgebracht wurde. Als Autor wird Adam Landgraf genannt. Über ihn, der sich in seinem Werk mit der Erstellung und Verarbeitung von Stroh zum sogenannten „Habener Strohdach" auseinandersetzte, ist leider nichts weiter bekannt. Die schlichte Art der Kupferstiche läßt darauf schließen, daß hier der Autor selbst tätig war.

Tabula II.

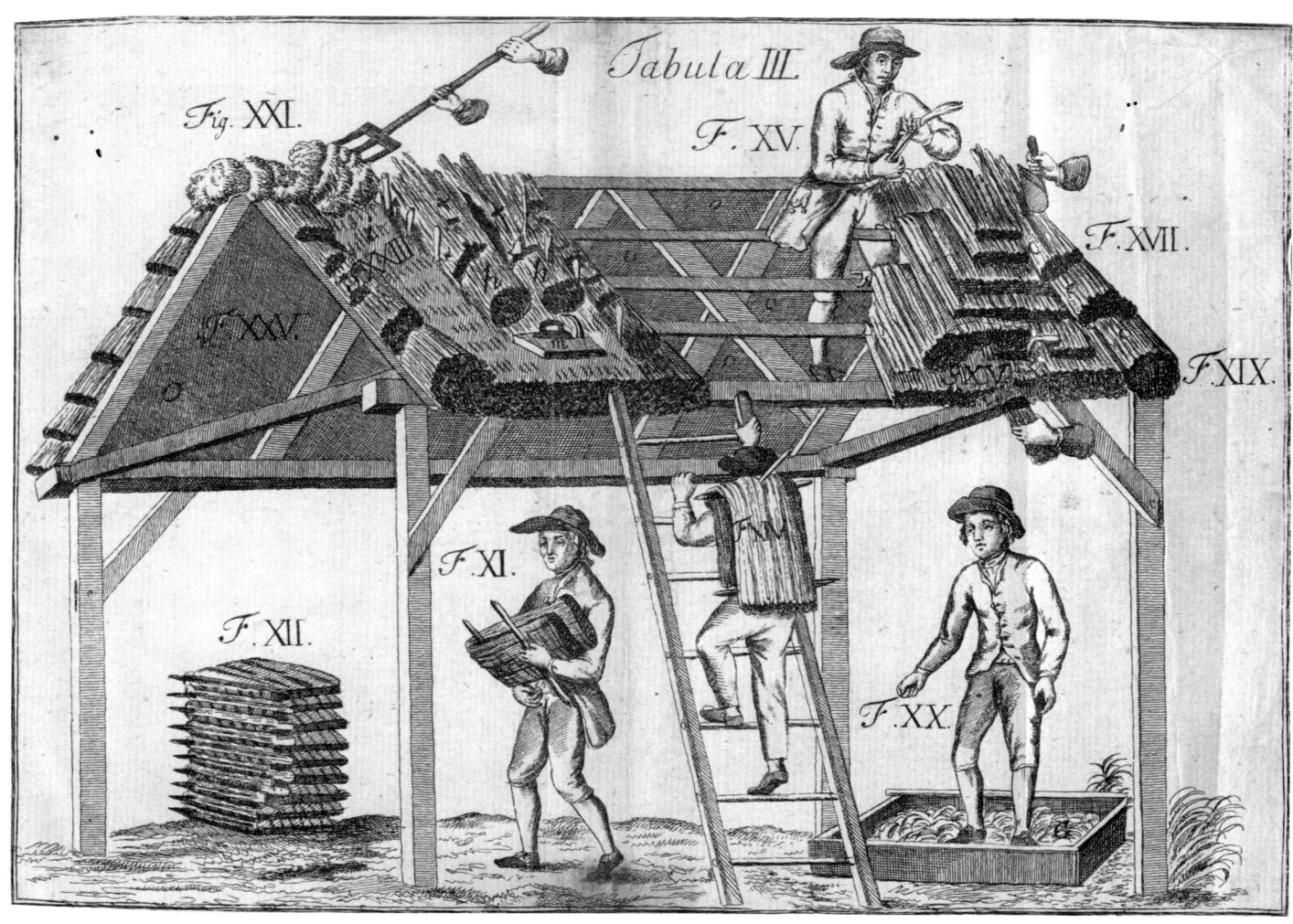

Tabula III.

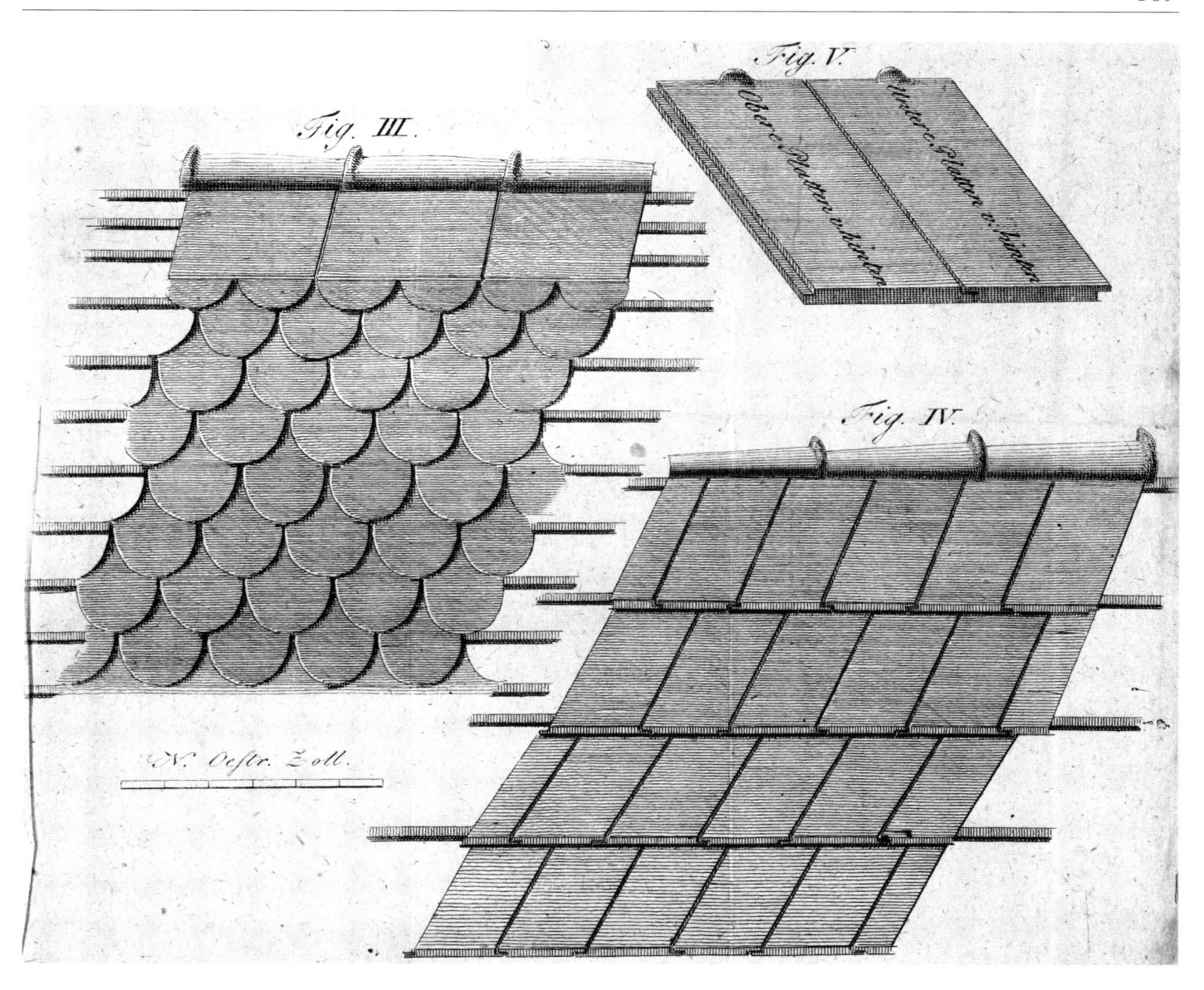

Karl Freiherr von Kfeller
Neue, einfache und dauerhafte Dachdeckungsart

Kupferstich, 220 x 125 mm

Von Kfeller brachte 1802 beim K. Barth-Verlag in Prag dieses kleine Buch heraus.
Auf einem seiner Kupferstiche stellt er die von ihm propagierte Plattenbedachung vor.

110

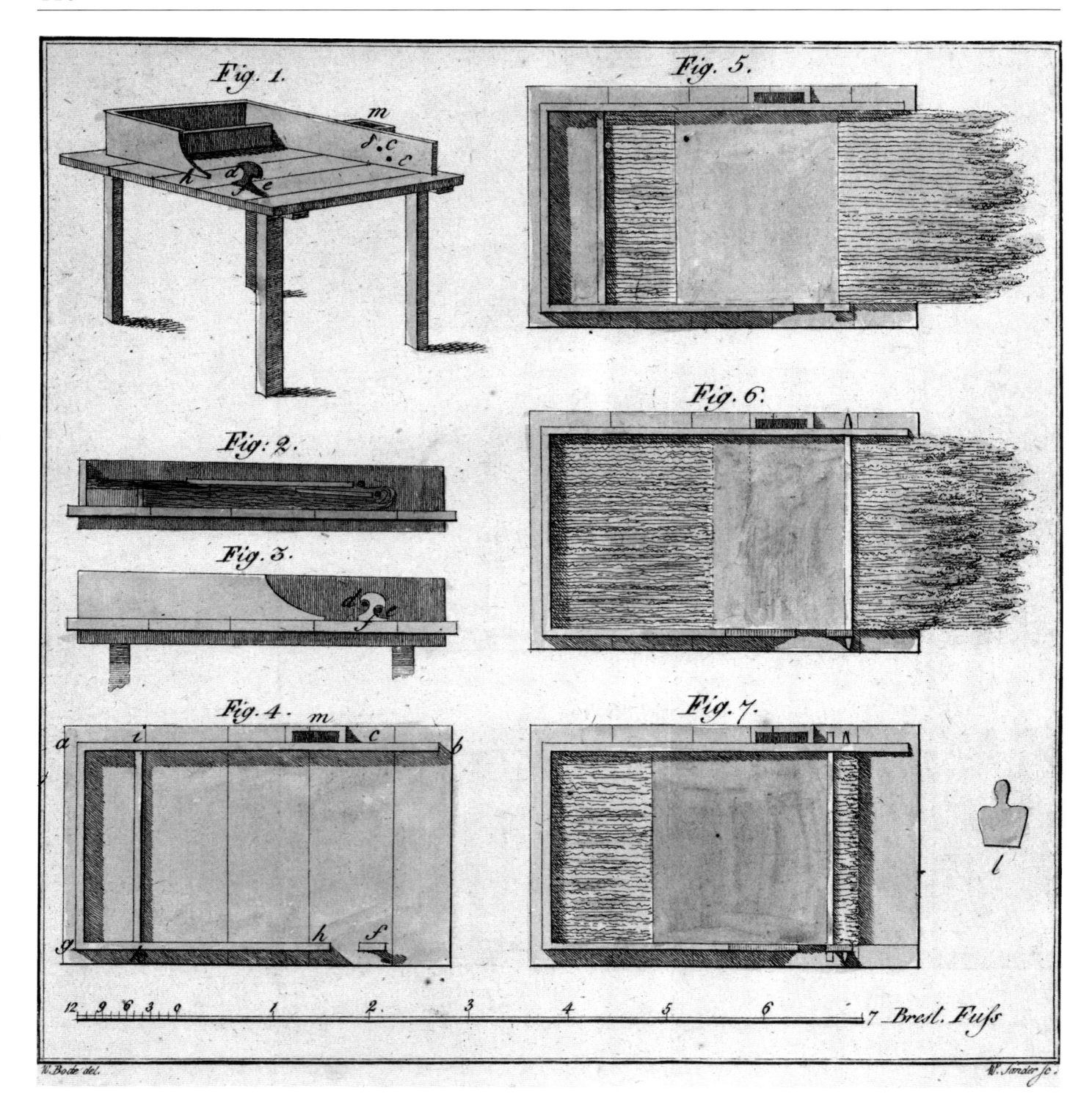

Fig. 1.

Fig. 2.

Fig. 3.

Fig. 4.

Fig. 5.

Fig. 6.

Fig. 7.

12 9 6 3 0   1   2   3   4   5   6   7 Bresl. Fuss

W. Bode del.   W. Sander sc.

◀ W. Bode
Beschreibung der Anfertigung und Aufdeckung einer vorteilhaften Art der Lehmschindeln

Kupferstich, 165 x 172 mm

Im Jahre 1804 brachte der Verlag Wilh. Gottlieb Korn, Breslau, ein kleines Buch von W. Bode mit dem obengenannten Titel heraus.
Die einzige Kupferstichtafel dieses Buches zeigt in den Figuren 1–7 die Gerätschaften und die dadurch gegebene Möglichkeit zur Herstellung von Lehmschindeln – eine in der damaligen Zeit sehr propagierte Art der Dacheindeckung.
Die Buchstaben del. (= delineavit) beziehen sich auf den Maler oder Zeichner – hier W. Bode –, der die Vorlage für den Stich lieferte. Der Kupferstich selbst wurde von Wilhelm Sander gefertigt, der von 1766 bis 1836 lebte und sowohl Kupferstiche als auch Lithographien anfertigte.

George Morland/William Ward
The Thatcher
Der Dachdecker

Kupferstich, in Farben gedrucktes Schabkunstblatt, 600 x 450 mm (Bildmaß)
Abb. auf der folgenden Doppelseite

George Morland (1763–1804) lebte als Landschafts- und Genremaler in London. Sein Gemälde ist von ihm selbst mit 1795 datiert.
Die Darstellung vom Strohdachdecken wurde von William Ward in Kupfer gestochen. Ward, der von 1766 bis 1826 ebenfalls in London wohnte, hat viele Vorlagen Morlands verarbeitet – sicher auch, weil er mit einer Schwester von Morland verheiratet war.
William Ward ist als glänzender Techniker der Schabkunst anzusehen. Seine Blätter sind kunstvoll, voller Gefühl und Harmonie in den Farben.
Bei der Schabkunst werden einzelne Platten mit verschiedenen Farben gedruckt – eine Kunst, die Ward ganz besonders gut beherrschte.
Der auf der folgenden Doppelseite abgebildete „Thatcher" wurde 1806 in London herausgegeben und zeichnet sich durch besondere Naturtreue der ländlichen Szene aus.

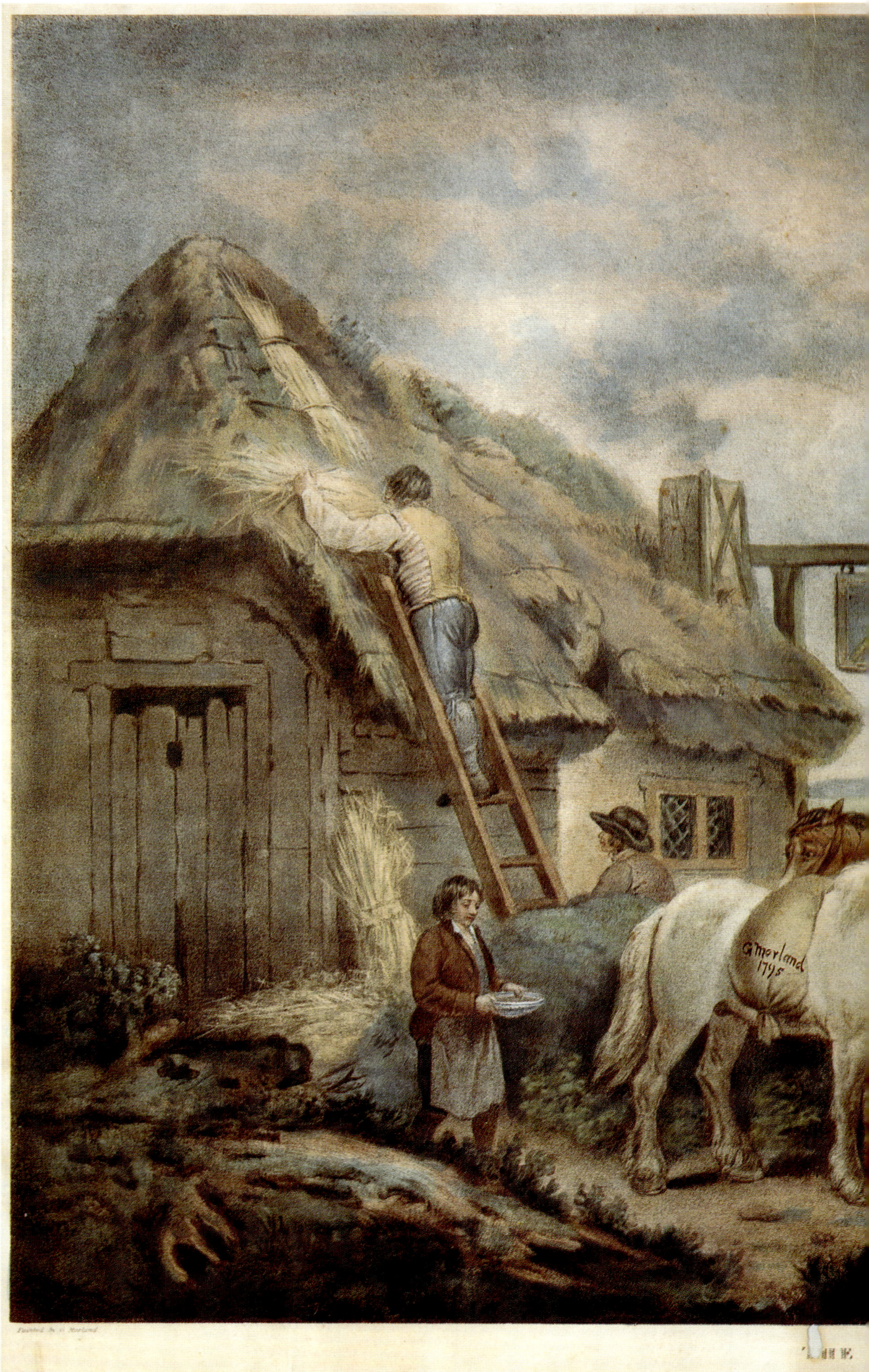
G Morland
1795
London Published

113

Jean Duplessi-Bertaux
Recueil de cent sujets

Couvreur – Dachdecker
Charpentier – Zimmermann
Tailleur de pierres – Steinmetze
Maçons – Maurer
Kupferstiche, 84 x 61 mm

Jean Duplessi-Bertaux lebte von 1747 bis 1819 in Paris. Er lernte Zeichnen und dann das Radieren bei Le Bas. Seine Bekanntschaft mit dem berühmten Jacques Callot formte seinen Stil, seine Technik und auch seine Formatauswahl.
Am deutlichsten wird die Handschrift von Jean Duplessi-Bertaux sichtbar in der Sammlung „Recueil de cent sujets", einer Folge von Darstellungen aus dem Handwerkerleben und von Theaterszenen. Die meisterhaft in Aquatinta-Kupfer gestochenen Blätter wurden um 1803 erstellt und 1814 von Leblanc, Paris, veröffentlicht.
Ein Aquatinta-Kupferstich gibt eine Verfahrenstechnik wieder, die das Ziel hat, im Gegensatz zur Radierung nicht Linien, sondern Flächen herzustellen – die Aquatinta ist also ein Ätzvorgang auf einer blanken Kupferplatte. Jean Baptiste Le Prince (1734–1781) gilt als Erfinder dieser Drucktechnik, die er 1769 der Öffentlichkeit vorstellte.

The Book of English Trades

Sawyer – Zimmerer
The Brick Maker – Ziegler
The Plumbers – Klempner
The Bricklayer – Maurer
The Brazier – Kupferschmied
The Stone Mason – Steinmetz
The Tin Plate Worker – Blechverarbeiter
Holzschnitte, 62 x 94 mm

The Brazier.

The Stone Mason.

The Tin Plate Worker.

Das in London von F. C. J. Rivington in den Jahren 1818 bis 1821 herausgegebene Werk enthält Holzschnitte der verschiedensten Handwerker.
Von den Bauleuten fehlt der Dachdecker. Die übrigen Abbildungen zeigen jedoch sehr interessante Details von der Arbeitsweise in England zu Beginn des 19. Jahrhunderts.

Johann Andreas Christian Löhr
Die Künste und Gewerbe des Menschen

Zimmermann
Maurer
Schieferdecker
Klempner
Holzschnitte, 98 x 150 mm

„Die Künste und Gewerbe des Menschen" nennt Johann Andreas Christian Löhr sein Kinderbuch, das von ihm um 1820 herausgegeben wurde. Hier werden die Handwerker und ihre Arbeit ausführlich beschrieben und dargestellt.
Löhr wurde 1764 in Halberstadt geboren, studierte in Halle Theologie und war ab 1787 als Pfarrer tätig. Er starb 1823 in Leipzig.
Die von Löhr verwendeten Holzschnitte finden sich auch in einem von Muhlert, Leipzig, um 1834 herausgegebenen Lehrbuch für Volksschulen und die Jugend mit dem Titel „Darstellungen aus der Gewerbekunde".

75.

Der Schieferdecker.

Es ist ein hoher Mann dieser Schieferdecker, der ich nicht sein möchte, denn ich bin ein wenig viel zum Schwindel geneigt und dieser befällt mich schon, wenn ich nur den gefährlichen Arbeiten dieses Mannes zusehe. Er sitzt in einem Stuhl und deckt Kirchendächer und Thürme mit Schiefer. Der Stuhl oder Kasten hängt an den vier Enden in Seilen, an welchen er herauf und herabgelassen werden und nach dieser oder jener Richtung sich bewegen kann. Zum Theil kann er dieß auch selbst durch ein eigenes Seil, welches er anzieht oder nachläßt.

Werden Gebäude mit Kupfer gedeckt, so verrichtet dieß der Kupferschmidt; oder mit Blei oder Blech, so ist es die Sache des Klempners; oder mit Schindeln, so wird es vom Zimmermann verrichtet.

Jede Erdart kommt in mehr als einer Gestalt vor, je nachdem sie mit andern Erden und Mineralien von der Natur ist vermischt und verbunden worden. Der Schiefer aller Art gehört aber zu der Thonerde, wozu auch die Porzellanerde, der Bolus oder die Siegelerde, aus welcher noch mancherlei Theegeschirre verfertigt werden, ja selbst der Alaun, und unter den Edelsteinen der Sapphir und Topas gehören.

Der Schiefer selbst kommt nun auch wieder in mancherlei Gestalt vor.

Man hat einen Brand= oder Kohlenschiefer, der in dickern oder dünnern Scheiben bricht, und häufig Abdrücke von Fischen und Pflanzen enthält. Er brennt im Feuer mit schwacher Flamme und mit einem Erdharz= oder Schwefelgeruch.

Die bekannte schwarze Kreide, mit welcher man zeichnet, ist nichts anders als Schiefer, der stark abfärbt, wodurch er eben zum Zeichnen tauglich wird.

12.

Der Klempner.

Das Eisen wird, wenn es durch mancherlei Bearbeitung erst einen hohen Grad von Reinheit erhalten hat, durch Hammer, welche ein Mühlwerk in Bewegung setzt, zu dünnen Platten oder zu Blech geschlagen, welches von sehr verschiedener Dicke oder Stärke sein kann. Zu den stärksten gehört das Pfannenblech auf Salzwerken und das Blech zu Windofen. Letzteres ist aber oft schon zu dünn.

So wie das Blech durch die Arbeit des Hammers fertig ist geworden, heißt es Schwarzblech. Aus dem Schwarzblech wird, wenn es durch einige Arbeiten ist gereinigt worden, Weißblech, indem man es einigemal in geschmolzenes Zinn eintaucht.

Der Klempner verarbeitet nun dieses weiße Eisenblech, aber auch gelbes oder Meßingblech zu mancherlei Dingen, die zum Theil, wenn der Meister sein Werk versteht, sehr künstlich sein können, z. B. Helme für die Reiterei.

Wie vielerlei Sachen werden nicht aus Blech gemacht, obwohl lange nicht alle von dem Klempner. Wie viele lackirte Waaren sind aus Blech verfertigt, z. B. Kaffeebretter, Tabacksdosen, Untersatzschalen zu Weinflaschen und Weingläsern. — Die Blechlöffel, welche ihrer Wohlfeilheit und Dauer wegen in den Haushaltungen der Armuth sich finden, werden auf eigenen Fabriken verfertigt, und ein guter Arbeiter kann derselben in Einem Tage Tausend zu Stande bringen.

Wie viele Lampen werden von Blech gemacht, kleinere und größere; wie viele kleinere und größere Gefäße um Etwas darin aufzubewahren! Viele Dachrinnen sind von Blech, die Gartengießkannen desgleichen; Feldflaschen, Keßel, vielerlei niedlich gearbeitete Arten von Thee= und Kaffeekannen und Maschinen. Wollte man aus den Haushaltungen die verschiedenen Blechwaaren wegnehmen, wie viel würde man entbehren!

Friedrich Müller
Gewerbekunde oder Gallerie der vorzüglichsten Künste und Handwerke

Der Schieferdecker
Kupferstich, 111 x 67 mm

Im Jahre 1820 brachte Friedrich Müller in Wien sein Buch „Gewerbekunde ..." in deutscher und französischer Sprache heraus. Mit diesem „berufskundlichen Informationswerk" sollte die intelligente Jugend angesprochen und unterrichtet werden. Darum heißt es auch im Untertitel: „Ein lehrreiches und unterhaltendes Buch für die Jugend".
Die Handwerker-Abbildung – deren unbeholfene Bemalung sicher von Kinderhand stammt und so übernommen wurde – ist auch in der „Gallerie der vorzüglichsten Künste und Handwerke", erschienen 1825/30 in Prag und Berlin, zu finden.

Anton Langweil
Gallerie der vorzüglichsten Künste und Handwerke

Schieferdecker
Zimmermann
Klempner
Dachdecker
Maurer
Lithographien, 125 x 80 mm

Ein „lehrreiches und unterhaltendes Bilderbuch für die Jugend" nennt der Untertitel das Werk, das 1825 und 1830 in zwei Teilen in Prag und Berlin herausgegeben wurde.
Die Abbildung des Dachdeckers findet sich im ersten, alle anderen sind aus dem zweiten Teil.
Die Lithographien wurden von Anton Langweil geschaffen, der von 1795 bis 1857 in Böhmen lebte.
Er gründete 1819 die erste lithographische Anstalt in Prag und wurde dann Buchhändler. Es ist anzunehmen, daß das hier vorgestellte Werk auch bei ihm verlegt wurde.

121

Maurer.

Dachdecker – Couvreur – Dakdekker
Holzstich, 174 x 100 mm

Der Holzstich wurde bei L. van Leer & Co., Haarlem/Holland, ca. 1830 gedruckt. Mit Sicherheit handelt es sich um ein Blatt aus einem holländischen Kinderbuch. Interessant ist die Darstellung der verschiedenen Berufe in einem Bild.

Klempner
Altkolorierte Lithographie, 90 x 84 mm

Die Herkunft der altkolorierten Lithographie ist leider nicht bekannt. Sie stammt entsprechend der Drucktechnik ungefähr aus der Zeit um 1840.

Rietdekker
Metselaar
Lithographien, 95 x 145 mm

Die Darstellungen des Strohdachdeckers und des Maurers stammen aus einem holländischen ABC-Buch.
In einem Nachschlagewerk wird als Lithograph „Bohn" genannt und als Erscheinungsjahr ca. 1830.

Die Übersetzung der Bildunterschriften lautet:

Rietdekker: *Weil ebenso gut wie Schiefer oder Ziegel das Reith die Wohnung decken kann, wird auf dieses Bauernhaus ein solides und dauerhaftes Reithdach gelegt.*

Metselaar: *Das Haus wird durch den Maurer gebaut aus Zement und Stein; er legt die Steine aufeinander und fügt sie mit Zement zusammen.*

Dachdecker
Maurer
Klempner
Zimmerleute
Lithographien, 75 x 67 mm

Diese Lithographien stammen nach Meinung von Experten, die es wissen sollten, aus einem Kinderbuch oder von einem Bilderbogen.
Leider läßt sich dieses nicht mit Gewißheit sagen. Auch das Erscheinungsjahr kann nur ungefähr mit 1830 angegeben werden.

(8)
HONDERD NEGEN EN VEERTIGSTE TAFEREEL.

Kerken, torens en kasteelen,
Dekt men met geslepen lei,
Die, doorboord met kleine gaatjes,
Hangen vast, in rei bij rei.

Aan een' spijker vastgeklonken,
Op het onderdak van hout,
Dat de leijen in hun' rigting,
Kunstrijk in hun' kracht behoudt.

Deze arbeid is verbonden,
Met de gieting van het lood;
En hij schenkt, schoon schaars gebezigd,
Zijn' bewerker dagelijks brood.

Kirchen, Türme und Schlösser deckt man mit geschliffenem Schiefer, der, durchlöchert mit kleinen Löchern, hängt fest von Reihe zu Reihe. Mit einem Nagel festgenagelt auf dem Unterdach aus Holz, daß der Schiefer in seiner Art kunstvoll seine Ausstrahlung behält. Diese Arbeit ist verbunden mit dem Gießen von Blei, und sie schenkt, obwohl selten angewendet, den Menschen das tägliche Brot.

(98)
HONDERD TWEE EN VIJFTIGSTE TAFEREEL.

Dekker! dekt gij huis en schuren,
Met uw' rieten schoven digt;
O vergeet geen kleine ruitjes!
Tot doorschijning van het licht.

Voeg en ploeg uw' schoven zamen,
Leg hen regt, juist naast elkaar;
Anders wordt men in de schuren,
Lek en windvang ras gewaar.

Gij staat bloot aan wind en regen,
Wijl gij 't huis van anderen dekt;
Doch wat schaden wind en regen,
Als het u tot voordeel strekt.

Dachdecker! Decke Haus und Scheunen mit deinem Rohr in Garben dicht. Oh, vergiß nicht die kleinen Öffnungen zum Durchscheinen des Lichtes. Füge und schichte deine Garben zusammen, lege sie richtig gerade nebeneinander, ansonsten wird man in den Scheunen Löcher und den Wind bald empfinden. Du stehst allein im Wind und Regen, weil du das Haus von anderen deckst, doch was schaden Wind und Regen, wenn es dir zum Vorteil gereicht.

J. Noman, Zaltbomel/Holland
Nederlandsche Tafereelen van kunst, ambachten en bedrijven voor kinderen

Leidekker – Schieferdecker
Riethdekker – Strohdecker
Koperslager – Kupferschmied
Blikslager – Blechschmied
Zager – Steinsäger
Timmermann – Zimmermann
Holzschnitte, 58 x 65 mm (Bildmaß)

Die Abbildungen aus dem Leben der Handwerker des 18. Jahrhunderts stammen von Hendrik Numan, der zwischen 1728 und 1788 in Amsterdam lebte. Er lieferte auch die Holzschnitte zu Jan Luykens „Hondert Ambachten". Er hat mindestens 350 Holzschnitte gefertigt – die meisten für Stichter, Amsterdam. Dieser Verleger verarbeitete die Schnitte bereits um 1770 in „Zinspelingen op allerlei Wetenschapen, Konsten en Ambachten". Das Verlagshaus J. Noman in Zaltbomel kaufte dann 1817 die Druckstöcke von Hendrik Numan auf und brachte die „Nederlandsche Tafereelen …" 1828/29 als Kinderbuch heraus.

(78)

NEGENTIGSTE TAFEREEL.

Dieper in den killen grond,
　Dan de hoogste bergen zijn,
Zocht men of men koper vond,
　Schuilende in de donk're mijn,
Om het in millioenen bogten,
Tot iets nuttigs zaam te wrochten!

'k Maak er dan ook alles van,
Alles wat men maken kan,
　Mits het eerst gelouterd worde;
　Alle zaken eischen orde.
Koperslager ben ik, ja!
Zie maar hoe 'k er over sta.

Tiefer in dem kühlen Boden, wo die höchsten Berge sind, suchte man, ob man Kupfer fand, schützend in dem dunklen Bergwerk, um es in Millionen Biegungen zu etwas Nützlichem zusammenzufügen! Ich mache dann auch alles daraus, alles, was man machen kann, falls es zuerst geläutert wurde. Alle Dinge verlangen Ordnung. Kupferschläger bin ich, ja! Seht nur, wie ich daraufschlage.

(10)

ZES EN VIJFTIGSTE TAFEREEL.

Alles alles blik en blik;
Altijd gaat het tik, tik, tik,
　't Hamerslagje spreekt niet anders.
　Blikken schotels, blikken standers,
Emmers, ketels, al van blik,
Zijn gemaakt met tik, tik, tik....

Noemt gij dit gezellig werken,
　Zonder wisselen van slag?
Zonder wij verand'ring merken,
　Als wij tikten dag aan dag?
Zeg ons eens hoe 't met u staat,
Als u 't hart met tikjes slaat?

Alles, alles Blech und Blech. Immer geht es klopf, klopf, klopf, der Hammerschlag spricht nicht anders. Schüssel und Ständer wie auch Eimer und Kessel sind alle aus Blech und fertiggestellt mit klopf, klopf, klopf. Nennen Sie dieses gesellig arbeiten, ohne Abwechslung vom Schlag? Nie wir eine Änderung spüren, wie wir klopften Tag für Tag? Sage uns einmal, wie es Ihnen geht, wenn Ihr Herz durch Klopfen schlägt?

(50)

ZES EN ZEVENTIGSTE TAFEREEL.

't Zaagje vijlt hier dagen lang,
  Knarst en schuurt de marmersteenen,
  Werpt de vezels voor zich henen,
Telkens met denzelfden gang!

De oude zager zaagt maar door,
Pijnigt vaak zijn luistrend oor.
  O! om 't sober brood te winnen
  Moet hij eigen zin verwinnen.

Eenmaal komt een tijd van rust,
Allen is ons dit bewust;
  Laat ons werken, liefst niet zagen,
  En in 't eind de rust bejagen.

Das Sägchen feilt hier Tage lang, knarrt und scheuert Marmorsteine und wirft die Reste vor sich hin, stets mit dem gleichen Rhythmus! Der alte Säger sägt immer weiter, oft schmerzt sein hörend Ohr. Um aber das saure Brot zu verdienen, muß er sich selbst überwinden. Einmal kommt eine Zeit der Ruhe, allen ist uns dieses bewußt; laßt uns arbeiten und nicht verzagen und am Ende die Ruhe bejahen.

(32)

DERTIENDE TAFEREEL.

Vloeren, deuren, stijlen, banken,
Wenteltrappen, luif en dak,
  Zolders van geschaafde planken,
  Of ook huisraad tot gemak,
En veel duizend and're zaken
Weet de Timmerman te maken.

IJv'rig bij bekwame hand,
Nuttig voor de klein' en grooten,
  Is hij in zijn' levensstand,
  't Nuttigst van zijn kunstgenooten.
Eer dan ook den timmerman,
Die zoo vlijtig werken kan.

Fluren, Türe, Wände, Bänke, Wendeltreppen, Luke und Dach. Böden von gesägten Brettern oder auch bequeme Hausgeräte und vieltausend andere Sachen weiß der Zimmermann zu machen. Fleißig mit begabter Hand, nützlich für klein und groß, ist er in seinem Element und der nützlichste seiner Kunstgenossen. Ehre dann auch den Zimmermann, der so tüchtig arbeiten kann.

Jakob Eberhard Gailer
Neuer Orbis Pictus für die Jugend …

Dachdecker	3. Auflage
Schieferspalter	2. Auflage
Kalkbrenner	2. Auflage
Zimmermann	3. Auflage
Klempner	3. Auflage
Klempner	2. Auflage
Kupferschmied	3. Auflage
Kupferschmied	2. Auflage
Ziegelhütte	2. Auflage
Maurer	3. Auflage
Zinngiesser	2. Auflage
Meß- und Baukunst	4. Auflage

Lithographien, ca. 90 x 70 mm

„Neuer Orbis Pictus für die Jugend, oder Schauplatz der Natur, der Kunst und des Menschenlebens in 316 lithographirten Abbildungen mit genauer Erklärung in deutscher, lateinischer und französischer Sprache. Nach der früheren Anlage des Comenius bearbeitet und dem jetzigen Zeitbedürfnis gemäss eingerichtet von J. E. Gailer, Lehrer an dem Lyzeum in Tübingen". So der Titel des Werkes, das Jakob Eberhard Gailer im Jahre 1832 in erster Auflage beim Verlag F. C. Löflund und Sohn, Stuttgart, herausbrachte.

Dem Verfasser hatte der „Orbis Pictus" des Comenius in seiner Jugend viel Freude und Nutzen bereitet. Da jedoch seit der Zeit des Comenius große Fortschritte in der Naturgeschichte und in den Gewerben gemacht worden waren und auch die deutsche und französische Sprache viele Veränderungen und Verbesserungen erfahren hatten, unternahm es Jakob Eberhard Gailer, das ganze Buch den Bedürfnissen der Zeit anzupassen und somit etwas Neues herauszubringen.

Die Jugend wird in die Kenntnis der Natur, der Gewerbe und Künste eingeführt, und es wird ihr auch ein geeignetes Mittel an die Hand gegeben, sich die lateinische und französische Sprache zu eigen zu machen.

Für die Gestaltung der Lithographien zeichnet G. Mosmann verantwortlich, der wohl in Stuttgart bzw. in Württemberg tätig war. Das eine oder andere Litho trägt den entsprechenden Hinweis „fecit".

Den Lithographien von Mosmann lagen Zeichnungsvorlagen zugrunde, die von Johann Michael Voltz ausgeführt wurden. Voltz lebte von 1784 bis 1858 in Nördlingen als Maler, Illustrator und Radierer.

Bereits 1832 brachte aber auch der Verlag der lithographischen Anstalt von Johann C. Mäcken in Reutlingen eine 1. Auflage heraus, der 1833 eine zweite folgte. Die 3. Auflage ist aus dem Jahre 1835 und weist eine überarbeitete französische und zusätzlich eine englische Übersetzung auf.

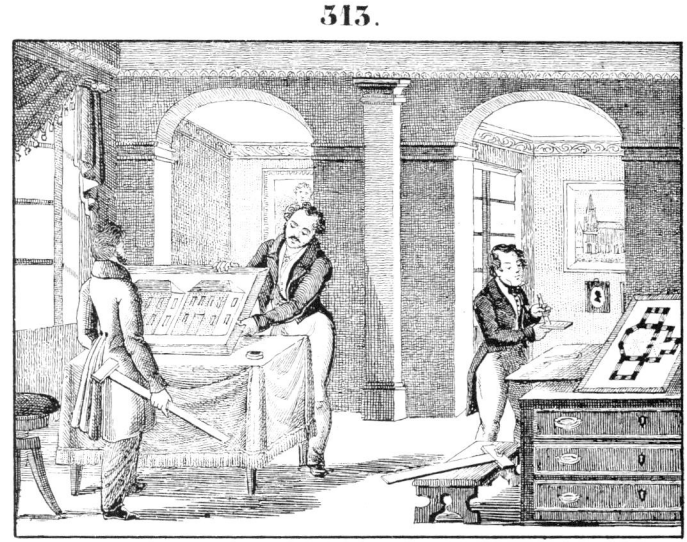

Auch wurden einige Abbildungen teilweise oder vollständig verändert.

Die 4. Auflage von 1838 ist wörtlich der 3. Ausgabe gleich, und die 5. des Jahres 1842 ist dann noch um eine italienische Übersetzung erweitert worden.

Jakob Eberhard Gailer, der Verfasser des „Neuen Orbis Pictus für die Jugend", wurde 1792 oder 1802 in Reutlingen geboren und starb um 1850. Er war Sohn eines Schreinermeisters. Von 1822 an war er Präceptor am Lyzeum in Tübingen, bis er dort 1841 wegen Trunkenheit suspendiert wurde. Gänzlich verarmt verzog er nach Großbottnar und dann nach Nagold.

Die hier wiedergegebenen Lithographien entstammen der 2. Auflage von 1833 und der Ausgabe von 1835. Hierbei wird die Veränderung der Aussage über den Dachdecker besonders deutlich.

Die Meß- und Baukunst wird gezeigt aus der 4. Auflage von 1838.

Das Pfennig-Magazin
Das Ziegelbrennen
Holzstich, 133 x 85 mm

Der Textholzstich über das Ziegelbrennen stammt aus dem „Pfennig-Magazin der Gesellschaft zur Verbreitung gemeinnütziger Kenntnisse", Band 5, Ausgabe 198, aus dem Jahre 1837.
Das „Pfennig-Magazin" erschien bei Brockhaus, Leipzig, ab 1832 bis ca. Mitte des Jahrhunderts.

Le Couvreur. | The hellier.

Victor Jean Adam
Arts et Métiers (Künste und Handwerke)

Le Couvreur – Der Dachdecker
L'Architecte – Der Architekt
Le Maçon – Der Maurer
Le Maçon – Der Maurer
Le Paveur – Der Pflasterer
Le Carrier – Der Steinbrecher
Le Tailleur de pierres – Der Steinmetz
Lithographien, 135 x 110 mm

Das mit einer Vielzahl von Lithographien illustrierte Buch über die Künste und das Handwerk erschien um 1840 in Frankreich mit ausschließlichem Hinweis auf Victor Jean Adam. Die hier wiedergegebenen Darstellungen aus dem Bereich des Bauhandwerks zeigen auch die Arbeiten des Dachdeckers in sehr anschaulicher Weise.

Victor Jean Adam, der die Lithographien entworfen und erstellt hat, wurde 1801 in Paris geboren. In den ersten Jahren seines Schaffens malte er Genrebilder für das historische Museum in Versailles. Bekannter wurde er erst später durch zwei lithographische Alben. Adam erhielt viele Auszeichnungen. Er starb 1867.

L'Architecte. | The Architect.

Le Maçon. | The Mason.

Le Maçon. | The Mason.

Le Paveur. | The Pavior.

Le Carrier.   The Quarry man

Le Tailleur de pierres.   The stone cutter.

Ferblantier.   Weißblechner

C. Fasoli & Ohlmann
Ferblantier/Weisblechner
Lithographie, 250 x 180 mm

Die Abbildung des Klempners in seiner Werkstatt wurde einer Sammlung von 20 Berufsdarstellungen entnommen, die um 1840 in Straßburg bei Fasoli & Ohlmann herausgebracht wurde.
Es handelt sich hierbei um altkolorierte Lithographien.

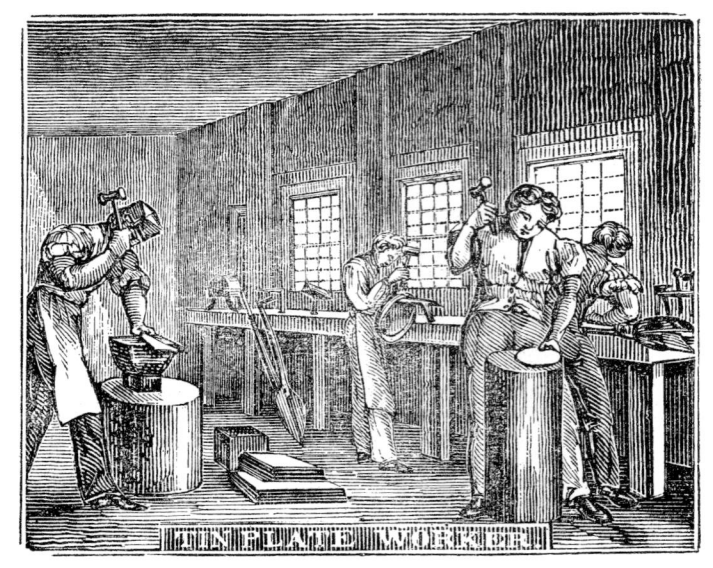

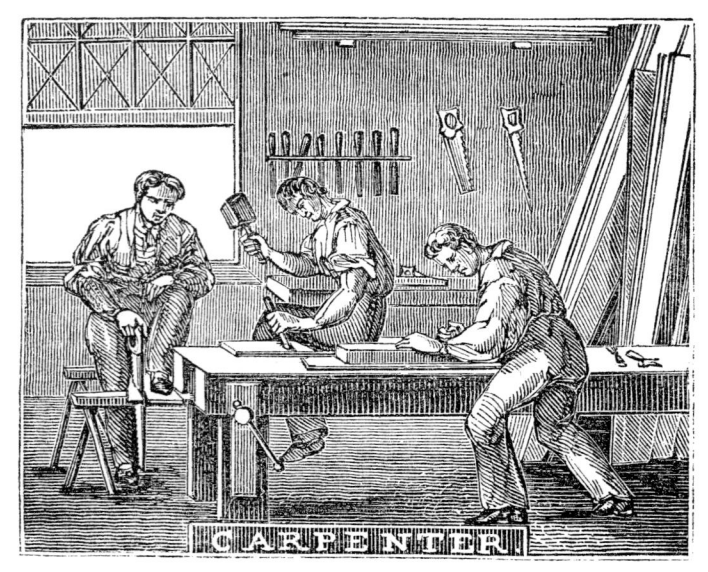

E. Hazen
The Panorama of Professions and Trades, or every man's book

The Architect – Architekt
Stone-Mason – Steinmetz
Tinplate Worker – Zinnblechverarbeiter
Carpenter – Zimmermann
Holzstiche, 67 x 55 mm

Die kleinen Darstellungen stammen aus einem zwei Bände umfassenden Werk von E. Hazen mit insgesamt 68 Holzstichen von Berufen.
Erschienen ist das Werk mehrfach in Philadelphia zwischen 1836 und 1845.
Eine Abbildung vom Dachdecker ist nicht enthalten.

Der Dachdecker.

Stets bin ich guter Dinge,
Nur Wen'ge auf der Welt
Sind so wie ich erhaben
Vom Schicksal hingestellt;
Denn bin ich auch kein König
Und trage keine Kron',
So sitz' ich doch viel höher
Als er auf seinem Thron;
Kann stolz hinunter schauen
Weg über Jedermann,
Denn keiner geht vorüber,
Der mich erreichen kann.
Weit rings um ausgebreitet
Sind Stadt und Länderei,
Mein Blick beherrscht die Gegend
Nach allen Seiten frei.
Des Himmels Vögel kommen
Und fliegen wieder fort,
Sie ziehn als meine Boten
Schnell nach dem fernsten Ort.
Der Menschen Thun und Treiben
Berühret hier mich nicht,
Ich reiche an die Wolken,
Bin näher an dem Licht,
Und nur bei Nacht und Dunkel
Steig' ich zur Erd' hinab,
Und such' auf ihr den Schlummer,
Einst in ihr auch mein Grab.

Franz Graf von Pocci
Der Dachdecker
Lihographie, 110 x 167 mm

Die Abbildung des Dachdeckers ist eine Reproduktion aus den „Geschichten und Liedern mit Bildern als Fortsetzung des Festkalenders, 2. Band" von Franz Graf von Pocci aus dem Jahre 1843.

Graf von Pocci lebte von 1807 bis 1876 in München. Die ABC-Büchlein und Kinderliederhefte, die der Maler und Poet herausbrachte, sind ungezählt. Der Kasperl Larifari ist dem einen oder anderen vielleicht noch aus seiner Kindheit in Erinnerung.

Während die Texte der „Geschichten und Lieder" von Freunden verfaßt wurden, sind die dazugehörigen Zeichnungen alle von Graf von Poccis Hand.

AGRICULTURAL PICTURES.—"THATCHING."—DRAWN BY DUNCAN.

The Illustrated London News
Thatching (Dachdeckung)
Holzstich, 240 x 165 mm

Der vom 3. Oktober 1846 datierte Holzstich stammt aus dem englischen Familienblatt „The Illustrated London News", herausgegeben von William Little, London.
Im dazugehörigen Text wendet sich der Schreiber an seine Landsleute auf dem Bauernhof, die „immer in der Lage sein sollten, Scheunen und Ställe in einer ordentlichen und sauberen Art und Weise zu decken".

Der Maurer
Der Zimmermann
Der Dachdecker
Holzschnitte, 80 x 50 mm

Die drei kleinen Abbildungen von Handwerkern stammen wohl aus einem Kinderbuch. Es besteht aber auch die Möglichkeit, daß sie zu den „Nürnberger Bilderbögen" gerechnet werden können.
Drucktechnik und Inhalt der Darstellungen lassen nur schwer eine zeitliche Zuordnung vornehmen – um das Jahr 1850 ist wohl in etwa richtig.
Die Bildchen sind – teilweise etwas ungeschickt – später bemalt worden.

Couvreur (Dachdecker)
Holzstich, 57 x 74 mm (Abb. o. links)

Die Herkunft dieses Holzstiches ist unbekannt. Wahrscheinlich handelt es sich um einen Ausschnitt aus einem französischen Bilderbogen von 1850.

Toit couvert en tuiles de Montchanin
(Dacheindeckung mit Ziegeln in Montchanin)
Holzstich, 115 x 95 mm (Abb. o. rechts)

Die Herkunft dieses Holzstiches ist ebenfalls unbekannt. Die Bildunterschrift weist darauf hin, daß es sich um ein Blatt aus einem französischen Buch handelt. Die Drucktechnik läßt eine Zuordnung auf die Zeit um 1850 zu.

Albert Heinrich Payne ▶
Kann ich dienen?
Stahlstich, 148 x 175 mm (Abb. S. 143)

Der Ziegeldecker und der Schornsteinfeger treffen sich auf dem Dach – ein Motiv, das schon an anderer Stelle nach der gleichen Vorlage verarbeitet wurde.
Dieser Stich stammt von Albert Heinrich Payne. Geboren im Jahre 1812, stammte er aus London und war nach 1838 in Leipzig und Dresden als Verleger tätig. Somit wird dieses Blatt wohl aus seinem Werk „Payne's Universum" oder aus dem von ihm herausgegebenen „Illustrierten Familien-Journal" stammen, das ab 1854 erschien.
Payne starb 1902.

„Kann ich dienen?"

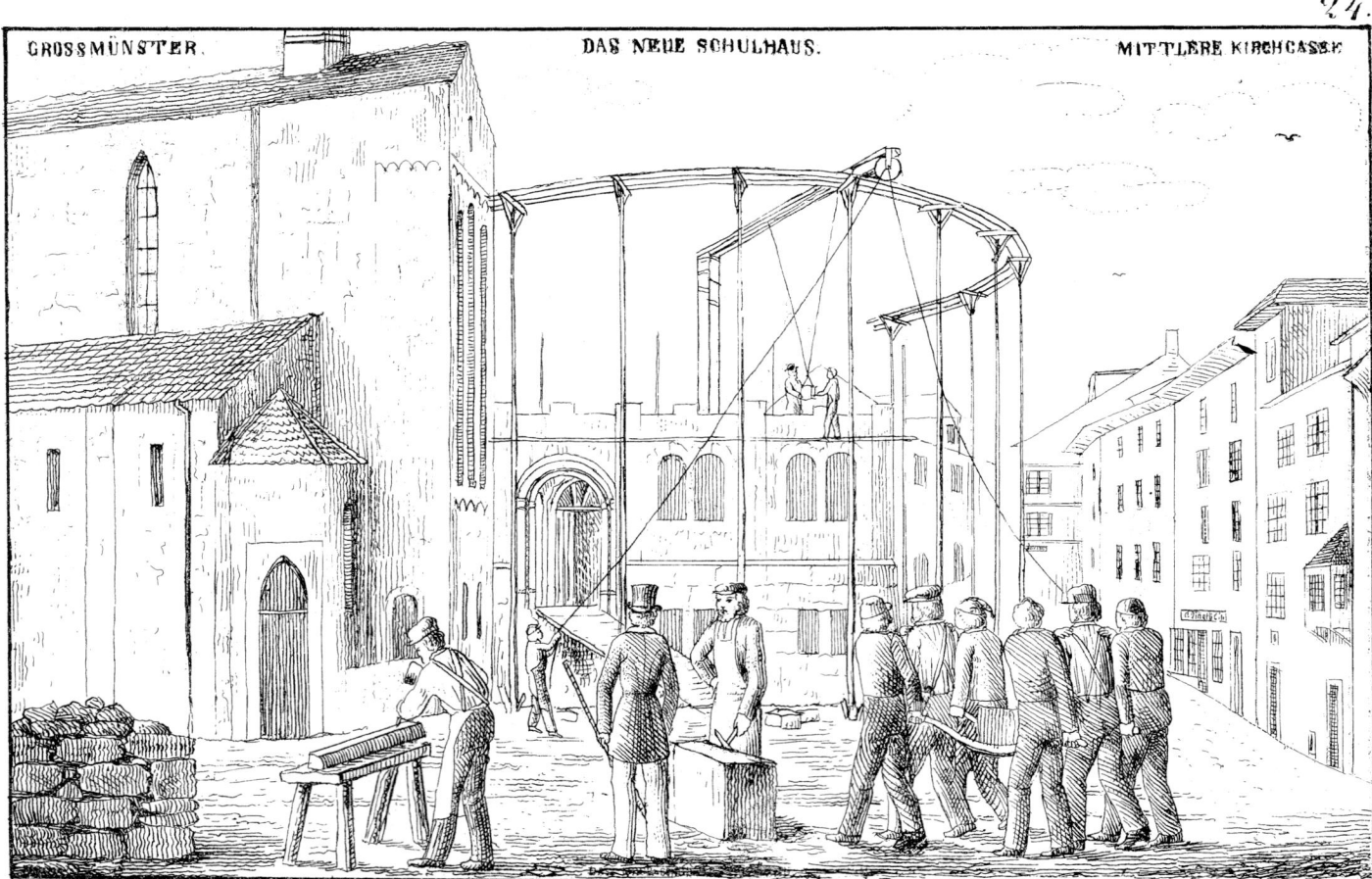

Der Maurer und Steinhauer
Der Klempner, Spengler
Der Zimmermann
Federlithographien, 125 x 80 mm

Von einer Federlithographie ist die Rede, wenn die Zeichnung auf dem Stein oder der Platte mit einer Zeichenfeder hergestellt wurde, die lithographische Tusche verwendet. Stein oder Platte müssen dabei besonders glatt geschliffen sein.
Dieses Verfahren bietet natürlich beste Möglichkeiten der freien Zeichnung – nur muß sorgfältig spiegelverkehrt gearbeitet werden.
Diese seltenen Federlithographien sind um 1850 entstanden.
Sie sollen aus einem in Zürich verlegten Werk stammen, das den Titel „Werkstätten von Handwerkern und Künstlern" trägt.

20.

Der Klempner, Spengler.

46.

Der Zimmermann.

Der Bauplatz
Farblithographie, 360 x 275 mm

Im Jahre 1838 erschien bei J. F. Schreiber, Esslingen, die erste Ausgabe der „Bilder zum Anschauungsunterricht für die Jugend". Der hier abgebildete Bauplatz ist enthalten im ersten Teil – von insgesamt drei – in der zweiten Auflage, die um 1840 herausgebracht wurde.

Die einzelnen Teile enthalten 30 bzw. 40 doppelseitige lithographische Tafeln mit Gegenständen nach der Natur. Das weit verbreitete und lange nachwirkende Anschauungsbilderbuch aus dem 19. Jahrhundert war Grundlage für immer neue Ausgaben und Bearbeitungen, auch in anderen Sprachen, und somit bis hinein in unser Jahrhundert eine wichtige Informationsquelle für die Jugend. Als echtes Volksbuch bedarf es noch heute in seiner ganzen Bedeutung einer Würdigung.

Bauplatz/Zimmermann
Farblithographie, 160 x 110 mm

Zu dieser hübsch kolorierten Lithographie liegen leider keine Detailangaben vor. Sicher wurde das Blatt über die Arbeit der Zimmerleute aus einem Buch mit Berufsdarstellungen herausgeschnitten.

Der Maurer
Der Klempner (Archiv Hansgrohe, Schiltach)
Altkolorierte Kreidelithographien,
125 x 120 mm

Hier handelt es sich um Sammelbilder, von denen keine weiteren Exemplare vorliegen. Solche Bilder wurden Mitte des vorigen Jahrhunderts als Sammelobjekte zum Einkleben in die privaten Alben angeboten. Sie galten als Anschauungsmaterial für die häusliche Erziehung.
Bei der Kreidelithographie wird nicht von einer glatten, sondern von einer aufgerauhten Steinplatte gedruckt. Durch die Körnung entsteht eine besondere Weichheit der Striche – dadurch sind die Möglichkeiten der Gestaltung so gut wie unbegrenzt.

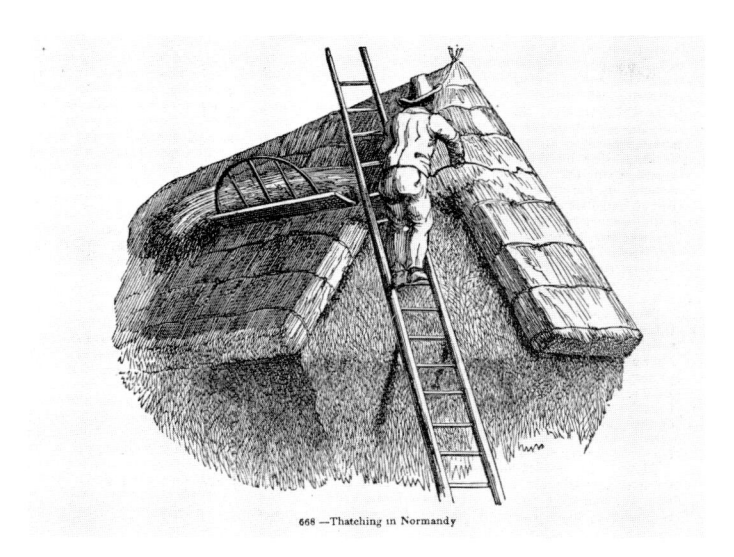

The Pictorial Gallery of Arts
Dachdecker
Holzstiche, 115 x 100 mm

Die Abbildungen der Dachdecker aus der Normandie und aus Ägypten stammen aus der englischen Familien-Zeitschrift „The Pictorial Gallery of Arts", die im vorigen Jahrhundert in London herausgegeben wurde. Als Erscheinungsdatum ist die Zeit um 1870 anzunehmen.
Die linke Abbildung trägt in deutscher Übersetzung die Unterschrift „Strohdach-Decken in der Normandie", die rechte ist mit „Moderne ägyptische Pflasterer-Arbeit" bezeichnet.
Wie oft, ist – zumindest gilt dies für die Abbildung der Dachdecker und Pflasterer aus Ägypten – für die Gestaltung der Holzstiche irgendeine frühere, bereits erschienene Darstellung als Vorlage verwendet worden. Hier war es ursprünglich ein Kupferstich, von Conté gezeichnet und von Baltard gestochen, aus „Déscription Arts et Métiers de l'Egypte", um 1800.

Bekanntmachung
Holzstich, 92 x 158 mm (Abb. o. links)

Diese humoristische Darstellung über die Tatsache, daß „Zwei-Kreuzer-Zigarren" nicht brennen, könnte um 1860 in einer der deutschen Familienzeitschriften oder auch in den „Fliegenden Blättern" erschienen sein.

Auf dem Dachgiebel
Holzstich, 62 x 85 mm (Abb. o. rechts)

Auch dieses hübsche Bild vom Treffen des Schornsteinfegers mit dem Ziegeldecker dürfte aus einer Familienzeitschrift des vorigen Jahrhunderts stammen. Eine Zuordnung in die Jahre um 1850 wird in etwa richtig sein.

Gottfried Kühn ▶
Hausbau auf Rügen
Holzstich, 225 x 220 mm (Abb. S. 151)

Von 1858 bis 1925 erschien im Hallburgischen Verlag, Stuttgart, die „Allgemeine Illustrierte Zeitschrift ‚Über Land und Meer'".
Ca. 1865 erhielt Gottfried Kühn vom Herausgeber dieser Zeitschrift den Auftrag, den hier wiedergegebenen Stich zu erstellen. Kühn lebte damals in Leipzig und war als Maler und Illustrator bekannt, da er bereits ab 1852 für mehrere Zeitschriften-Verlage arbeitete. Als Vorlage diente ihm dazu eine Zeichnung von Josef Puschkin, der als Zeichner und Lithograph Mitte des vorigen Jahrhunderts in Hamburg tätig war.

Hausbau auf Rügen. Nach einer Skizze von J. Puschkin, von G. Kühn. (S. 248.)

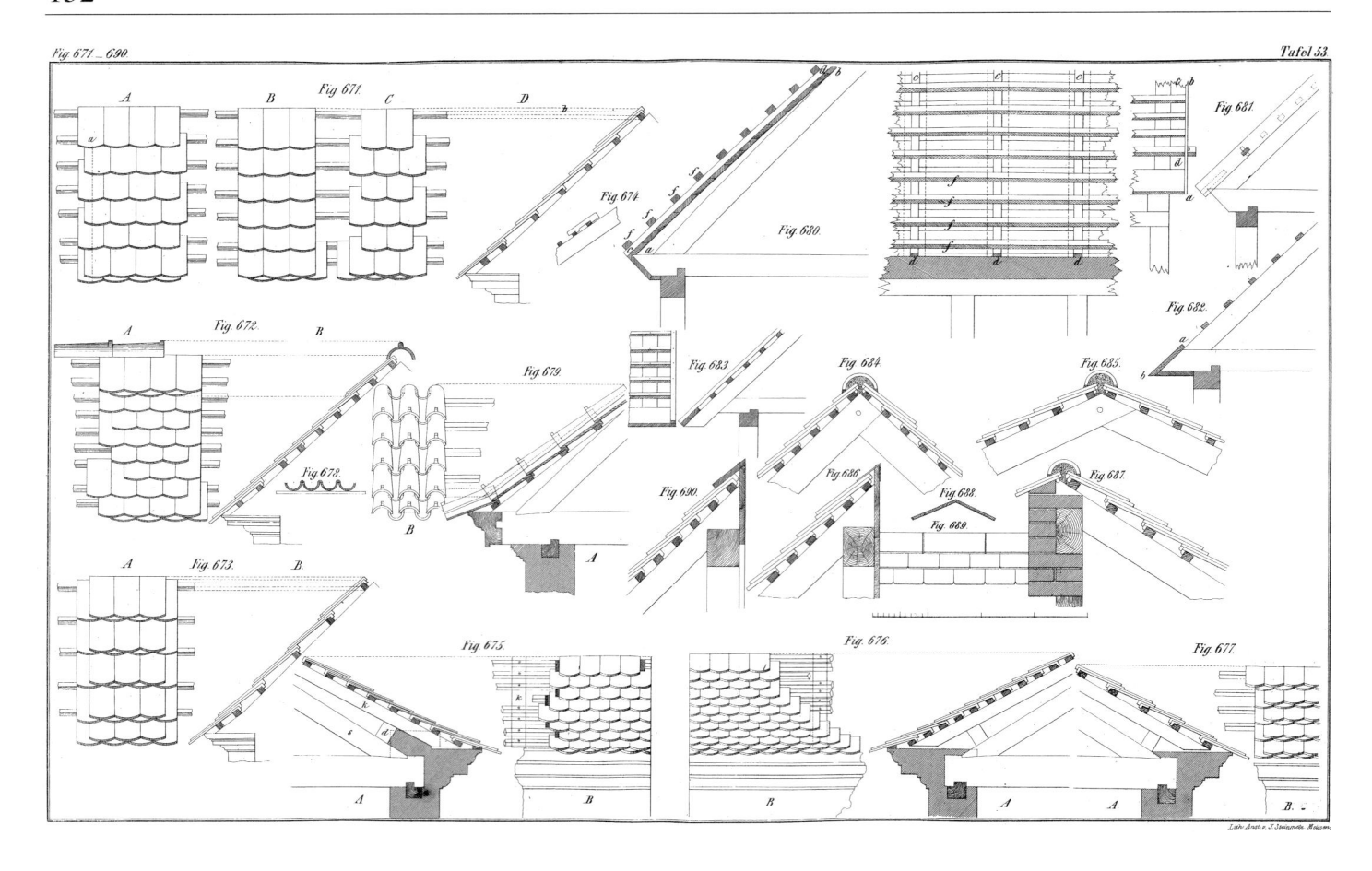

J. C. Wedeke/J. A. Romberg
Handbuch der Landbaukunst und der landwirtschaftlichen Gewerbe
Figurentafeln aus „Die Mauerwerksarbeiten"
Lithographien, 415 x 260 mm

Im Jahre 1854 erschien in Romberg's Verlag, Leipzig, in mehreren Bänden – bearbeitet und herausgegeben von Baumeister Wedeke und Architekt Romberg – das benannte Handbuch für „Baumeister, Landwirthe und Cameralisten". Ein besonderer Abschnitt ist dabei der Eindeckung der Dächer gewidmet, und auf lithographischen Tafeln wird die Verarbeitung der einzelnen Materialien ausführlich beschrieben.

Hierbei wird insbesondere die Ziegelverarbeitung dargestellt – aber auch die „Theerpappen-Dächer" werden beschrieben. Diese wurden nach Meinung der Autoren in Schweden erfunden und 1831 von dort nach Preußen gebracht.

153

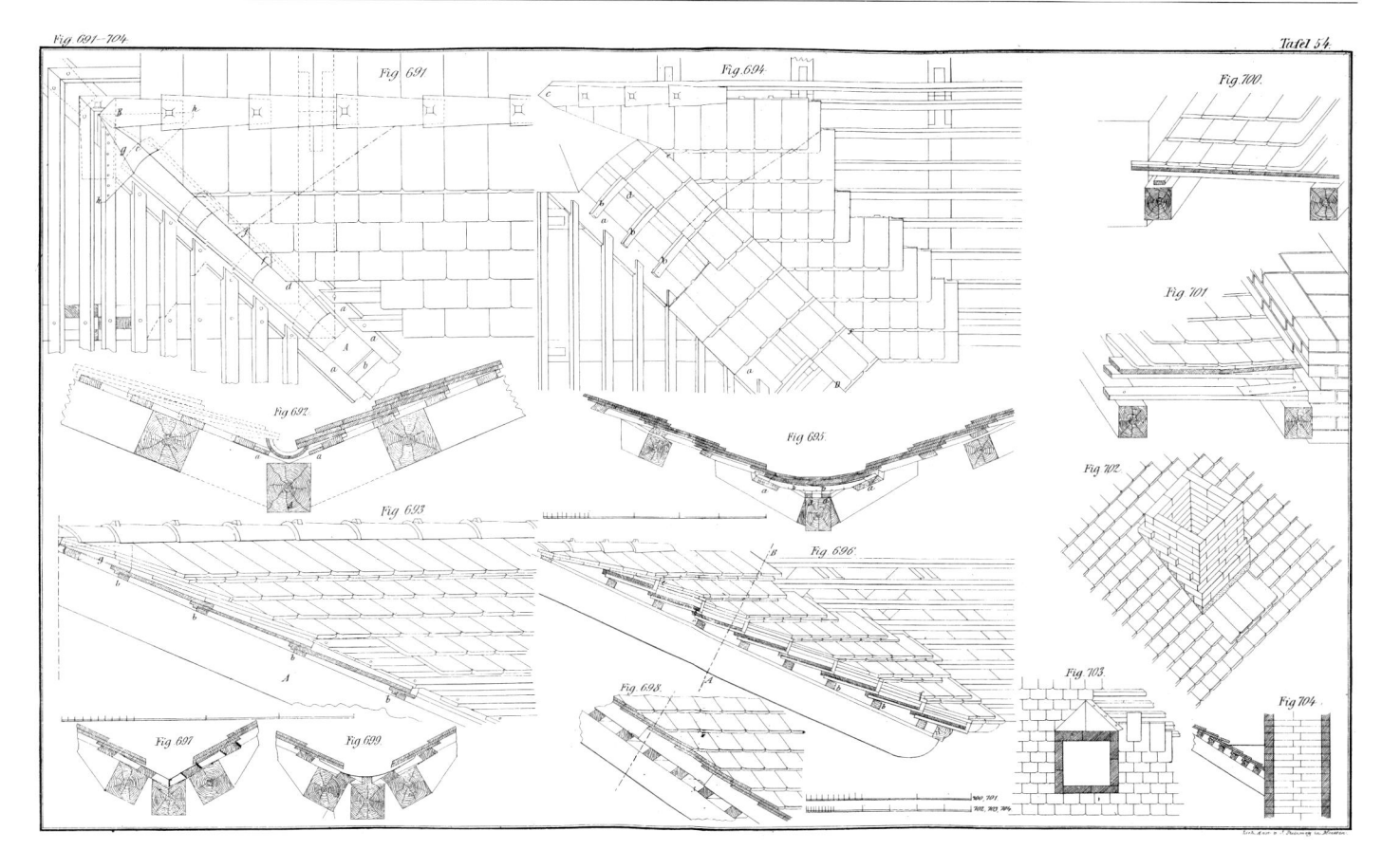

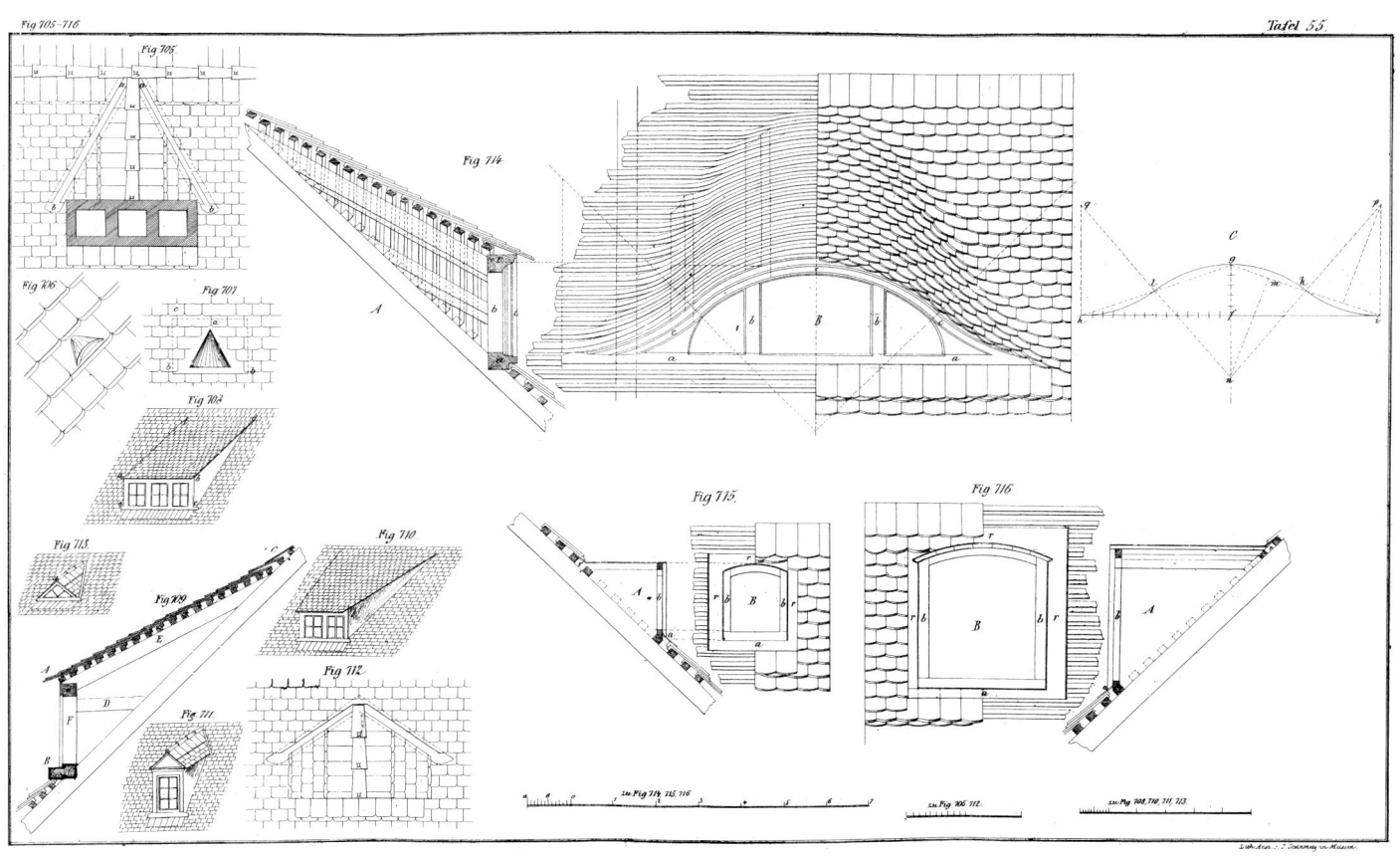

154

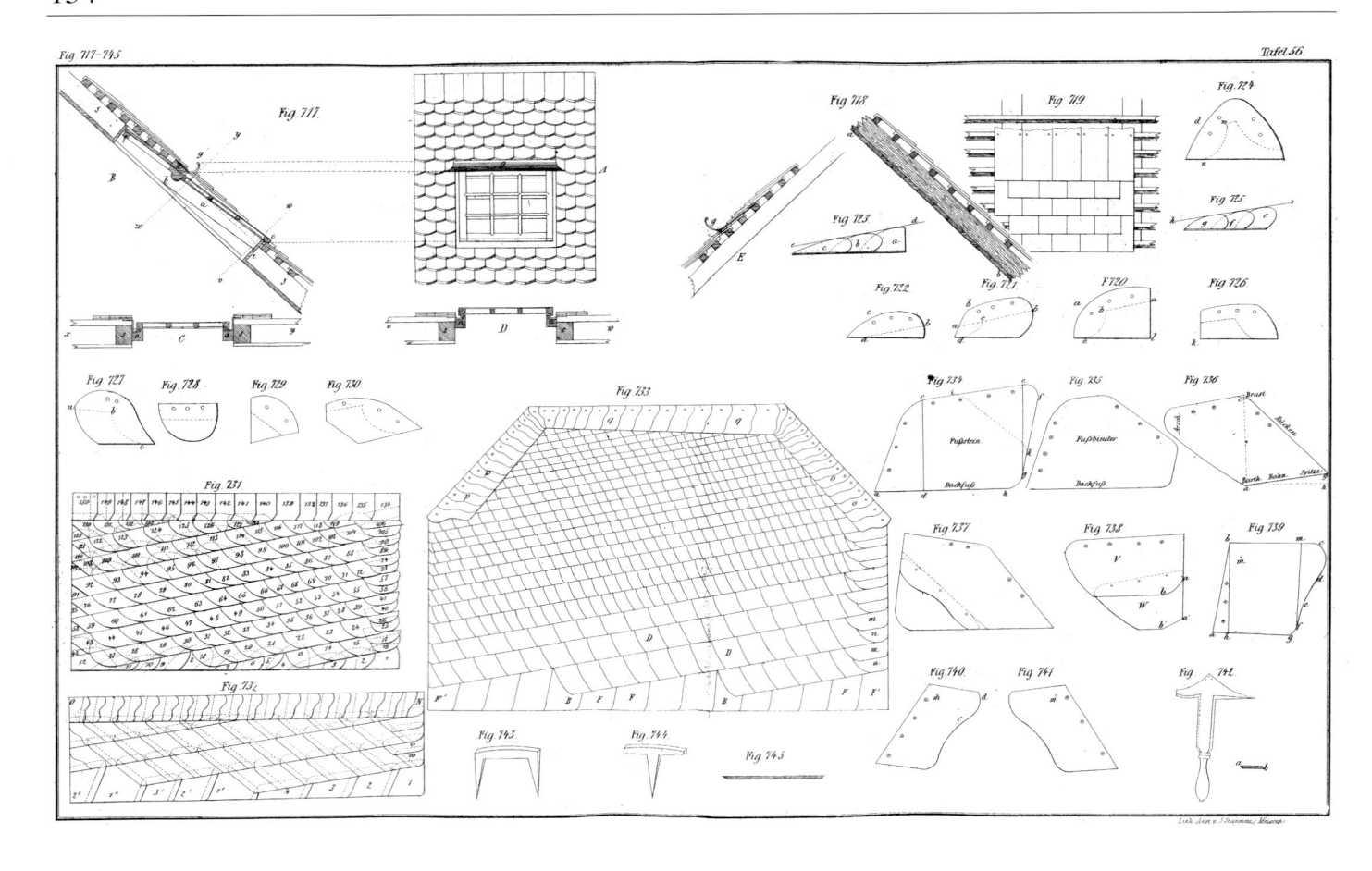

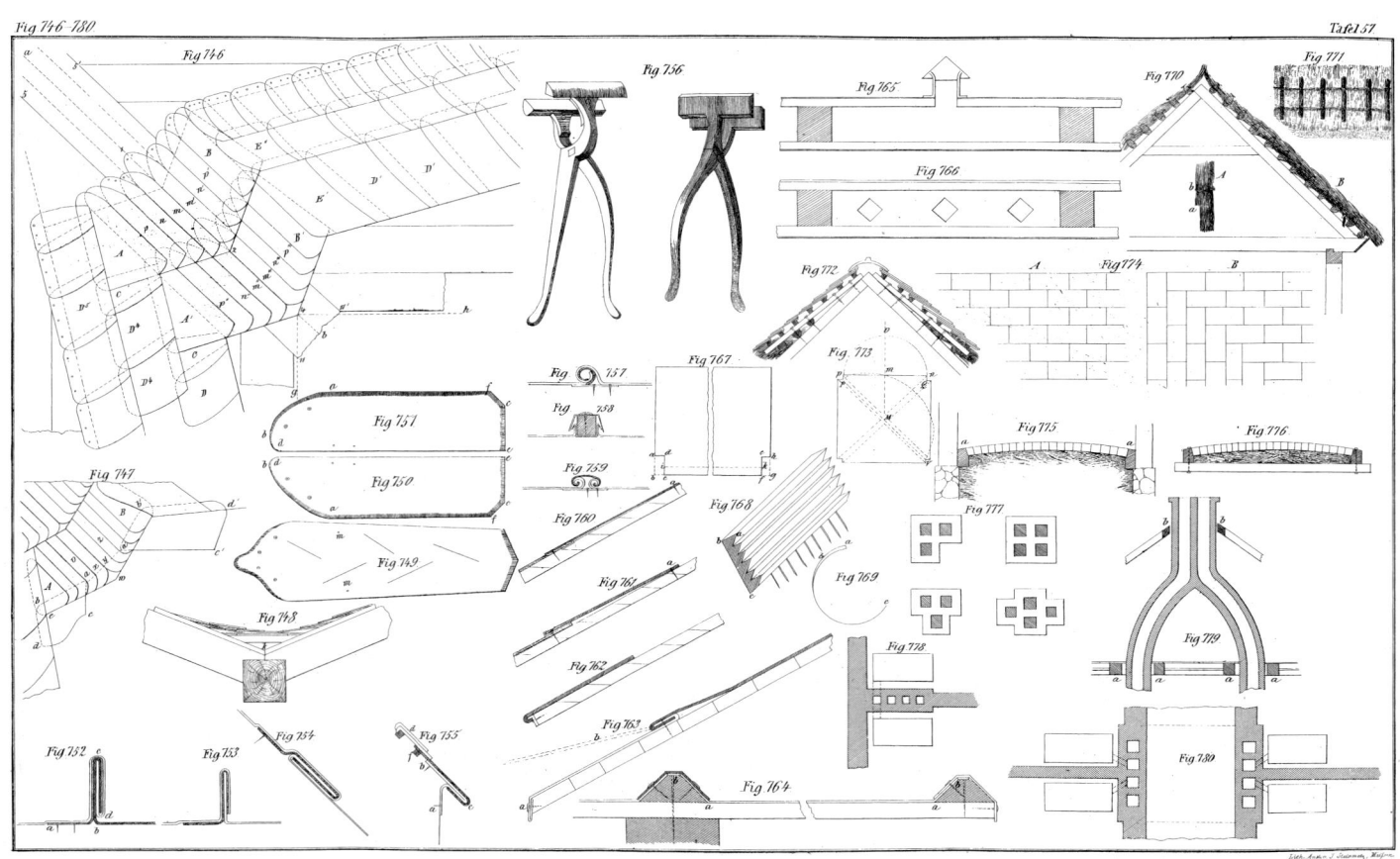

Gustav Adolf Breymann
Allgemeine Bau-Constructions-Lehre, mit besonderer Beziehung auf das Hochbauwesen

Figurentafeln aus
I. Theil – Constructionen in Stein, 1856
Lithographien, 150 x 220 mm
Figurentafeln aus
II. Theil – Constructionen in Holz, 1885
Lithographien, 150 x 220 mm

Gustav Adolf Breymann wurde 1807 in Blankenburg am Harz geboren. Er war Architekt und Professor an der Technischen Hochschule in Stuttgart. U. a. errichtete er das Bahnhofsgebäude in St. Petersburg. Bekannt wurde er aber als Schriftsteller durch diese seine „Allgemeine Bau-Constructions-Lehre". Breymann lebte bis 1859 in Stuttgart.

Breymanns Baukonstruktionslehre kam zum ersten Mal 1848 in der Hoffmann'schen Verlags-Buchhandlung, Stuttgart, heraus. Sie wurde in den folgenden 50 Jahren immer wieder neu bearbeitet und von verschiedenen Verlagen herausgegeben.

Die hier wiedergegebenen Abbildungen sind zwar der 2. Auflage von 1856 entnommen, sie wurden vom Verfasser jedoch unverändert aus der 1. Auflage übernommen und befinden sich im 1. Teil, der sich mit den Konstruktionen in Stein beschäftigt.

Das sechste Kapitel ist ausschließlich der Eindeckung der Dächer gewidmet. Für die Tafeln 70 bis 77 sind Abbildungen über die Verarbeitung von „Biberschwänzen, Taschenziegeln (Dachplatten), Hohlziegeln und Dachpfannen" vorbehalten. Die Tafeln 78 und 79 betreffen das Schieferdach – die wiedergegebenen Details werden im Text ausführlich erläutert. Im weiteren Verlauf der Ausführungen über Dächer werden zunächst auch die Dornschen Lehmdächer beschrieben und in Tafel 80 abgebildet, obwohl diese bereits damals kaum noch angefertigt wurden. In den Jahren zwischen den verschiedenen Auflagen hatten diese Dächer viele Änderungen erfahren; so z. B. durch die sogenannten Sachsschen Harzplatten, die aus einer Mischung von Pech und Teer hergestellt wurden.

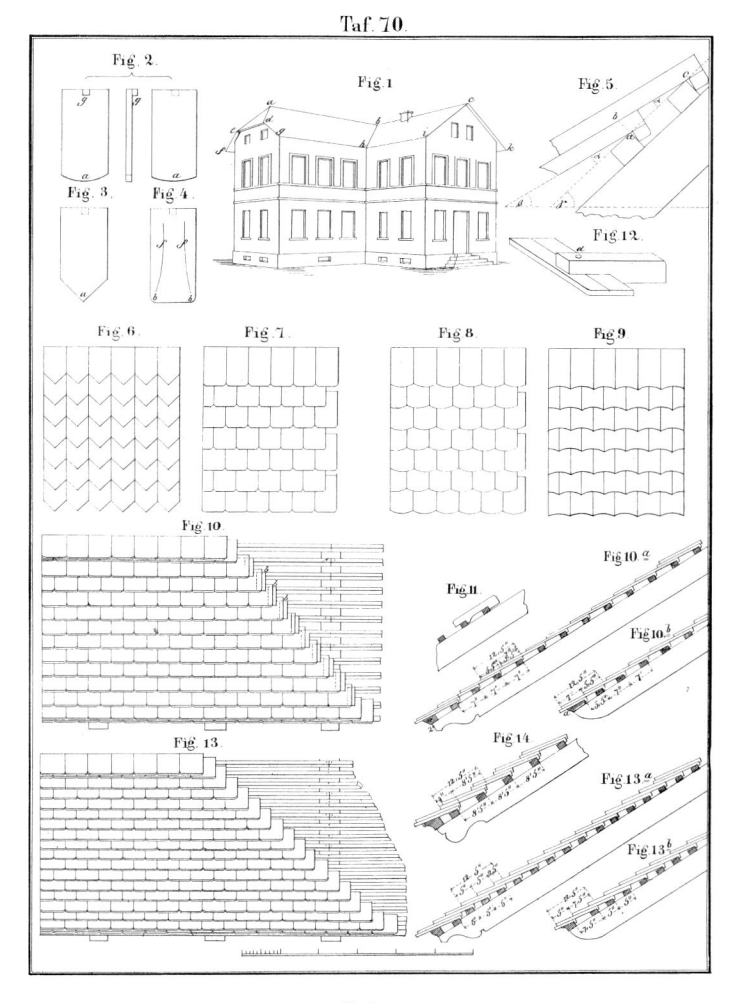

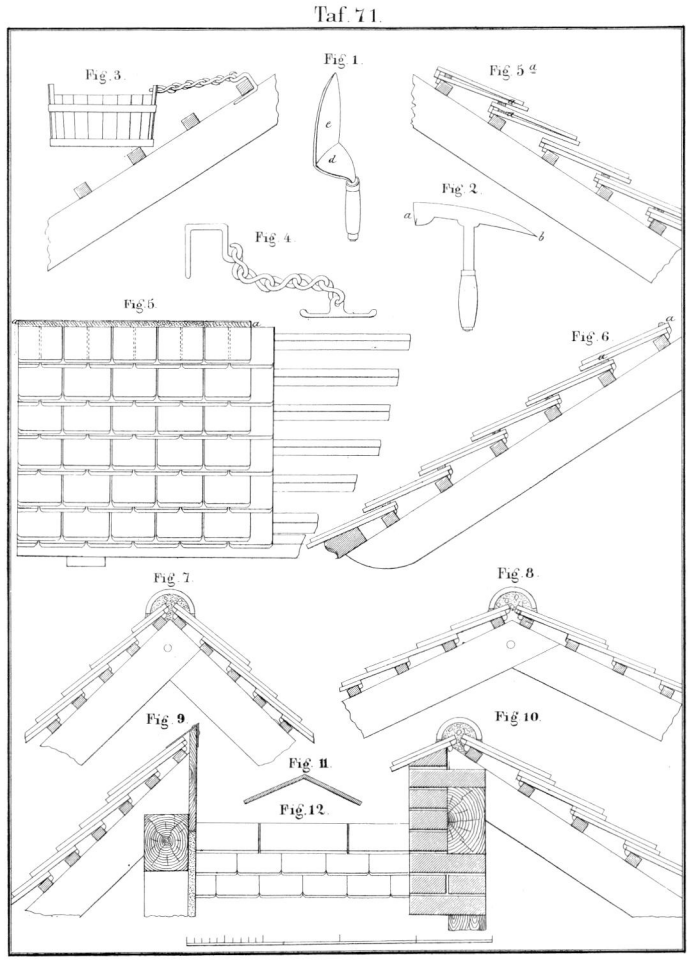

156

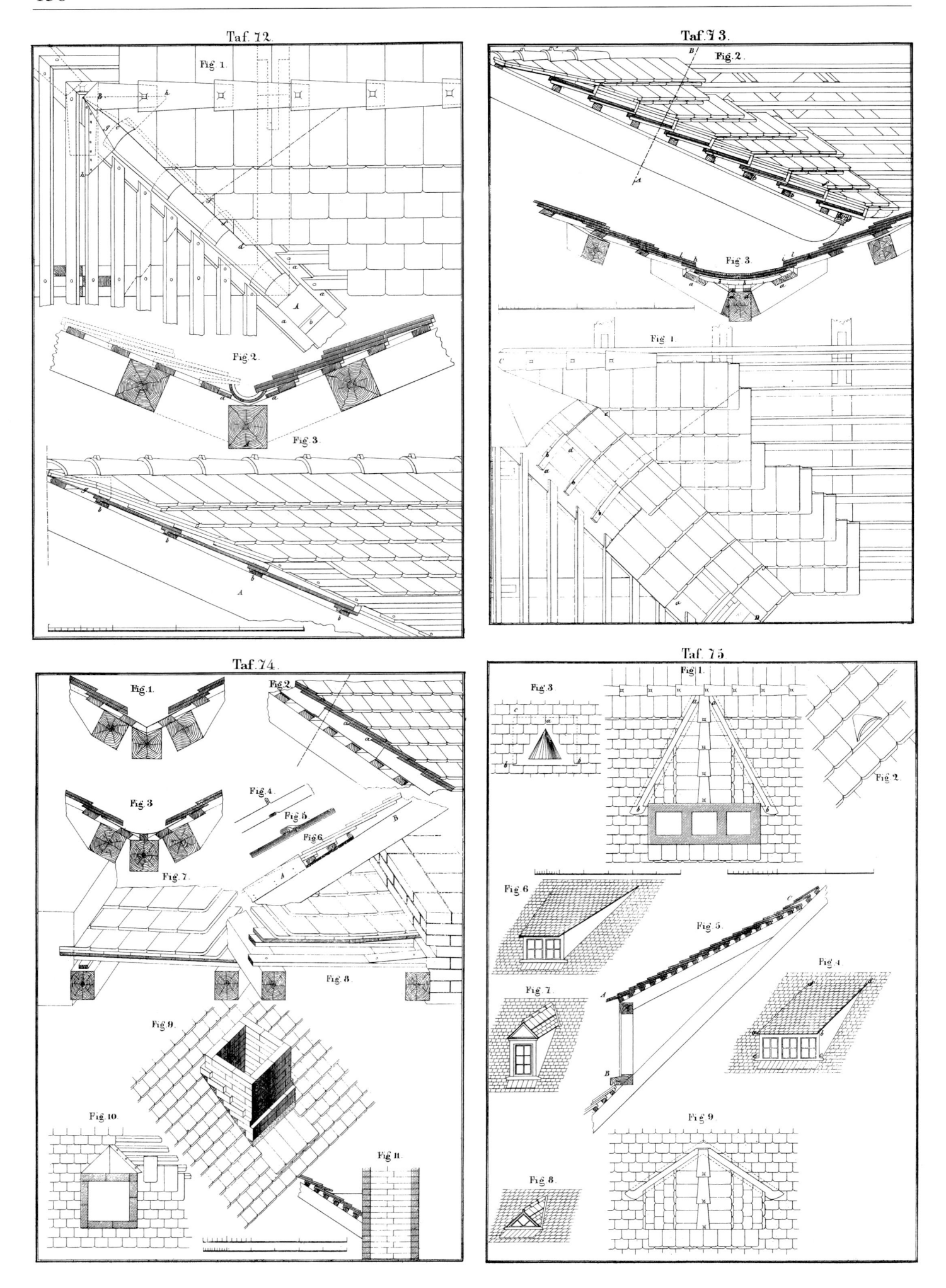

Taf. 72.

Taf. 73.

Taf. 74.

Taf. 75.

157

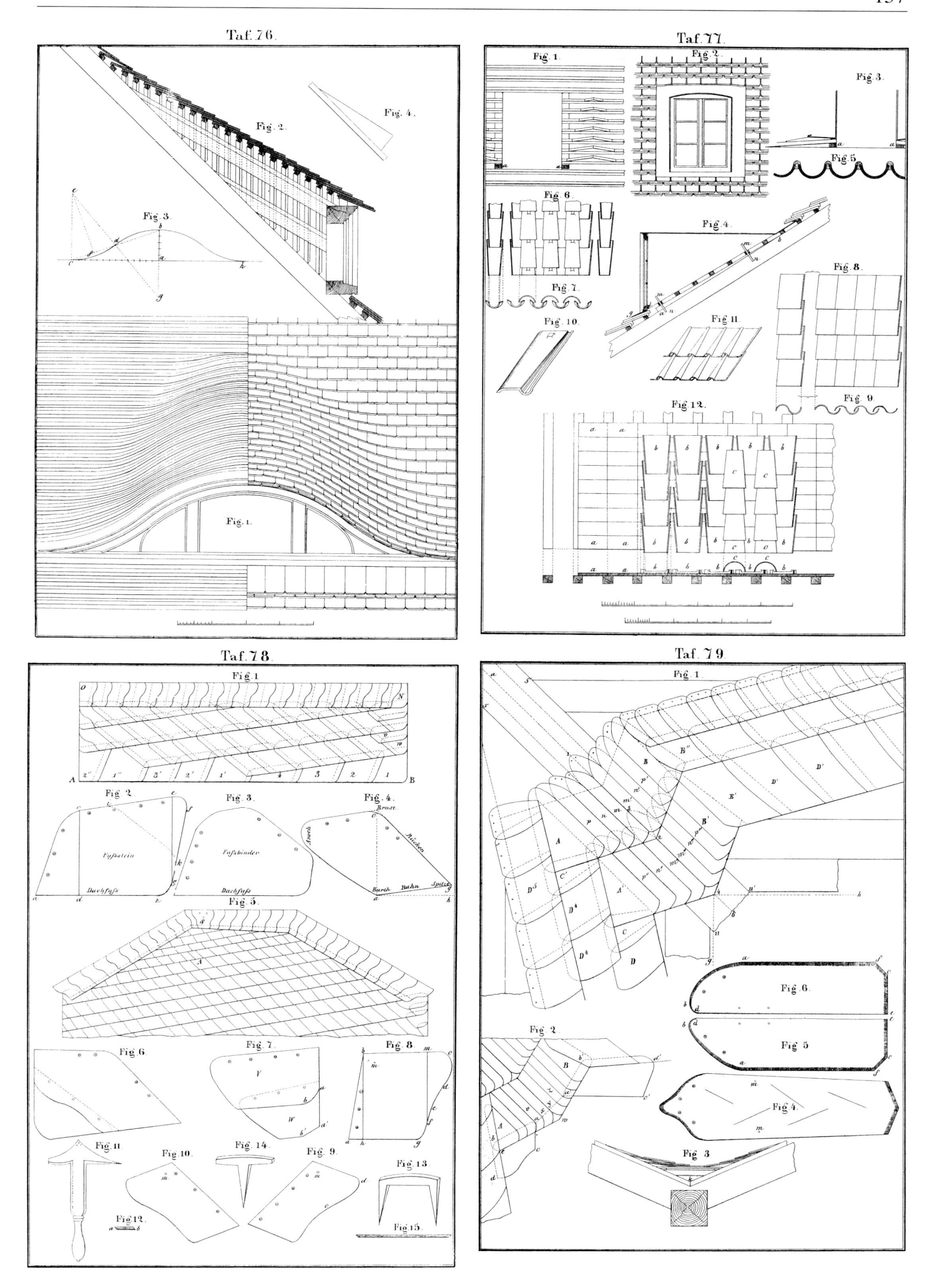

Taf. 76.

Taf. 77.

Taf. 78.

Taf. 79.

In der 5. Auflage von 1885 aus dem Gebhardt'schen Verlag, Leipzig, die von Prof. H. Lang überarbeitet wurde, werden dazu das Rasendach und auch das Holzzementdach vorgestellt. Die zur damaligen Zeit auch bekannt gewordenen Lehmschindel- oder Lehmstrohdächer werden im 2. Teil – „Constructionen in Holz" – ebenfalls in der 5. Auflage behandelt. Die dabei verwendeten Lithographien wurden aus Gillys „Handbuch der Landbaukunst" übernommen.

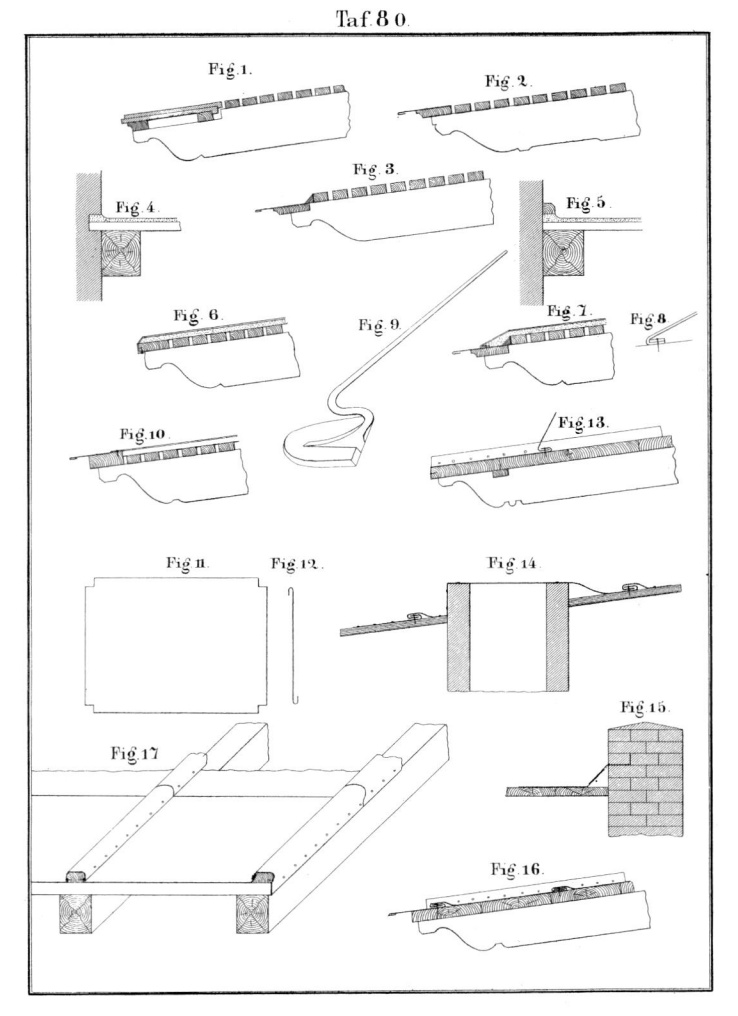

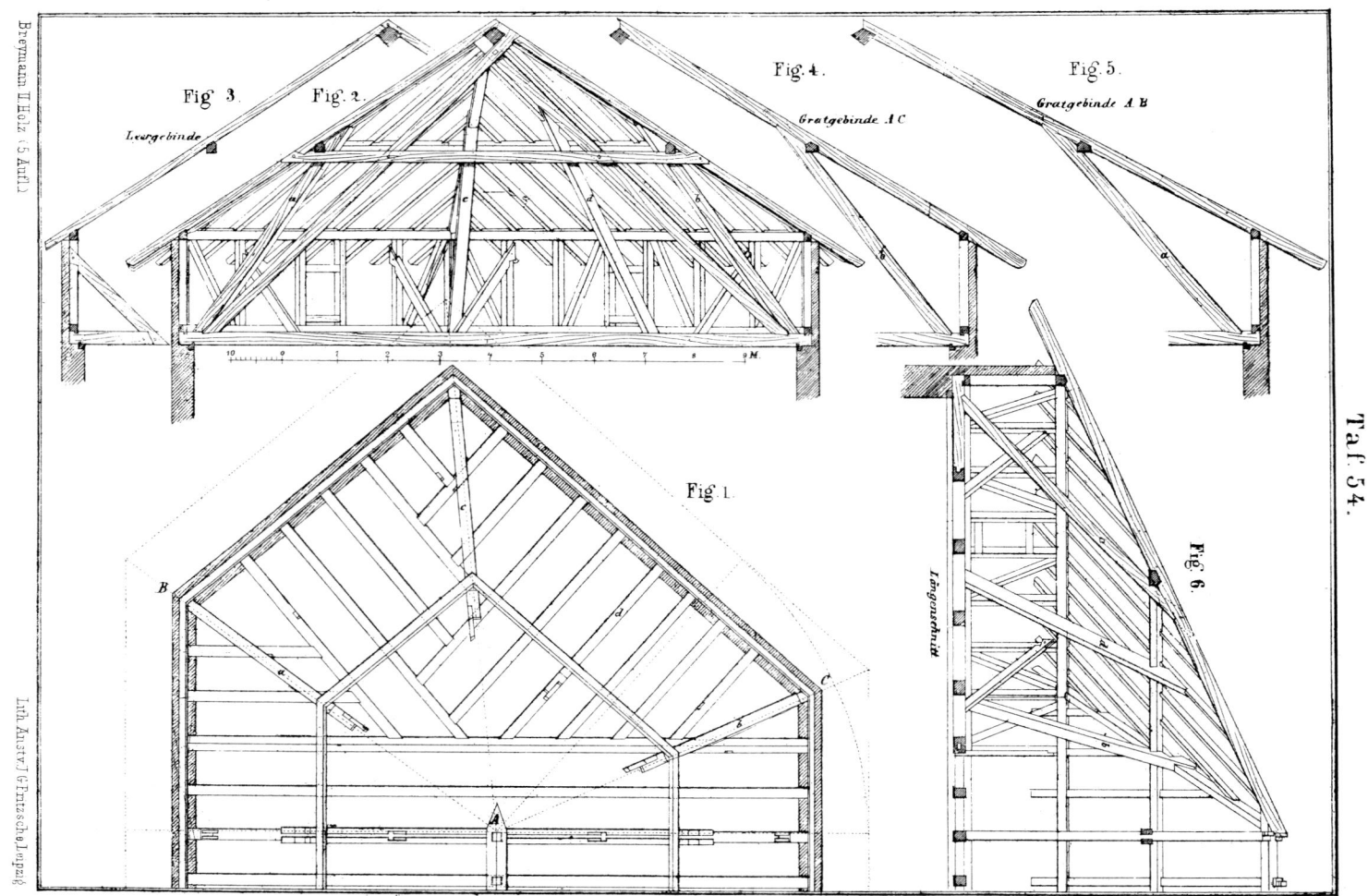

Taf. 75. Taf. 85.

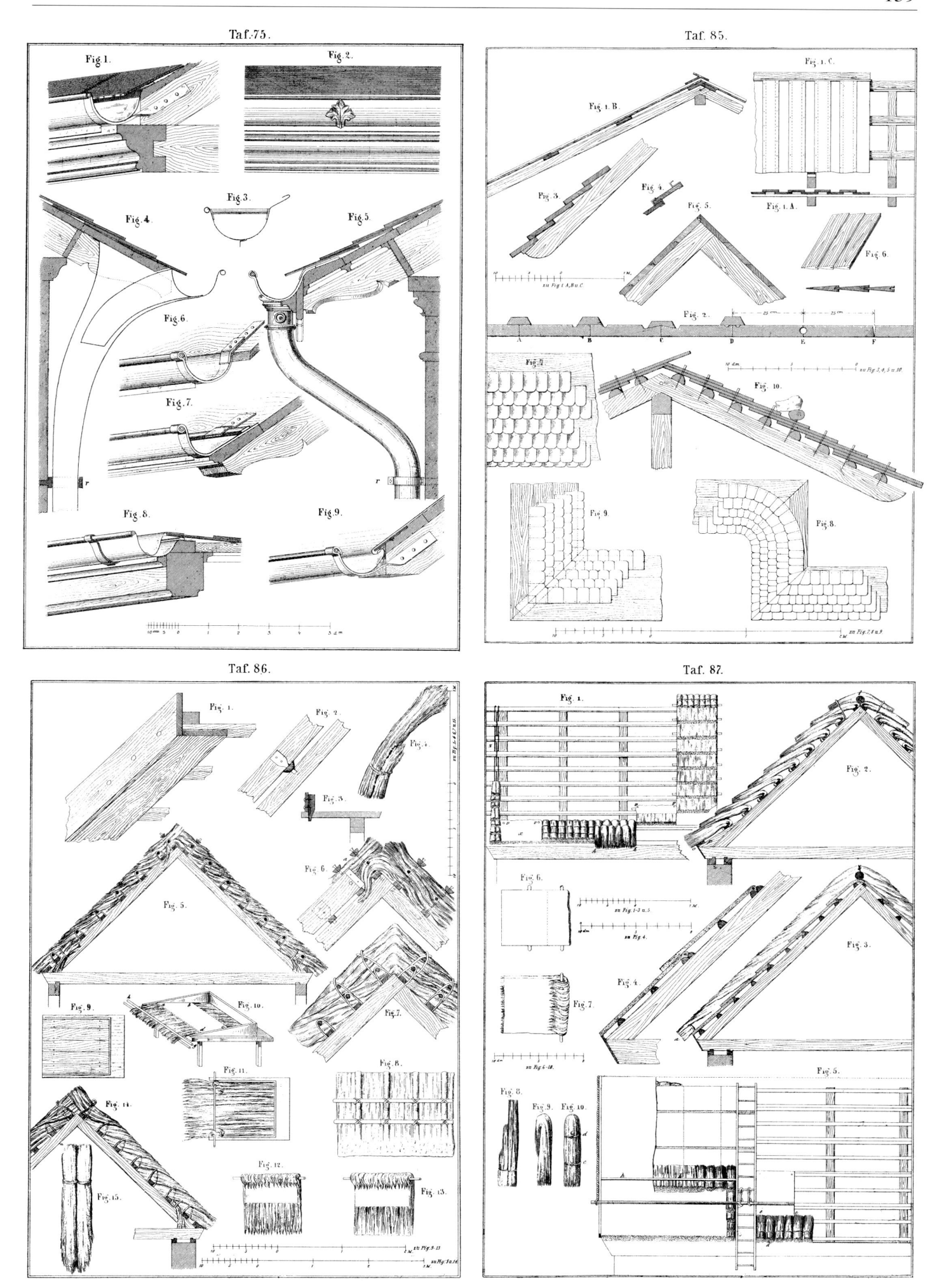

Taf. 86. Taf. 87.

Oscar Pletsch
Was willst Du werden?

Der Zimmermann
Der Steinmetz
Der Klempner
Der Maurer
Holzschnitte, 140 x 130 mm

Oscar Pletsch wurde 1830 in Berlin als Sohn eines Zeichenlehrers und Lithographen geboren. Schon früh zeigte sich seine zeichnerische Begabung, und er ging dann als Sechzehnjähriger zur Kunstakademie nach Dresden. Sein Weg führte ihn wieder nach Berlin und später nach Niederlössnitz bei Dresden, wo er bis zu seinem Tode 1888 lebte.

Pletschs Werk ist äußerst umfangreich und von thematischer Vielfalt. Seine stilistische Verwandtschaft mit Ludwig Richter, den er in Dresden kennengelernt hatte, ist unverkennbar. Sein erstes Bilderbuch erschien 1860, und dann kamen Jahr für Jahr bis 1881 seine beliebten Kinderbücher heraus – zunächst noch beim Verlag Weidmann, Berlin, später dann bei Dürr in Leipzig.

Viele Bände wurden mehrmals aufgelegt. Auch das Buch „Was willst Du werden?" von Oscar Pletsch erschien in vier Auflagen zwischen 1863 und 1880, wobei 1867 die erste Fassung der bisherigen zwei getrennten Reihen herauskam.

Die Holzschnitte wurden von Hugo Bürkner geschaffen, die den insgesamt 43 Bildern beigegebenen Reime und Strophen stammen von Julius Lohmeyer.

Die Welt, die Oscar Pletsch den Kindern zeigt, ist eng umgrenzt. Hier ist nichts von den sich damals anbahnenden technischen Entwicklungen durch Eisenbahn und Dampfschiff und nichts vom Großstadtleben bemerkbar. Die Jungen spielen mit ihrem Steckenpferd, mit einem Papierhelm sind sie Soldaten. Aber es werden dem kindlichen Betrachter auch vier Bauberufe vorgestellt. Die Abbildungen stammen aus verschiedenen Auflagen und haben somit jeweils unterschiedliche Textbeigaben.

Es ist wohl keiner schlimmer dran,
Als unser Meister Zimmermann.
Er schleppt und sägt,
Er schlägt und trägt,
Und schafft mit nimmer ruh'nder Hand
In Regen, Sturm und Sonnenbrand.

Doch seht, da kommt als süßer Lohn
Sein allerliebstes Gretchen schon:
„Papa, heut gibt's die Menge
Der wunderschönsten Gänge:
Rüben mit Würstchen – ganz nach Belieben!
Oder befiehlst Du Würstchen mit Rüben?"

Wer zur Arbeit geht an den rohen Stein,
Muß unverdrossenen Muthes sein.
Stemmt sich der Stein ihm hart entgegen,
Laß er's nicht fehlen an schweren Schlägen;
Dafür bleibt uns auch treu erhalten,
Wie er ihn endlich wird gestalten.

Klempner.

Blasen kann der dicke Heinz,
Schnitzeln mit der Scheere,
Wenn ihm nur das Einmaleins
Einzutrichtern wäre.
Springen kann er wie ein Reh,
Wie ein Zeisig singen,
Wär' ihm nur das A B C
In den Kopf zu bringen.
Ach, was helfen unserm Wicht
All die blanken Sachen,
Kann Nürnberger Trichter nicht
Ihm Papa auch machen.

Ob's Wetter schön ist, oder schlecht,
Der Maurer mauert kunstgerecht
Aus Kalk und Stein ein hohes Haus;
Da guckst Du dann vergnügt heraus.

PARIS MUSICAL, — par Bourget et E. Forest (suite).

ÉCHOS LOINTAINS.

Avec passion et d'un ton élevé.

O toi que j'a - do - re! Quand le so - leil do - re Les (Écho.) toits, les toits! Ma joie est au com-ble Car je ne vois que toi!

Nota. — Cette classe de chanteurs reste généralement sur cette dernière syllabe.

Paris Musical
Holzstich, 170 x 160 mm

Der „musikalische" Schieferdecker stammt aus Frankreich aus dem „Petit Journal pour rire", Ausgabe 1869/70.
Es wird vorgegeben, daß das Lied mit Eifer und Lust zu singen sei:
„Oh, du, wie ich dich verehre!
Wenn die Sonne die Dächer vergoldet, die Dächer.
Meine Freude ist ungeheuer groß,
Weil ich nichts außer dir sehe."
Der Witz bei dem Lied liegt darin, daß die Wörter „toi" (= du) und „toit" (= Dach) gleich ausgesprochen werden; die Bedeutungen sind also austauschbar!

Zwischen Himmel und Erde
Holzstich, 186 x 260 mm

1870 erschien im Heft Nr. 22 der „Gartenlaube", dem illustrierten Familienblatt aus dem Verlag Ernst Keil, Leipzig, ein Holzschnitt mit dem Titel „Zwischen Himmel und Erde". Die wunderschöne Vorlage gleichen Titels hierzu schuf Otto Edmund Günther in der Mitte des vorigen Jahrhunderts. Der Name des Holzstechers ist nicht bekannt.

Die „Gartenlaube" wurde als „Deutsches Volks- und Familienblatt" 1853 gegründet und erschien bis in die Mitte des Zweiten Weltkriegs. Mit höchsten Auflagen drang das Blatt in bürgerliche Haushalte, um die Leser „aufzuwecken". Dabei wurde nicht nur die heile Welt vorgestellt, sondern auch vom Gegenteil, von Armut, Elend und Einsamkeit, berichtete die Zeitschrift.

Nach der Jahrhundertwende verlor die „Gartenlaube" an Niveau, als sie sich in ihrer Aufmachung unseren heutigen Illustrierten annäherte.

Zwischen Himmel und Erde.
Auch eine Romanstudie von Otto Günther.

Otto Edmund Günther
Zwischen Himmel und Erde
Öl, 23 x 28 cm

Hier nun das Originalgemälde, nach dem der Holzstich auf der vorigen Seite entstand.

Otto Edmund Günther wurde 1838 in Halle geboren und starb 1884 in Weimar. Er war Schüler an den Akademien in Düsseldorf und Weimar und später Lehrer an der Akademie in Königsberg. Von dort aus kehrte er 1880 nach Weimar zurück.

Günther wird in den Lexika als Genremaler bezeichnet, der seine Vorlagen aus dem thüringischen Volksleben nahm. Seine Werke befinden sich heute zum großen Teil in Museumsbesitz.

Das Gemälde „Zwischen Himmel und Erde", das den Ziegeldecker bei einem Plauderstündchen zeigt, erhielt der Dachdeckermeister Steinmüller aus Nürnberg von seinen Kollegen, als er 1984 als Obermeister der Dachdeckerinnung zurücktrat.

Die Wiedergabe des Ölgemäldes an dieser Stelle erfolgt mit freundlicher Genehmigung des Eigentümers.

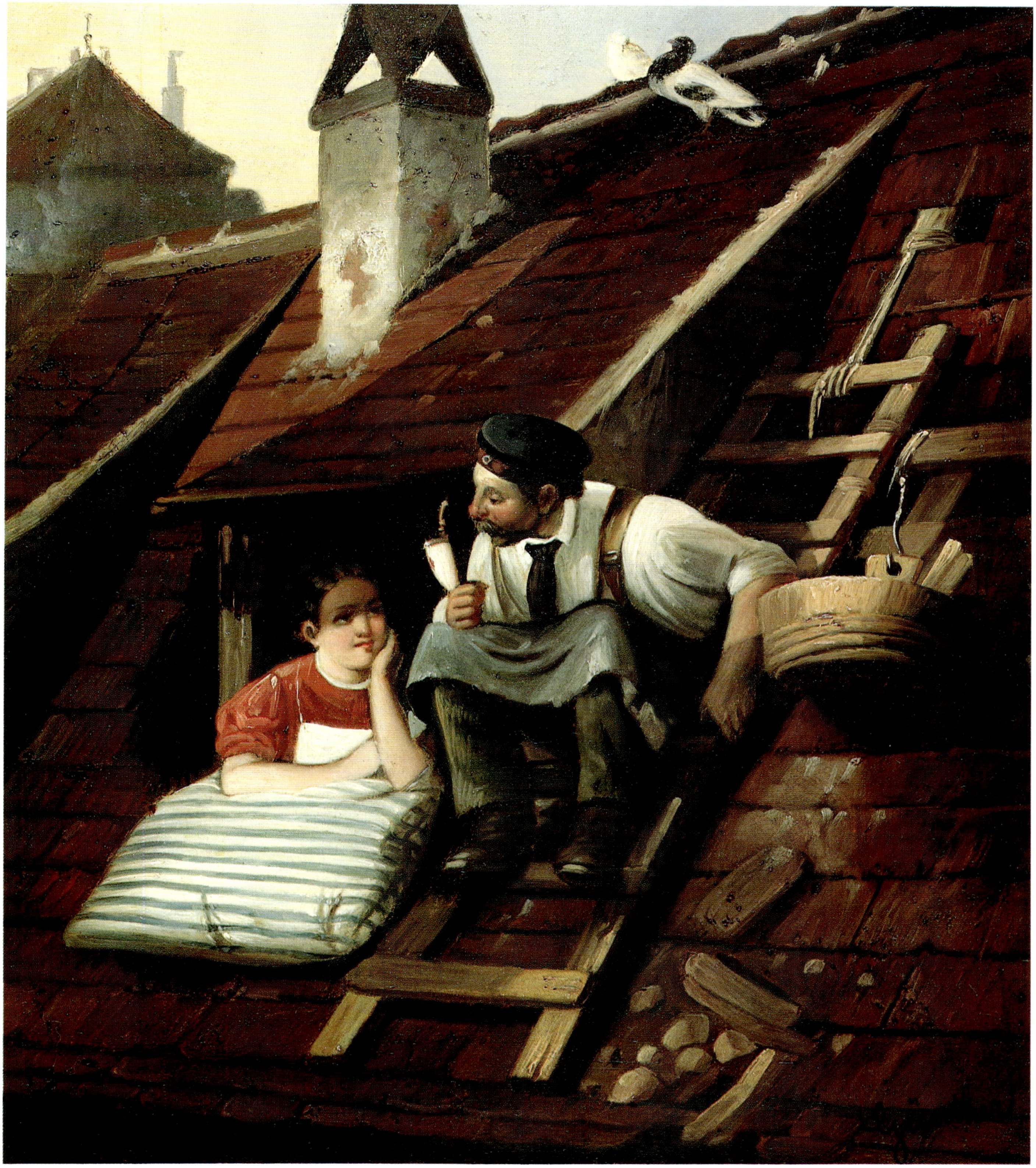

Adolph Friedrich v. Menzel
Studien über den Beruf des Dachdeckers

Dachdecker auf Turmspitze, 131 x 210 mm
Turmspitzen, 131 x 210 mm
Drei Dachdecker, 115 x 181 mm
Zwei Dachdecker, 115 x 181 mm
Haus mit Gerüst – Turmspitze im Vordergrund, 230 x 312 mm (Abb. S. 170)
Bleistiftzeichnungen

Der Zeichner, Maler und Graphiker Adolph Friedrich v. Menzel wurde 1815 in Breslau geboren. 1830 kam er nach Berlin, wo er die väterliche lithographische Werkstatt übernahm. Im wesentlichen war er Autodidakt und bildete sich an praktischen Aufgaben der lithographischen Gebrauchsgraphik.
1834/36 gestaltete er die ersten Serien lithographischer Kreidezeichnungen. 1840/42 übertrug ihm der Historiker Kugler die Illustrationen zu seinem Werk „Das Leben Friedrichs des Großen" in Federzeichnung und Holzschnitt. Diese Arbeit bedeutete einen Wendepunkt in der Geschichte des Holzschnittes – aus dem schematisierenden Linienschnitt entwickelte sich ein malerischer Holzschnitt. In den folgenden Jahren entstanden weitere Arbeiten dieser Art von Menzel.

Beim täglichen Arbeiten entstanden im Laufe der Jahre zahllose Bleistift- und Federzeichnungen, Studien nach der Natur aus allen Bereichen, aber auch historisierende Skizzen und Entwürfe auf der Basis genauester Vorarbeiten.

Kaum ein Meister der neueren Zeit hat den Zeichenstift mit solcher Technik beherrscht wie Menzel, der in der Frühzeit den spitzen Bleistift und später den vierkantigen, weichen Schreinerstift benutzte.

Die wichtigsten Werke Menzels sind in der Berliner Nationalgalerie aufbewahrt. Unter den mehreren Tausend Zeichnungen in den Staatlichen Museen zu Berlin befinden sich auch die hier wiedergegebenen Studien über die Arbeit des Dachdeckers an Kirchturm und Turmspitze. Die wissenschaftliche Mitarbeiterin der „Sammlung der Zeichnungen", Frau Riemann-Reyher, ordnet diese Arbeiten den Jahren 1870–1880 zu.

Adolfph Friedrich v. Menzel starb nach Jahren reichen Schaffens im Jahre 1905 in Berlin.

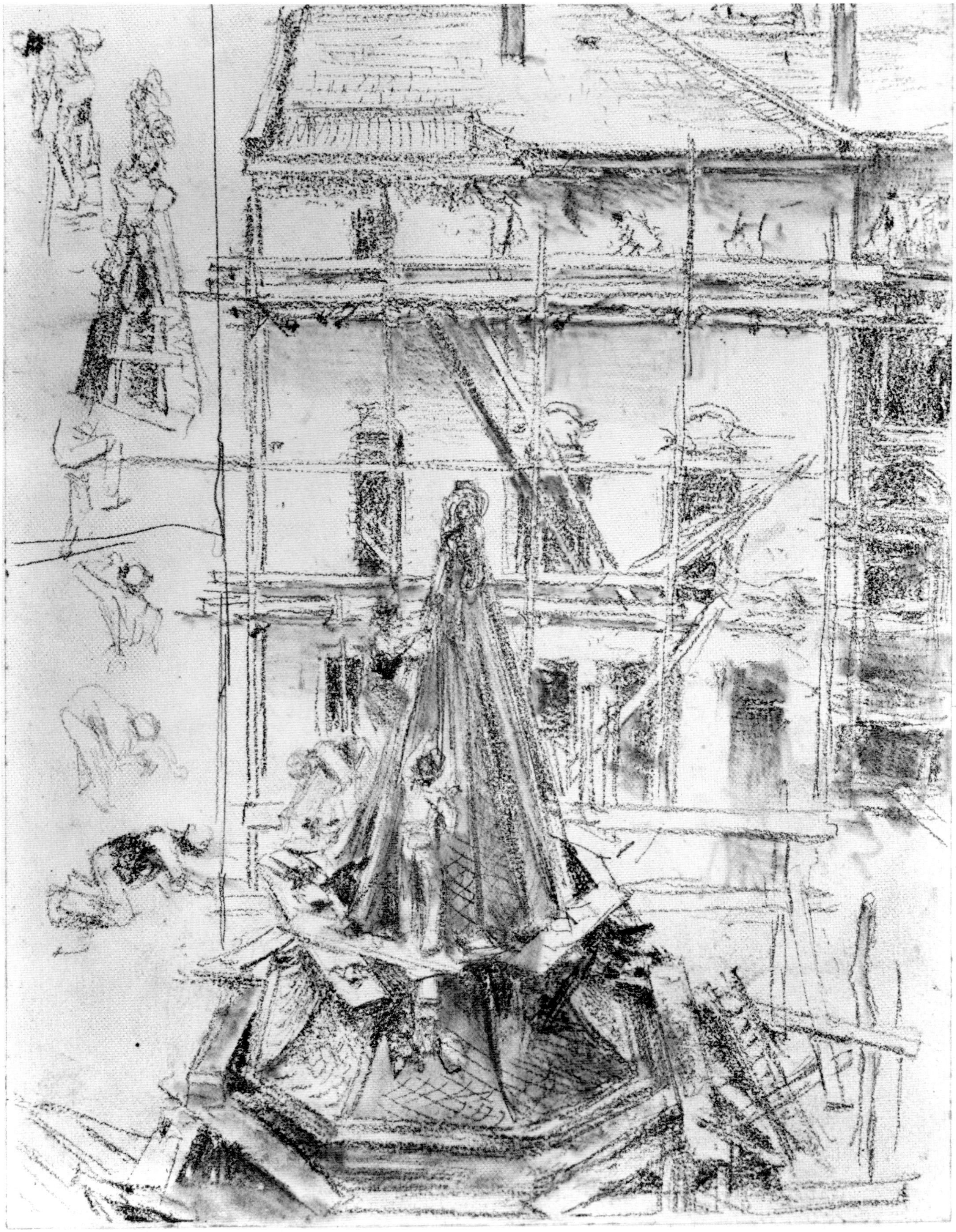

171

Schieferdecker
Holzstich, 74 x 102 mm

Dieses Blatt zeigt einen Schieferdecker mit einem Schieferhammer, wie man ihn üblicherweise in der Mitte des vorigen Jahrhunderts in Frankreich verwendete. Die gleiche Abbildung wurde vom Verlag Hallberger in Stuttgart in seiner „Allgemeinen Illustrierten Zeitung ‚Über Land und Meer'" des Jahres 1874 übernommen – als Auflösung eines Bilderrätsels der Ausgabe Nr. 11. Gefragt worden war nach einem, der eine der höchsten Stellen im Lande bekleidet.

Zinc mis en place de plomb pour couverture de bâtiments
(Zink: Instandsetzung mit Blei zur Gebäudebedachung)
Lithographie, 105 x 125 mm

Eine Abbildung aus einem französischen ABC-Buch für Kinder. Das altkolorierte Blatt kann nicht genauer zugeordnet werden. Als Erscheinungsdatum ist die Zeit um 1870 anzunehmen.

Rheinischer Schieferdecker. Nach dem Gemälde von Professor Böttcher.

Christian Eduard Böttcher
Rheinischer Schieferdecker
Holzstich, 260 x 180 mm

„Nach dem Gemälde von Professor Böttcher", so lautet die Ergänzung im Untertitel dieses Holzstichs. Das Blatt selbst stammt aus der August-Ausgabe des „Deutschen Hausschatz" des Jahres 1876 – einer Familienzeitschrift des Verlages Fr. Pustet, Regensburg. Alle Zeitschriften dieser Art sind als Vorläufer der heutigen Illustrierten anzusehen.
Ein liebenswürdiger Zug zeichnet die Schilderung der Arbeit des alten Schieferdeckers in der Abendstimmung am Rhein aus. Auch die Einbeziehung der Kinder in die Arbeitsszene ist typisch für Bilder von Professor Böttcher.

Christian Eduard Böttcher lebte von 1818 bis 1889 in Düsseldorf als Porträt- und Genremaler. Sein Hauptgebiet waren die ländlichen Idylle, Kinderszenen und Schilderungen des rheinischen Volkslebens. Die meisten seiner Genre-Kompositionen sind in Holz geschnitten und vervielfältigt worden.
Der „Rheinische Schieferdecker" entstand im Jahre 1873. Da viele Arbeiten Böttchers in Museen aufbewahrt werden, ist vielleicht auch irgendwo die Vorlage für den hier wiedergegebenen Holzstich zu finden.
Der Stich stammt von Richard Brend'amour, der 1831 in Aachen geboren und als Holzschneider bekannt wurde. Er gründete auch in Düsseldorf eine xylographische Kunstanstalt.

Het Huis wordt onder 't Dak gebragt,
Daar elk met lust zijn' pligt betracht.
De Bouwheer geeft het volk een fooi,
Opdat het ras zijn werk voltooij'.

*Das Haus wurde unter Dach gebracht,
Da jeder mit Fleiß seine Arbeit getan.
Der Bauherr gibt den Leuten ein Trinkgeld,
Damit sie rasch ihr Werk vollenden.*

De Leijendekker vindt zijn werk
Meest aan een' Toren of een Kerk.
Ook maakt hij Pompen klein en groot,
En Goten van het zachte lood.

*Der Schieferdecker findet seine Arbeit
Meistens auf dem Turm einer Kirche.
Auch macht er Pumpen klein und groß
Und gegossen aus weichem Blei.*

De Dakdekker (Der Dachdecker)
De Leijendekker (Der Schieferdecker)
Holzstiche, 87 x 75 mm

Diese kleinen Bildchen stammen aus den Niederlanden und waren wohl für ein Kinderbuch bestimmt. Leider ist nichts genaueres über sie bekannt. Als Erscheinungsdatum kann die Zeit um 1880 angenommen werden.

Aus einem Bilderbogen

Le Charpentier (Der Zimmermann)
Le Couvreur (Der Dachdecker)
Le Maçon (Der Maurer)
Holzstiche, 37 x 52 mm

Die kleinen Bildnisse stammen aus einem französischen Epinal-Bilderbogen. Solche Blätter erschienen 1890. Sie hatten das Format 30 x 40 cm und enthielten je 16 kleine Abbildungen. Die Bilderbogen wurden einzeln verkauft und dann von vielen Liebhabern gesammelt.

Aus einem Bilderbogen

Schieferspalter
Maurer
Zimmermann
Ziegelbrenner
Holzstiche, 53 x 81 mm

Auch diese Holzstiche sind französischen Ursprungs – eben aus einem „Imagerie d'Epinal". Das Erscheinungsjahr ist auch hier 1890. Der fachlich versierte Sammler kann das Alter dieser Bilderbogen an den Nummern erkennen.

Toe maar jongens, zaagt maar aan,
Straks toch, gaat ge uw geld ontvaân.

Weiter Jungen, sägt nur durch,
Gleich doch werdet ihr euer Geld empfangen.

De schaliedekker krijgt zijn beurt;
Zie, hoe hij 't al naar boven sleurt!

Der Schieferdecker hat auch seine Arbeit –
Sieh, wie er alles nach oben schleppt!

Onvermoeid in 's werkens lust,
Geeft de metser zich geen rust.

Unermüdlich in der Arbeitslust,
Gibt der Meister sich keine Ruhe.

Thans is 't huis in vollen tooi;
Zeg, wat denk je, is 't niet mooi.

Jetzt ist das Haus in voller Pracht;
Sagt mal, was denkt ihr, ist's nicht schön?

Bilderbogen Nr. 99
De Schaliedekker und andere Bauleute
Holzstiche, 78 x 65 mm (Bildmaß)

Auch in Holland erschienen Ende des vorigen Jahrhunderts die Bilderbogen-Holzstiche. Die Ausgabe Nr. 99 hat die Überschrift „Seht ihr Kleinen, was Interessantes dieses Bild euch zeigt – wie in verschiedenen Berufen das Gewerbe betrieben wird. So wird großer Fleiß in jedem Stil gekrönt, und so findet der kleinste Stand noch etwas, um davon leben zu können".

Zu jedem einzelnen Bildchen gibt es ebenfalls einen Zweizeiler, der sinngemäß übersetzt worden ist.

Kalk en mortel, steen en gruis,
Strekt ter bouwing van het huis.

Kalk und Mörtel, Steine und Sand –
Alles das wird zum Hausbau benötigt.

Na't hout behoeft ook kalk en steen,
Dit is der bouwing ook gemeen.

Nach dem Holz werden auch Kalk und Steine gebraucht,
Auch das ist fürs Bauen notwendig.

De timmerman, habiel en sterk,
Verrigt ook hier een nuttig werk

Der Zimmermann – groß und stark –
Verrichtet auch hier eine nützliche Arbeit.

Zie hoe alles raakt tot stand,
Hier wordt kalk uit steen gebrand.

Seht, wie alles fertig wird,
Hier wird Kalk aus Stein gebrannt.

In den Werkstätten

Wanderungen durch die Stätten des Gewerbefleißes

von Richard Roth.

I.

R. GERHOLD'S G. A.

Klempner bei der Arbeit.

Die Biegemaschine.

Steinmetzen bei der Arbeit.

Richard Roth
In den Werkstätten

Kupferschmied bei der Arbeit
Klempner bei der Arbeit
Die Biegemaschine
Steinmetzen bei der Arbeit
Holzschnitte, 90 x 80 mm

Um 1890 erschienen im Otto Spanner Verlag in Leipzig die beiden Bände „In den Werkstätten". Der Lehrer Richard Roth aus Friedrichroda beschreibt hier die Bemühungen von Leopold Reinhardt, seinen Neffen und Nichten das Handwerk und dessen Tätigkeiten näherzubringen. Onkel Leopold spricht dabei von seinen „Wanderungen durch die Stätten des Gewerbefleißes" – diese führt er teils in der Werkstatt und teils durch Erzählungen durch.
Aus dem 1. Band der vierten Auflage von 1894 sind die Abbildungen des Kupferschmieds, des Klempners und seiner Biegemaschine sowie des Steinmetzen entnommen.

Eugen Schmitt/C. Becker
Gefährliche Gewerbe

Zimmermann (160 x 200 mm)
Klempner (115 x 235 mm)
Schieferdecker (85 x 185 mm)
Holzstiche

Im Jahre 1891 erschien in der Illustrierten Zeitschrift „Zur guten Stunde" ein Beitrag von Eugen Schmitt. Der Verfasser beschäftigt sich darin mit den Arbeiten von Handwerkern, die im Interesse der Allgemeinheit gefährliche Aufgaben ausführen. Neben dem Schornsteinfeger widmet er seine Aufmerksamkeit auch dem Zimmermann, Klempner und Schieferdecker.
Der Textbeitrag ist illustriert mit Holzstichen nach Zeichnungen von C. Becker, über den leider keine Daten in Erfahrung gebracht werden konnten.
Die Familienzeitschrift „Zur guten Stunde" erschien erstmals 1887 im Deutschen Verlagshaus, Berlin. Sie bestand 32 Jahre und stellte 1919 ihr Erscheinen ein.

Der Schieferdecker.
(Zu dem Artikel „Gefährliche Gewerbe".)

Johannes Trojan/Bernhard Mörlin
Das Buch der Stände

Der Maurer
Farblithographie, 175 x 230 mm

Um 1892 erschien in der Königlichen Hofverlagsbuchhandlung in Hamburg „Das Buch der Stände" mit Versen von Johannes Trojan. Die Farbillustrationen – so auch der hier abgebildete Maurer mit Dachziegel – stammen von Bernhard Mörlin.

Johannes Trojan (1837–1915) war von Beruf Journalist und beschäftigte sich als Versdichter mit Gedichten und Liedern für Kinder. So ist auch „Das Buch der Stände" der Jugend zugedacht und wird vom Verfasser selbst als Bilderbuch mit Versen bezeichnet.

Der Maurer.

Zum Hausbau legt den Grund ins Land
Aus festem Stein des Maurers Hand,
Und auf dem Grunde führt er drauf
Die Wände und die Pfeiler auf,
Läßt leer die Stellen nur allein,
Wo Thür und Fenster solln herein.
So mauert er uns nach und nach
Das Haus vom Keller bis zum Dach,
Daß fest es steht und Schutz uns leiht
In guter und in böser Zeit.
   Nicht leicht des Maurers Arbeit ist,
Hoch oben muß auf dem Gerüst
Er stehn in heißem Sonnenschein,
In Sturm und Regen. Stein an Stein
Fügt ruhig er; er weiß, es hält
Ihn Gottes Hand, daß er nicht fällt.

Der Klempner.

Ich bin der Klempner, versteh' meine Sachen,
Weiß aus dem Bleche viel Dinge zu machen.
Wollt ihr Kaffee trinken,
Braucht ihr uns zu winken;
Denn um schnell euch zu bedienen,
Mach' ich Kaffeemaschinen,
Milchkannen,
Badewannen,
Puddingformen, groß und klein,
Findet ihr, kommt nur herein.
Auch Leuchter, Lampen könnt ihr sehn
Schön lackieret bei mir stehn.
Sparbüchsen von der besten Art,
Wo man verschließt, was man gespart.
Ich versteh' das Blech zu regieren,
Weiß daraus tausenderlei zu fabrizieren.

Johannes Trojan/Paul Hey
Die zwölf Handwerker

Der Klempner
Der Maurer
Farbtafeln in Buchdruck, 170 x 242 mm

Auch dieses Bilderbuch von 1910 aus dem Verlag von Neufeld & Henius, Berlin, ist von Johannes Trojan herausgegeben worden. Die Farbbilder wurden von Paul Hey gestaltet und den alten Volksreimen angepaßt.
Der Maler und Illustrator Paul Hey wurde 1867 in München geboren und war Schüler der dortigen Akademie. Von ihm gibt es nicht nur die Illustrationen in Märchenbüchern, sondern auch Radierungen und Gemälde. Die Bildwiedergaben aus dem Werk von Trojan zeigen Heys Bemühen nach poesievoller Schilderung, wobei seine künstlerische Gestaltung auf einem sehr intensiven Naturstudium aufbaut. Leider geben die Buchreproduktionen nicht den vollen Reiz der Originale wieder.

Der Maurer.

Wenn der Frühling wiederkehrt,
Und der Schnee verschwindet,
Ist der Maurer wieder froh,
Weil er Arbeit findet.
Früh beginnt er schon sein Werk,
Wirds im Morgen helle
Greift er nach dem Winkelmaß
Und nach seiner Kelle.
Drauf legt er Stein auf Stein,
Wirft den Kalk darüber.
Brennt das Pfeifchen in dem Mund,
Mauert er noch lieber.
Schnurgrad müssen Wände sein,
Darf drum nicht vergessen,
Mit dem Blei, dem Winkelmaß,
Oftmals nachzumessen.
Jenes Prachtgebäude dort,
Das so schön verzieret,
Mit den Säulen vor der Tür,
Hat er auch geführet.

TINMAN.

A Tinman is a very handy man,
In his craft there is none him excel,
He makes tea kettles, saucepans, and pans,
In his shop he has plenty to sell.

Tinman (Klempner)
Holzschnitt, 75 x 85 mm (Bildmaß)

Dieser Klempner stammt aus einem englischen ABC-Buch von Thomas Wrigley, der 1883 in Denton/England geboren wurde und als Maler und Graphiker arbeitete. Der altkolorierte Holzschnitt zeigt den Handwerker in seiner Werkstatt mit dem Hinweis, daß er Töpfe und Pfannen herstellt.

In der Verzweiflung
Holzschnitt, 95 x 130 mm

Diese Abbildung vom geplagten Mieter wurde entdeckt in den „Fliegenden Blättern" Nr. 127 des Jahres 1907 – herausgegeben von Braun und Schneider, München.

Zimmermann
Holzschnitt, 63 x 104 mm

Dieser kleine Holzschnitt ist den Jahren 1880/1890 zuzuordnen. Die farbliche Gestaltung erfolgte nach dem Druck und ist sicherlich von Kinderhand vorgenommen worden.

Wilhelm August Stryowski
Ein Rendezvous
Holzstich, 190 x 220 mm

Die folgenden beiden Holzstiche sind nach Gemälden von Wilhelm August Stryowski (1834–1917) entstanden.
„Ein Rendezvous" auf Danzigs Dächern stammt aus der „Gartenlaube", einem Illustrierten Familienblatt, hier Jahrgang 1894. Der Holzstich „Gestörte Mittagsruhe" konnte noch keiner Zeitschrift zugeordnet werden.
Dargestellt wird die Harmonie im Handwerk: Der Dachdecker bietet dem Schornsteinfeger eine Prise an.

Ein Rendezvous.
Nach einem Gemälde von W. Stryowski.

Wilhelm August Stryowski
Gestörte Mittagsruhe
Holzstich, 175 x 230 mm

Auf dem zweiten Blatt neckt der Schornsteinfeger den schlafenden Maurer.
Wilhelm August Stryowski studierte Malerei an der Düsseldorfer Akademie, wirkte dann aber in seiner Heimatstadt Danzig und wurde Professor an der dortigen Kunstschule. Er beschäftigte sich in seinen Bildern mit Szenen aus dem Volksleben.

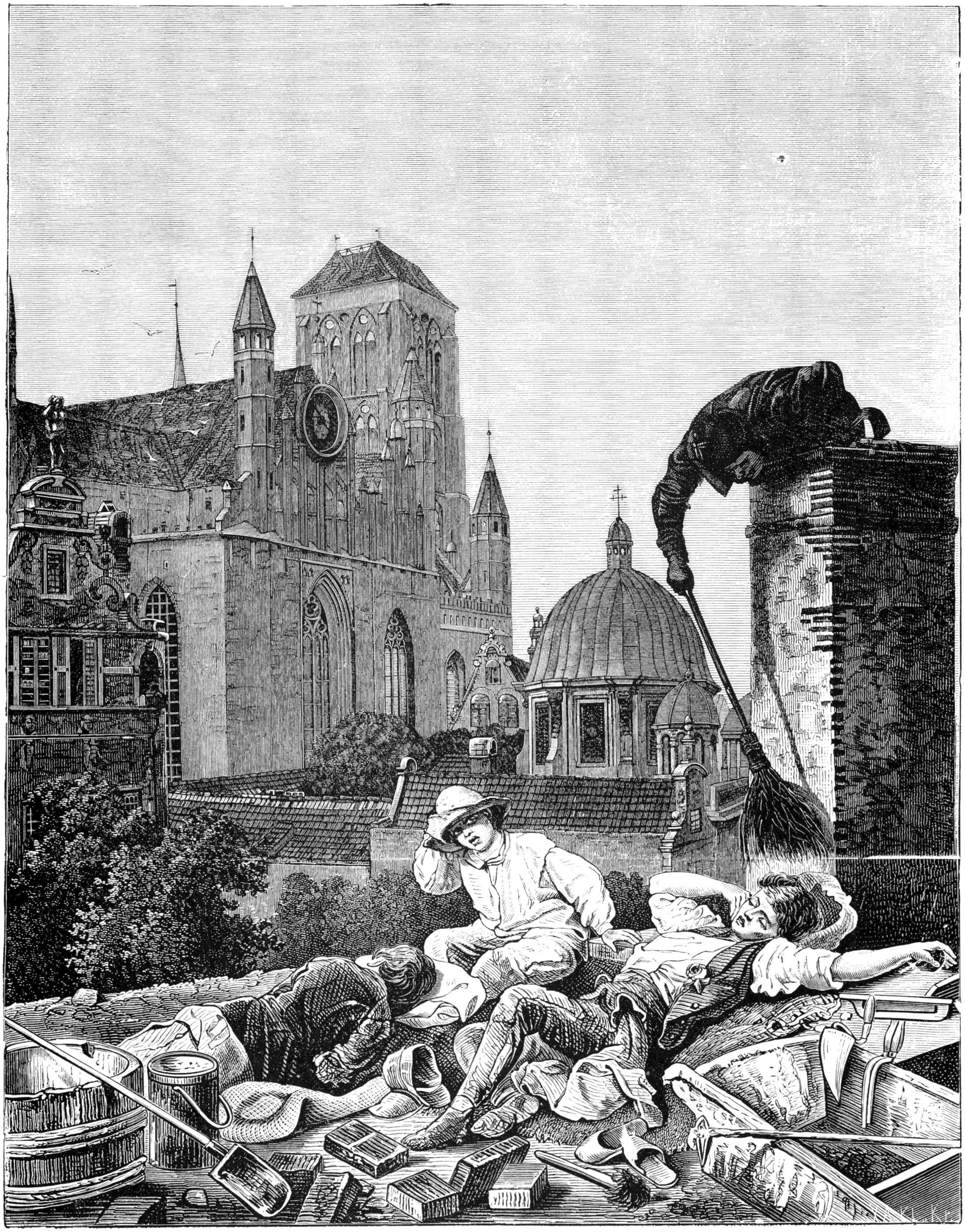

Carl Samuel Haeusler
Vorzüge, Construction und Anleitung über Holzcement-Dächer
Konstruktionszeichnungen in Buchdruck

Kurz vor Ende des vorigen Jahrhunderts stellte der Erfinder der Holzcement-Dächer, Carl Samuel Haeusler aus Hirschberg in „Preußisch Schlesien", seine in Fachkreisen schon seit Jahren bekannte Errungenschaft der breiten Öffentlichkeit in einer kleinen Broschüre vor.

Die Ausführungen und Abbildungen sind diesem Werk entnommen.

„Die in vielen Gegenden seit beinahe 40 Jahren allgemein eingeführten und sich vorzüglich bewährten Haeusler'schen Holzcementdächer finden endlich diejenige Würdigung, welche diese so angenehmen und vorzüglichen Dächer in so außergewöhnlichem Maße verdienen. Dieses dem Erfinder Carl Samuel Haeusler fünfmal patentirte und vielfach prämiirte, allein ächte Holzcementdach ist bezüglich seiner Construction äußerst einfach, namentlich fallen die oft unsinnig hohen, kostspieligen und complicirten Dachgebinde ganz aus.

Der Holzcement ist eine zähe, bituminöse Masse, welche, ungeachtet ihrer dauernden Biegsamkeit, eine metallartige Härte annimmt. Die zwischen der Schalung und der Cementlage aufgebrachte isolirende Sandschicht bezweckt, daß die Schalung sich ungehindert bewegen kann, ohne die als ein Ganzes ohne Naht und Fuge über das ganze Dach sich ausbreitende Cementdecke in Mitleidenschaft zu ziehen.

Die Dauerhaftigkeit, absolute Wasserdichtigkeit, Feuersicherheit und Billigkeit wird durch Diplome und vielfache Zeugnisse seitens vieler Maurer-, Zimmer- und Dachdeckermeister, desgleichen von Besitzern solcher Dächer bestätigt. Die fast wagerecht liegenden Sparren werden mit einem Gefälle von nur 5 bis höchstens 8 cm pro laufenden Meter ähnlich verzimmert, wie jede einfache Balkenlage. Auf diese wird eine gespundete 2 bis 2,5 cm dicke Brettschalung genagelt. Bevor die erste Lage des Dachpapiers aufgebracht wird, ist die Schalung mit trockenem Schlief- oder anderem feinen Sande 3 mm stark zu übersieben, damit die erste Papierlage nicht anklebt und das Holz sich darunter frei bewegen kann. Die Erwärmung des Holzcements geschieht auf dem Dache selbst, wobei streng darauf zu achten ist, daß der Cement nur heiß und dünnflüssig, keineswegs aber bis zum Kochen erhitzt werden darf, weil er dann seine Bindekraft verlieren würde. Die erste Lage des Dachpapiers wird nun auf der feinen Sandschicht von einer Dachkante zur anderen über den Firsten weg so aufgerollt, daß eine Rolle die andere um 15 cm überdeckt. Holzcement wird mittelst einer langhaarigen, weichen Bürste, welche an einem langen Stiel schräg befestigt ist, auf der ersten Papierlage in der Breite des daran zu liegen kommenden Bogens dünn und gleichmäßig aufgetragen. Bedingung ist es, daß die Arbeit sauber, aber auch möglichst schnell ausgeführt werden muß und daß auf den aufgestrichenen warmen Holzcement sofort der Bogen der nächsten Papierlage folgt, um eine desto sicherere und dauerhaftere Verbindung zu erzielen."

Ansicht der Papierlagen eines Haeusler'schen Holzcement-Daches.

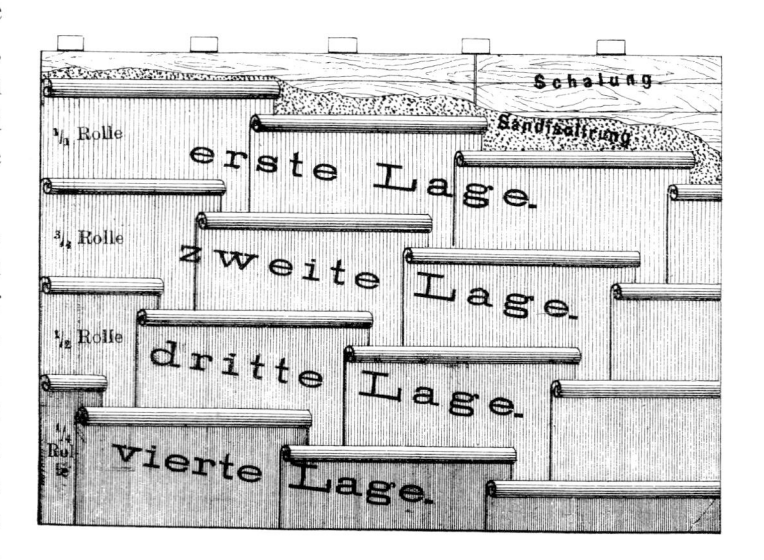

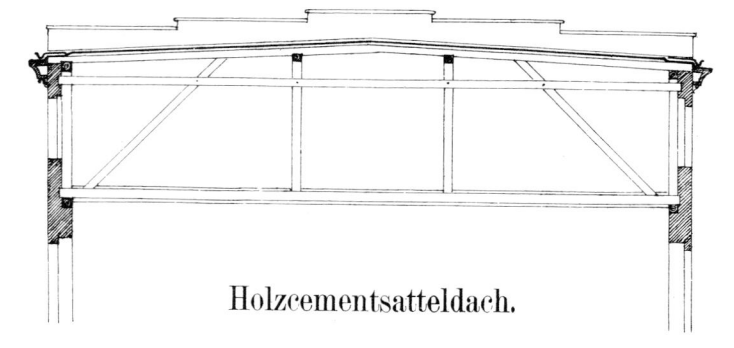

Holzcementsatteldach.

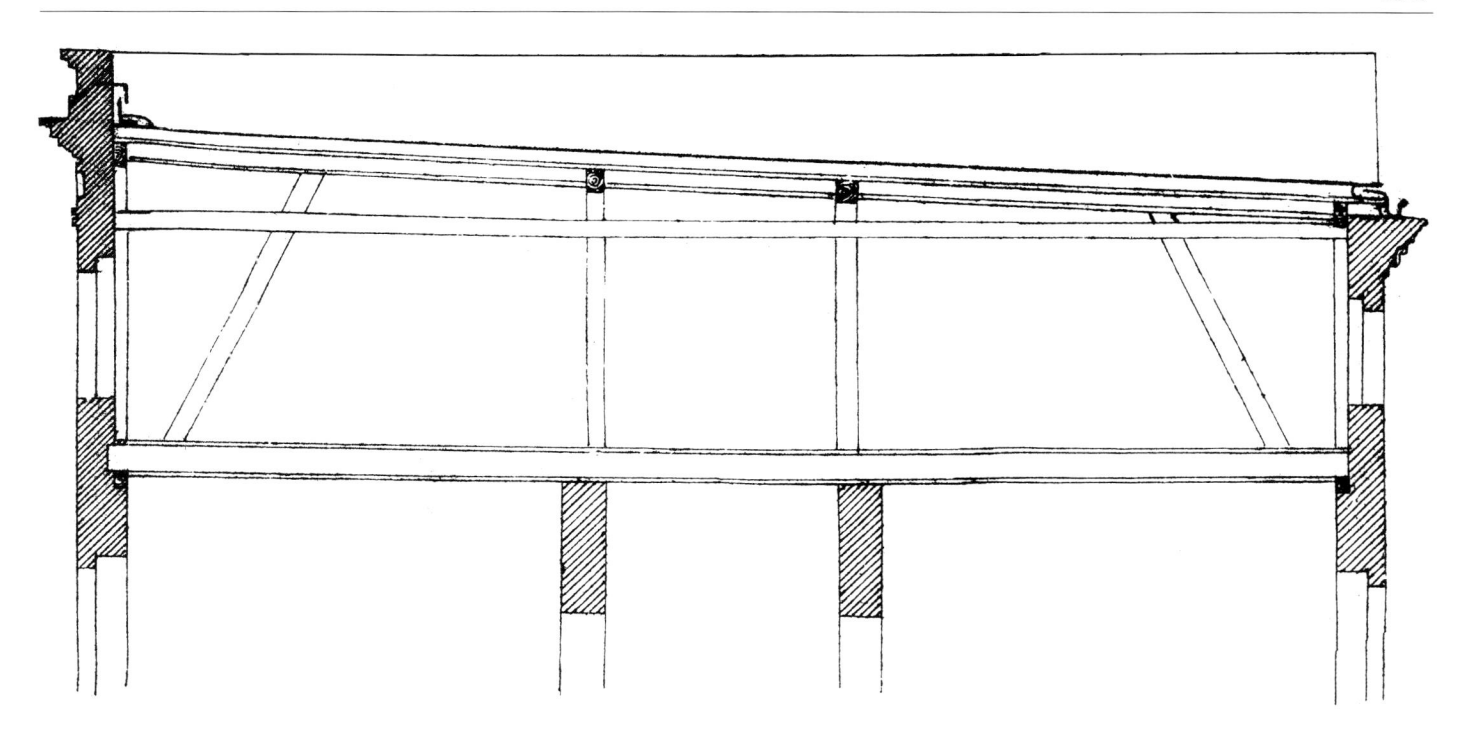

Holzcementdach mit einseitigem Falle.

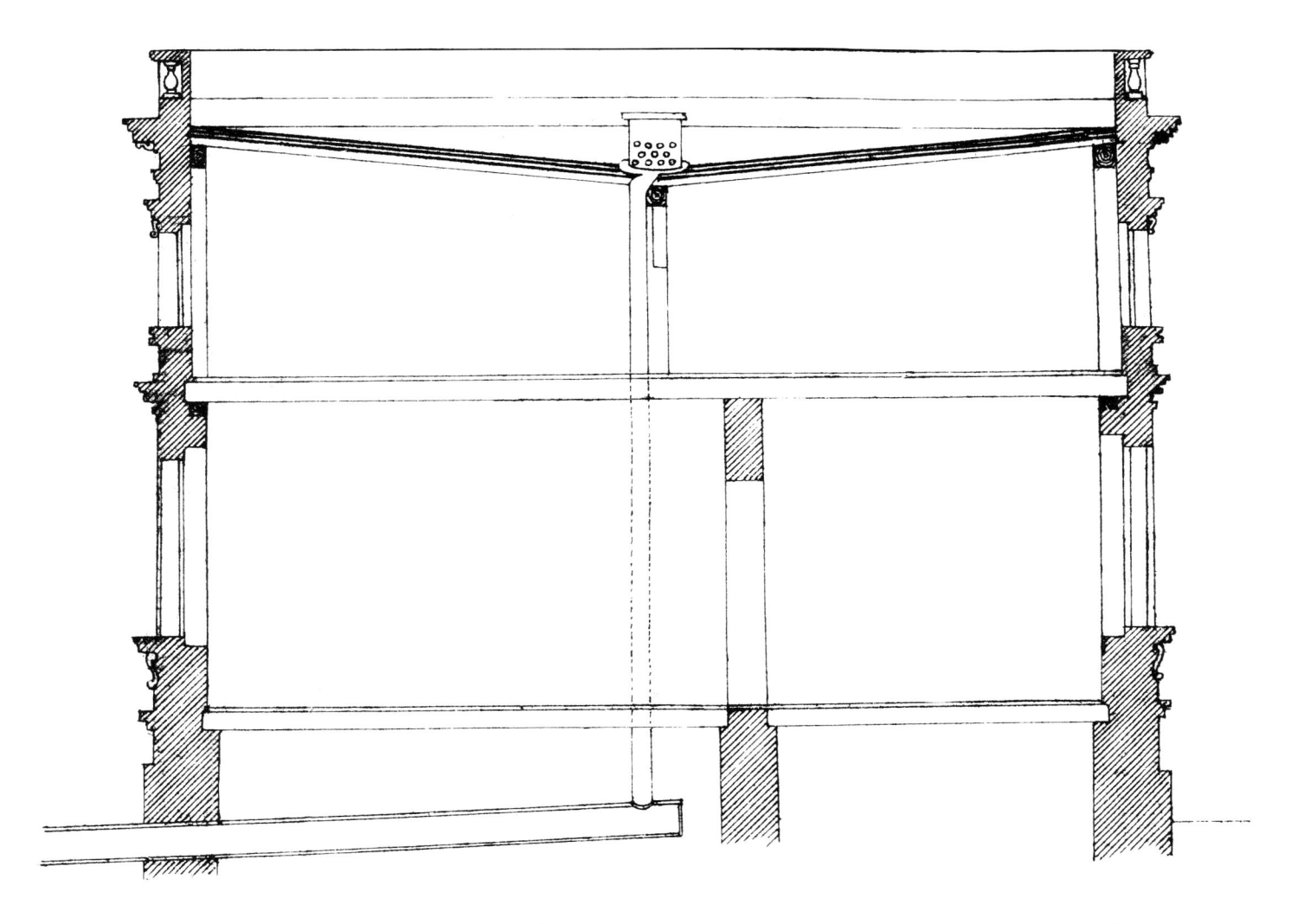

Holzcementdach mit nach Innen gerichtetem Fall.

Tafel V.

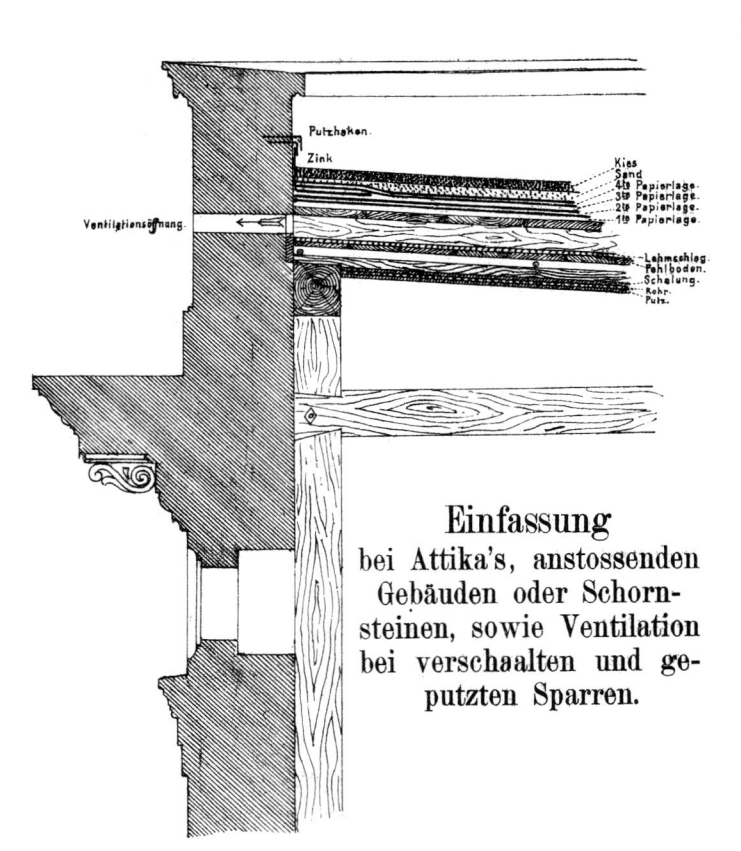

Einfassung
bei Attika's, anstossenden Gebäuden oder Schornsteinen, sowie Ventilation bei verschaalten und geputzten Sparren.

Tafel VI.

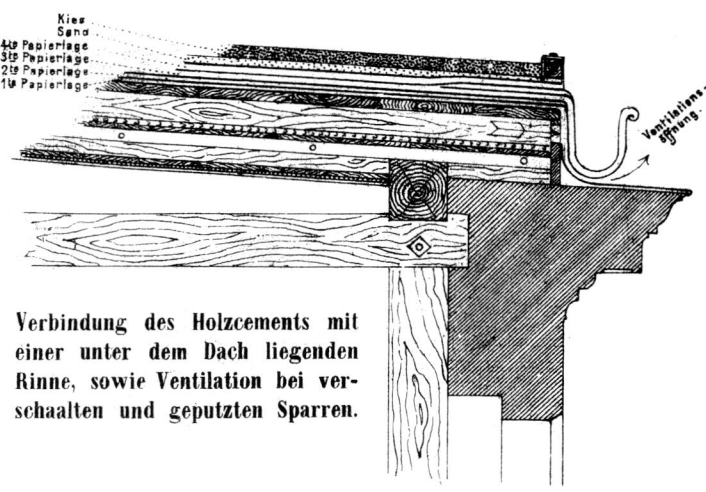

Verbindung des Holzcements mit einer unter dem Dach liegenden Rinne, sowie Ventilation bei verschaalten und geputzten Sparren.

Bei Plattformen über steilen Schieferdächern, z. B. bei Mansardendächern, kann die Construktion Fig. 7 angewendet werden.

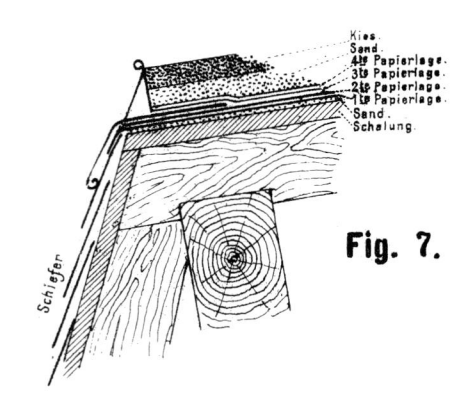

Fig. 7.

Tafel VII.

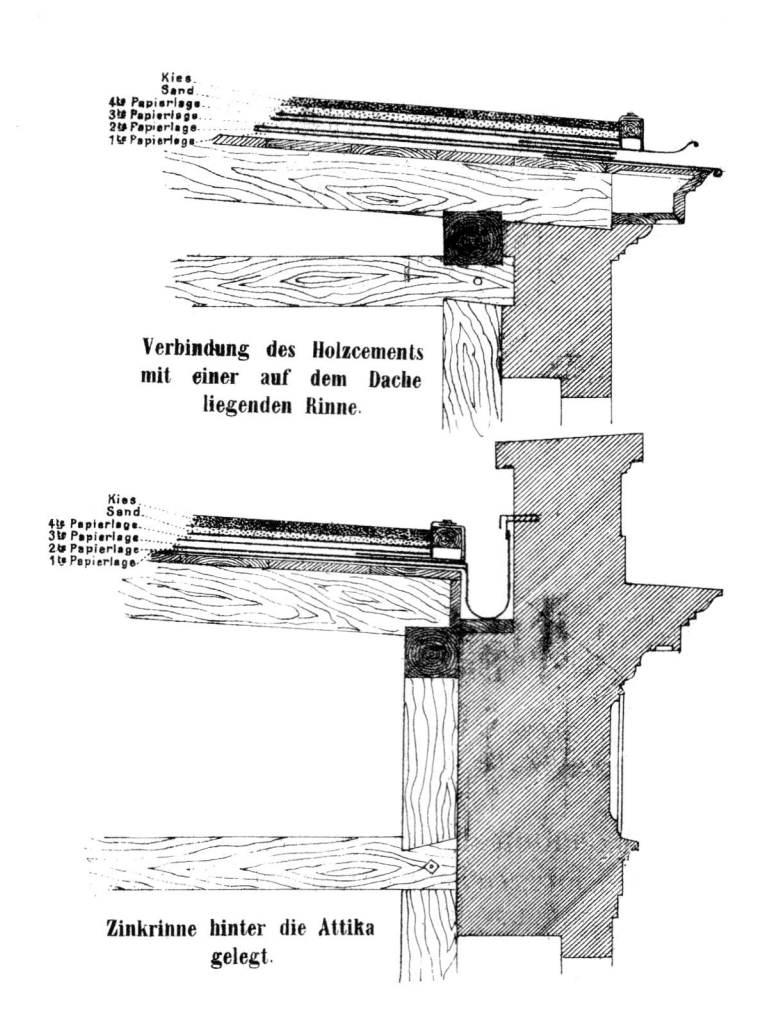

Verbindung des Holzcements mit einer auf dem Dache liegenden Rinne.

Zinkrinne hinter die Attika gelegt.

Tafel VIII.

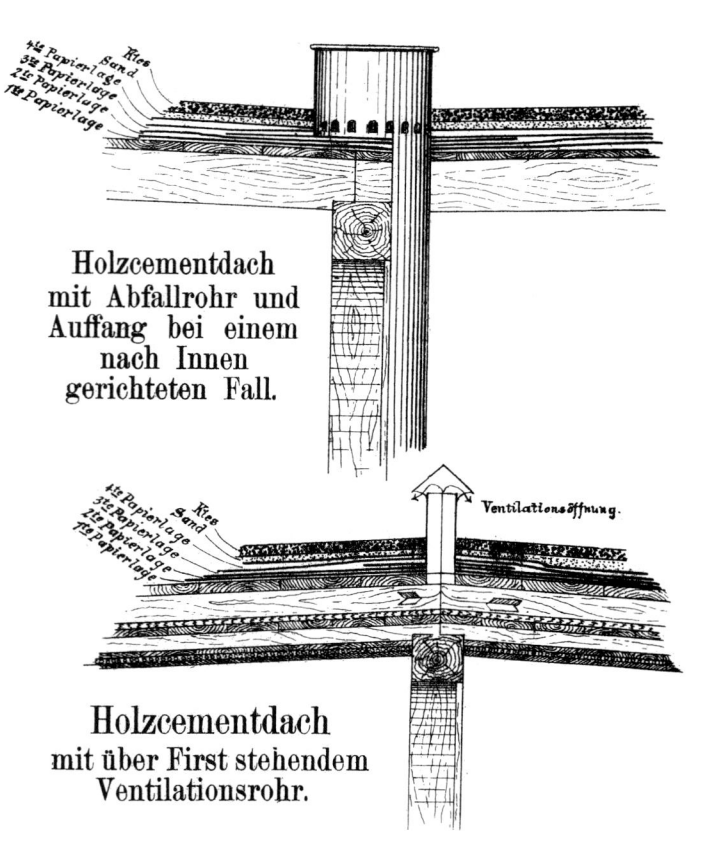

Holzcementdach mit Abfallrohr und Auffang bei einem nach Innen gerichteten Fall.

Holzcementdach mit über First stehendem Ventilationsrohr.

Otto Ludwig
Zwischen Himmel und Erde

Am 11. Februar 1813 wurde Otto Ludwig als Sohn des Bürgermeisters der thüringischen Stadt Eichsfeld geboren. Eine freudlose Jugend prägte ihn und die Stimmung seiner Romane und Erzählungen.

Die bedeutendste seiner erzählerischen Arbeiten ist „Zwischen Himmel und Erde", die packende Schilderung der Liebe zweier Brüder zum selben Mädchen – ein Werk, an dem die hohe Schilderungskunst des Dichters ebenso zu bewundern ist wie die durch alles hindurchlaufende Tiefe des Gemüts.

Otto Ludwig schrieb die Geschichte aus dem Lebenskreis einer Schieferdeckerfamilie im Jahre 1855. Ursprünglich war sie für die „Gartenlaube" bestimmt. Doch der Verleger Ernst Keil erkannte, daß „Zwischen Himmel und Erde" über den Ansprüchen der Leser einer Familienzeitschrift liegen würde. Der Verlag C. W. Leske in Darmstadt brachte dann im Juni 1856 die Erzählung als Buch heraus.

„Zwischen Himmel und Erde" wurde in den folgenden Jahren und Jahrzehnten noch des öfteren und in vielen europäischen Sprachen verlegt. Zu einigen Ausgaben wurden von bekannten, aber auch von unbekannten Malern und Zeichnern Bildvorlagen beigesteuert, die den Schieferdecker der damaligen Zeit darstellen.

Otto Ludwig hat die ersten großen Erfolge der Erzählung noch selbst erlebt. Er starb am 25. Februar 1865 im Alter von 52 Jahren in Dresden.

Otto Ludwig/Anton Karl Baworowski
Zwischen Himmel und Erde
Buchillustrationen, 60 x 170 mm,
134 x 90 mm, 133 x 186 mm

Die wohl dekorativste Ausgabe von Otto Ludwigs Erzählung „Zwischen Himmel und Erde" wurde um 1904 vom Turm-Verlag, Leipzig, verlegt. Anton Karl Baworowski hat neben einer schönen Einbandgestaltung auch eine Reihe von Illustrationen geschaffen.
Hoch oben auf der Turmspitze, umkreist von krächzenden Mauerseglern, befestigt Apollonius Nettemeier die Halteseile für das Gerüst. So wird das 4. Kapitel eröffnet – das „Z" vom Anfangstext „Zwischen Himmel und Erde ist des Schieferdeckers Reich" ist als Initialbuchstabe ausgeführt. Das obere Bild auf Seite 197 zeigt Apollonius beim erfolgreichen Versuch, den Kirchturm vor dem Feuer zu bewahren. Auf der unteren Abbildung ist durch den bildnerischen Ausdruck fast fühlbar, wie der alte Nette-meier seinen Sohn Fritz auf dem Kirchturm energisch zur Rede stellt.
Anton Karl Baworowski wurde 1853 in Wien geboren. Dort besuchte er die Kunstakademie, um sich als Maler und Illustrator auszubilden. Später setzte er sein Studium an der Akademie in München fort. Hier wurde er auch ansässig und „malte mit Vorliebe historische Motive in minutiöser Durchführung und Illustrationen für Journale" – so ein Künstlerlexikon.

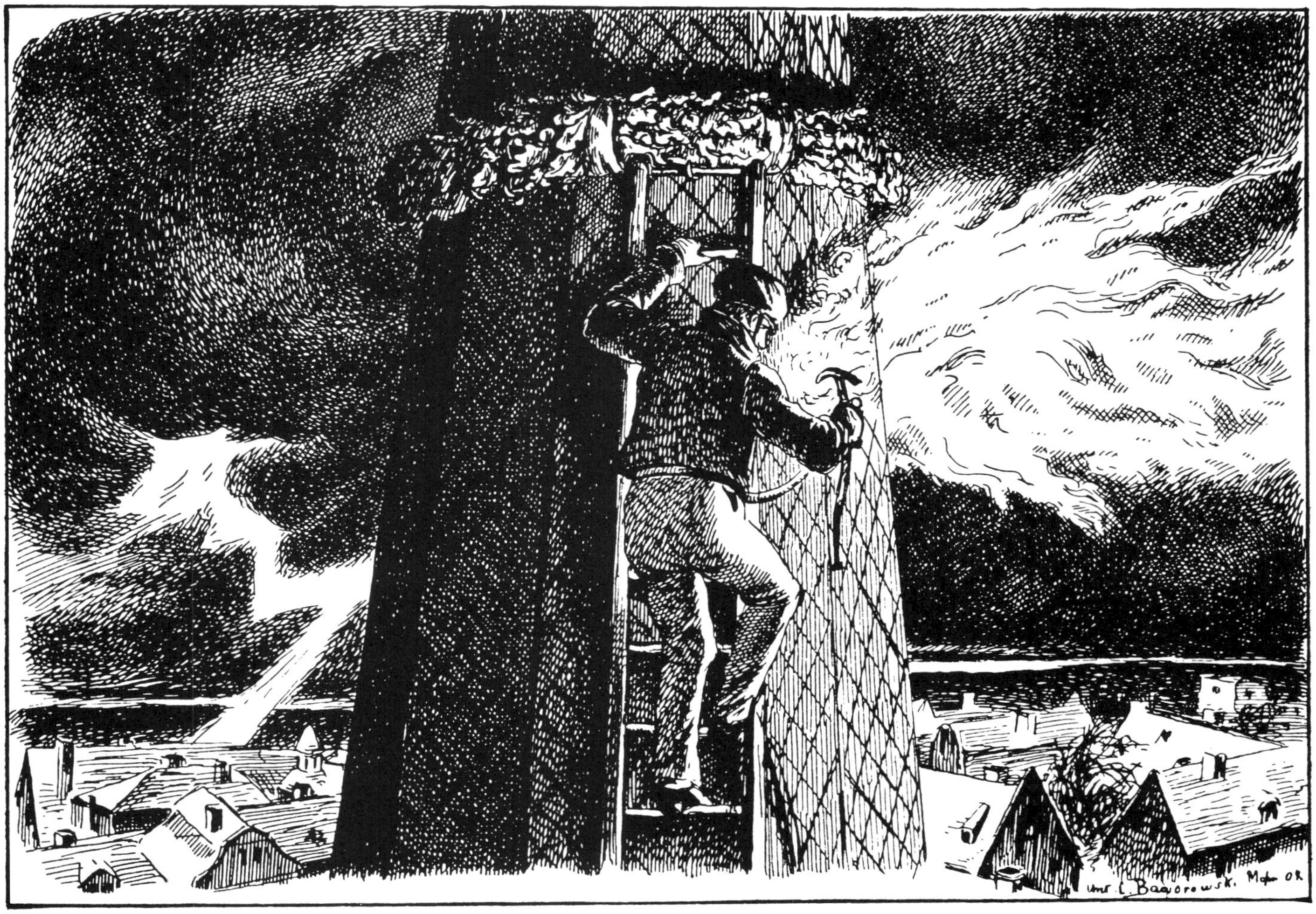

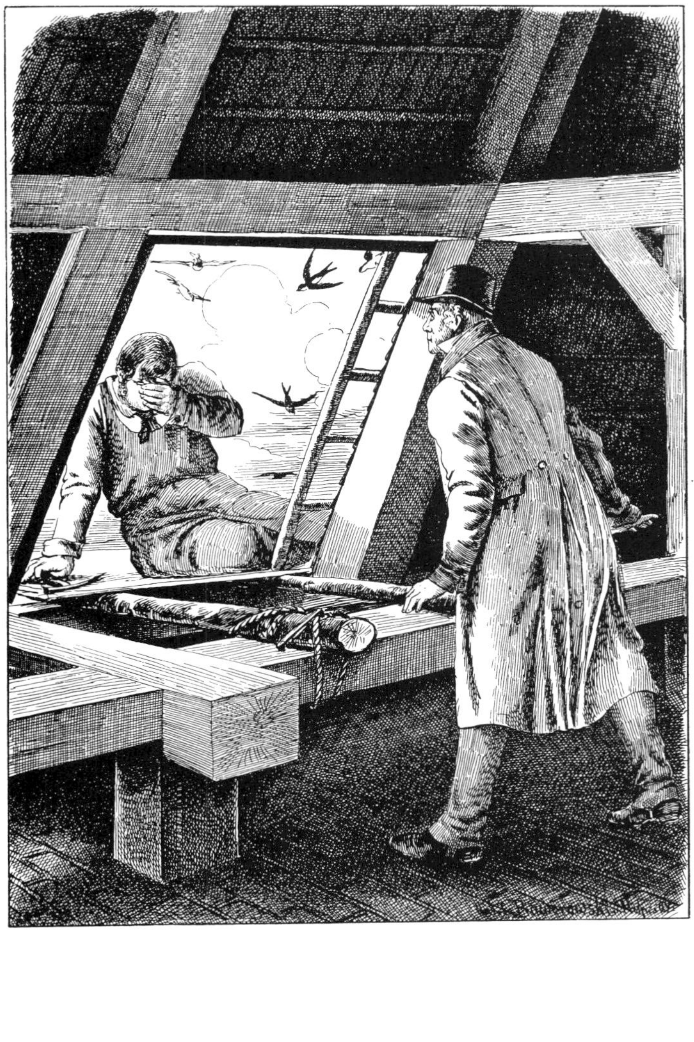

Otto Ludwig/Paul Scheurich
Zwischen Himmel und Erde
Buchillustration, 89 x 133 mm

Der „Buchverlag fürs Deutsche Haus", Berlin/Leipzig, brachte Otto Ludwigs „Zwischen Himmel und Erde" 1908 heraus. Die Illustrationen zu dieser Ausgabe stammen von Paul Scheurich.
In der Zeichnung steht die Kirche im Vordergrund, der Dachdecker bei seiner Arbeit ist nur schwer zu erkennen. Das Anliegen des Künstlers besteht darin, dem Betrachter ein Bild von der Höhe des Bauwerks und damit von der Gefährlichkeit der Arbeit des Handwerkers zu vermitteln.
Paul Scheurich wurde 1883 in New York geboren. Schon in jungen Jahren kam er nach Hirschberg in Schlesien in die Heimat seines Vaters. Er studierte an der Berliner Akademie und wurde durch seine Arbeit an Modellen für Porzellanmanufakturen bekannt.
Paul Scheurich starb 1945.

Otto Ludwig/Hans Volkert
Zwischen Himmel und Erde
Buchillustration, 94 x 151 mm

Auch im Deutschen Verlagshaus, Berlin, erschien zwischen 1910 und 1920 das Werk „Zwischen Himmel und Erde" von Otto Ludwig – hier illustriert von Hans Volkert.
Diese Abbildung trägt die Unterschrift „Zwischen Himmel und Erde ist des Schieferdeckers Reich", und eben bei den Arbeiten am Schieferdach zeigt der Künstler den Handwerker. Durch die bewußte Hintergrundgestaltung mit Blick auf die Dächer der Nebenhäuser der Kirche unterstreicht auch dieser Künstler die Arbeitshöhe und damit die Gefahr für den Handwerker.
Hans Volkert wurde 1878 in Erlangen geboren. An der Münchener Akademie studierte er und war dann in dieser Stadt als Maler und Graphiker tätig. Seine Radierungen erschienen zwischen 1910 und 1920 in vielen Werken deutscher Verlage.

Otto Ludwig/Max Schwimmer
Zwischen Himmel und Erde
Buchillustrationen, 95 x 95 mm
und 95 x 120 mm

Im Jahre 1942 erschien im Verlag Buch und Volk in Leipzig eine weitere Ausgabe von Otto Ludwigs Erzählung „Zwischen Himmel und Erde" mit Illustrationen von Max Schwimmer.
In den hier wiedergegebenen Zeichnungen hat der Künstler ganz bestimmte Augenblicke aus der Erzählung festgehalten. Da ist einmal der alte Nettemeier, der seinen Sohn Fritz bei der Arbeit auf dem Kirchturm zur Rede stellt. In der anderen Darstellung erkennt man, daß eine gemeinsame Besichtigung des beschädigten Kirchturmdaches erfolgt.
Max Schwimmer wurde am 9. Dezember 1895 in Leipzig geboren. Als Maler, Graphiker und Illustrator war er dort nach Abschluß seiner Studien der Philosophie und Kunstgeschichte tätig. Von 1946 bis 1950 wirkte er als Professor an der Hochschule für Graphik und Buchkunst in Leipzig und ging dann nach Dresden. Er starb am 12. März 1960 in Leipzig.

Fritz Boehle
Dachdecker
Buchillustration
Reproduktion einer Radierung auf Zink,
186 x 250 mm

Im Jahre 1896 oder 1897 schuf Fritz Boehle seine Radierung „Dachdecker" im Format 384 x 585 mm, von der in den Jahren 1897 bis 1907 nicht mehr als 30 Drucke erschienen. Eines dieser Blätter befindet sich im Besitz von Dachdeckermeister Krenz in Frankfurt/M.
Boehle hat es in seiner Darstellung verstanden, dem Betrachter des Bildes das Gefühl der Höhe und Weite zu vermitteln, wie es sich dem jungen Handwerker auf der Turmspitze darstellt.
Der Maler, Graphiker und Bildhauer Fritz Boehle wurde 1873 in Emmendingen/Baden geboren. Von 1886 bis 1892 war er am Städelschen Kunstinstitut, Frankfurt/M., und danach in Minden. In dieser Zeit entstanden seine ersten Radierungen von Rittern des Mittelalters.
In den Jahren 1895 bis 1897 erschienen Radierungen aus dem Leben der Bauern und Mainschiffer.
Ab 1897 war Boehle dauernd in Frankfurt/M. ansässig. Von 1900 an betätigte er sich mit großem Erfolg als Bildhauer. Er starb 1916 in der Mainmetropole.
Die Reproduktion der hier abgebildeten Radierung mit dreisprachigem Untertitel ist einer ca. 1910 von R. Klein verfaßten Würdigung Boehles entnommen.

LE COUVREUR   DACHDECKER   THE TILER

Münchner Graphische Gesellschaft (Pick)

Fritz Schrader/Hugo Reim
Der Deutsche Dachdeckermeister, Band II
Buchdruck, 340 x 205 mm

In diesem im Verlag Engelmann in Leipzig im Jahre 1911 erschienenen Werk aus Text- und Atlasteil heißt es im Vorwort:
„[Es] war ... natürlich, daß ‚Der Deutsche Dachdeckermeister' als Werk so abgefaßt sein mußte, daß es aus der Praxis für die Praxis als der Grundsamen alles Werdens aufgebaut wurde. Ein Dachdeckermeister aber, der in der Praxis Stand und Ehre vertreten will, muß mit allen einschlägigen Arbeiten seines Berufes vertraut sein. Dazu gehört nicht nur gute praktische Ausbildung, sondern auch Kenntnis der Materialien, Kenntnis des kaufmännischen Wissens, Kenntnis der verwandten Arbeiten, Kenntnis der Berechnung seiner Arbeiten im Aufmaß und Preis und dgl. mehr. Alle diese Gesichtspunkte sind in leicht verständlicher Weise mit einer Reihe von praktischen Beispielen und Lösungen im obengenannten Werke zu finden, so daß jeder Dachdeckermeister, befriedigt von dem Inhalte, dieses aus der Hand legen wird."
Von den insgesamt 104 Tafeln mit fast 800 Figuren werden hier in verkleinertem Maßstab einige Tafeln wiedergegeben – auf eine Beschreibung der Inhalte wird jedoch verzichtet, da jedem Fachmann des Dachdeckergewerbes die Details bekannt sein dürften.

203

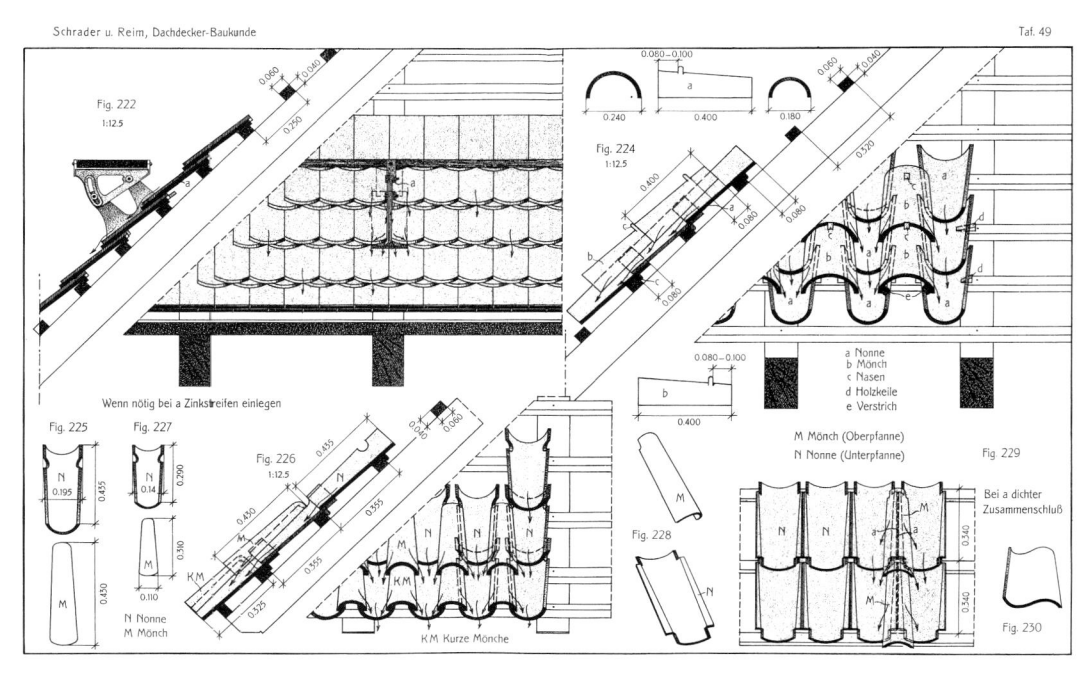

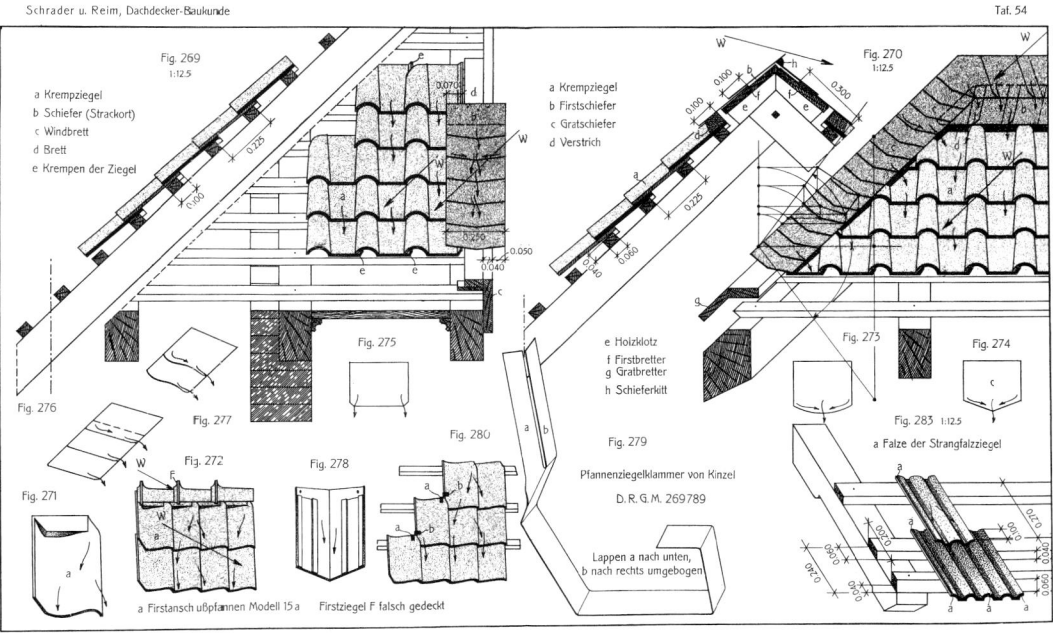

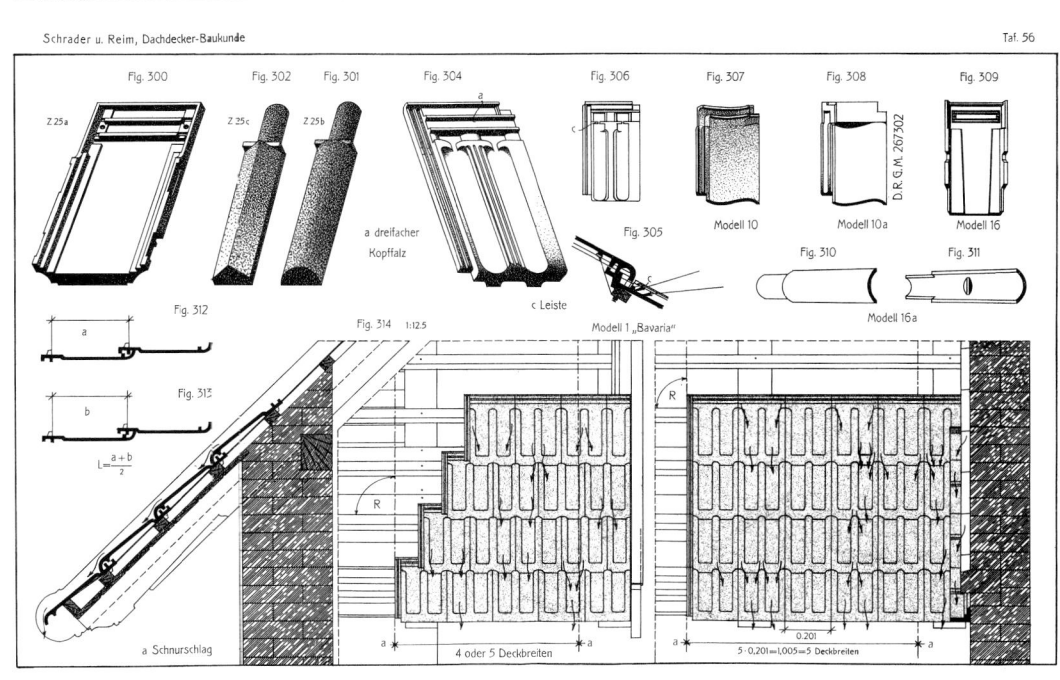

Schrader u. Reim, Dachdecker-Baukunde   Taf. 59

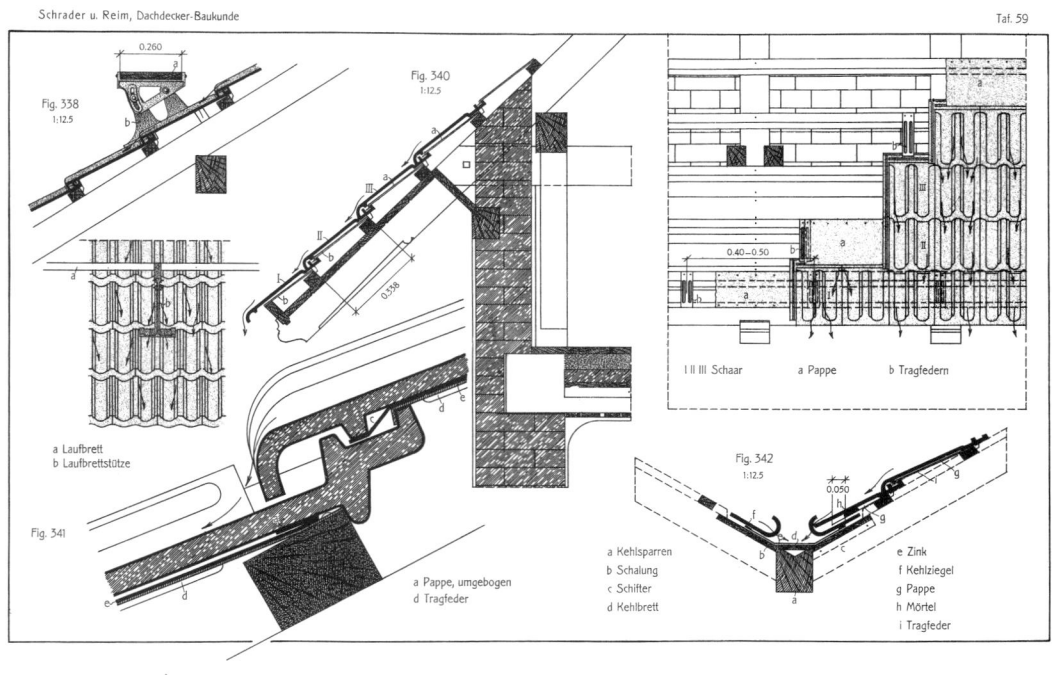

Fig. 338 1:12,5
Fig. 340 1:12,5
Fig. 341
Fig. 342 1:12,5

I II III Schaar   a Pappe   b Tragfedern

a Laufbrett
b Laufbrettstütze

a Pappe, umgebogen
d Tragfeder

a Kehlsparren   e Zink
b Schalung   f Kehlziegel
c Schifter   g Pappe
d Kehlbrett   h Mörtel
                       i Tragfeder

Schrader u. Reim, Dachdecker-Baukunde   Taf. 65

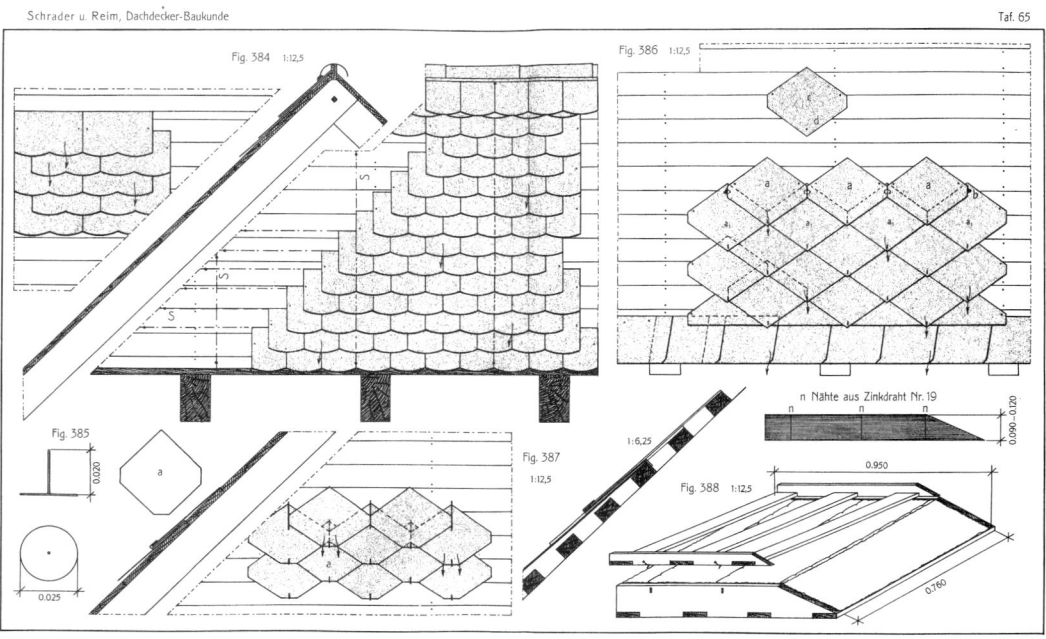

Fig. 384 1:12,5
Fig. 386 1:12,5
Fig. 385
Fig. 387 1:12,5
Fig. 388 1:12,5

n Nähte aus Zinkdraht Nr. 19

Schrader u. Reim, Dachdecker-Baukunde   Taf. 95

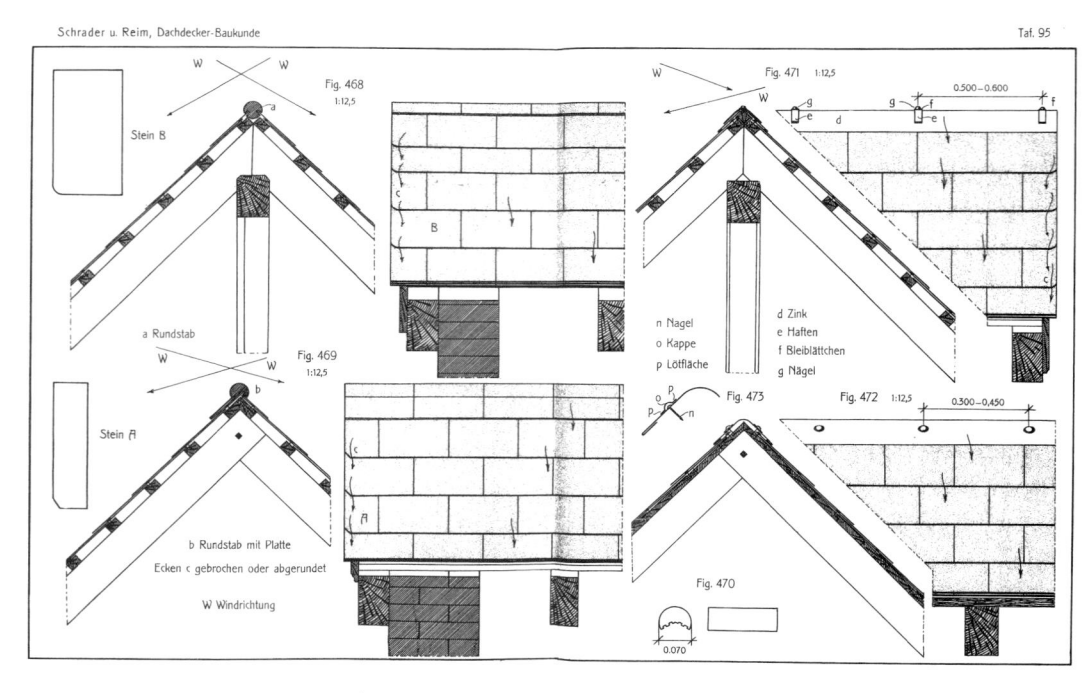

Fig. 468 1:12,5
Fig. 471 1:12,5
Fig. 469 1:12,5
Fig. 472 1:12,5
Fig. 470
Fig. 473

Stein B
Stein A

a Rundstab
b Rundstab mit Platte
Ecken c gebrochen oder abgerundet
W Windrichtung

n Nagel   d Zink
o Kappe   e Haften
p Lötfläche   f Bleiblättchen
               g Nägel

Schrader u. Reim, Dachdecker-Baukunde Taf. 100

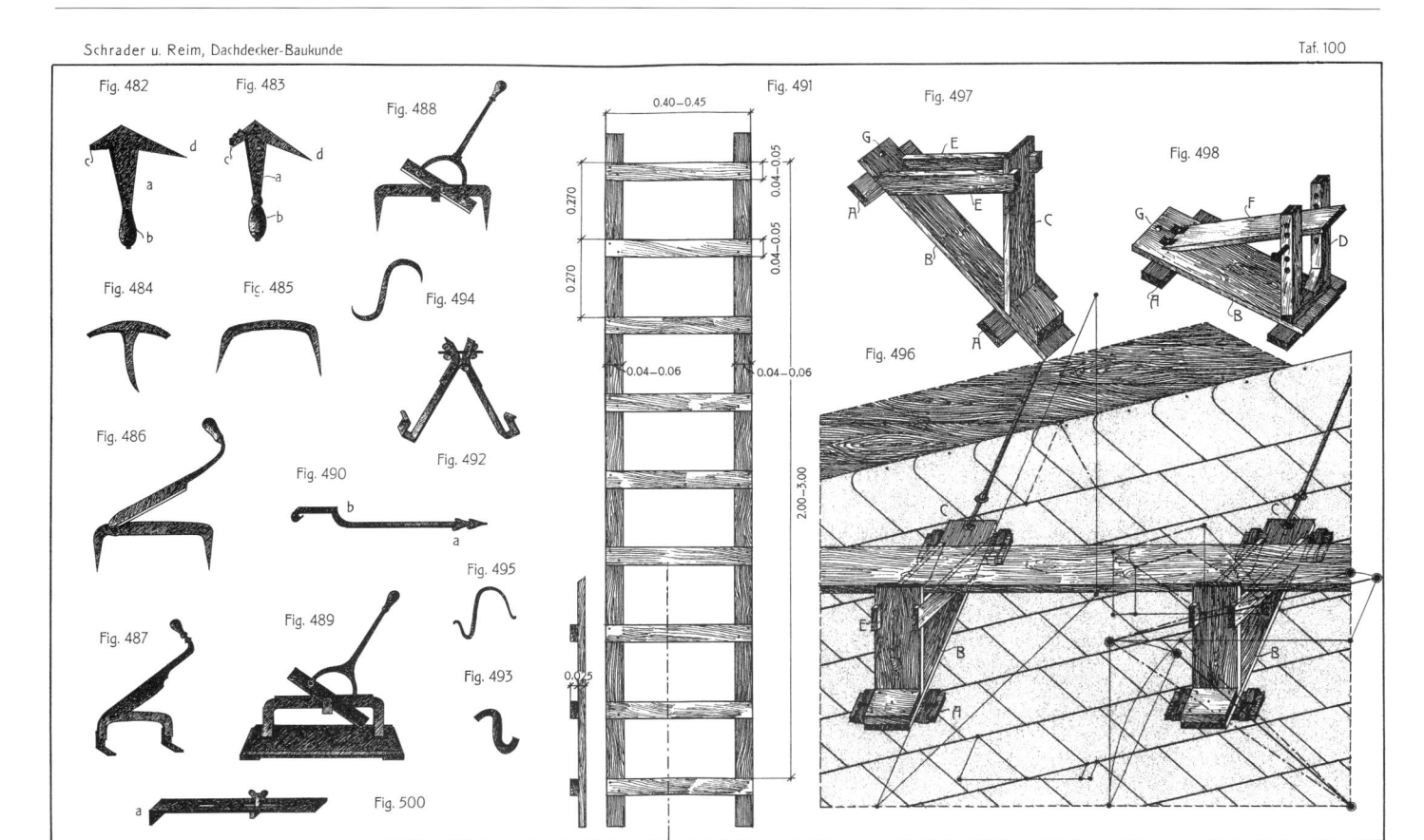

Fig. 482 Fig. 483 Fig. 488 Fig. 491 Fig. 497 Fig. 498
Fig. 484 Fig. 485 Fig. 494
Fig. 486 Fig. 492 Fig. 496
Fig. 490
Fig. 495
Fig. 487 Fig. 489 Fig. 493
Fig. 500

Verlag von Wilhelm Engelmann in Leipzig

Schrader u. Reim, Dachdecker-Baukunde Taf. 101

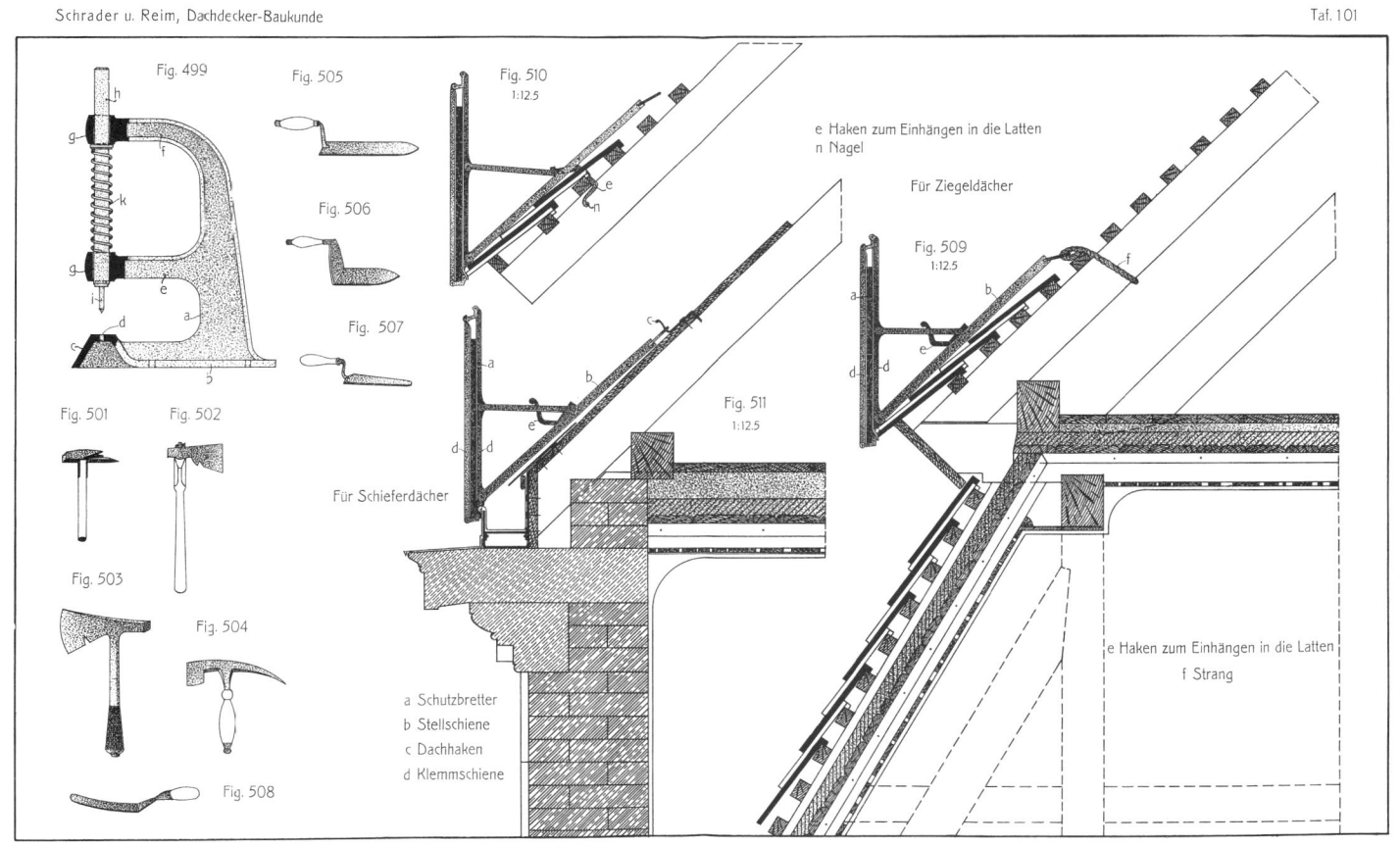

Fig. 499 Fig. 505 Fig. 510 1:12.5
e Haken zum Einhängen in die Latten
n Nagel

Fig. 506 Für Ziegeldächer

Fig. 507 Fig. 509 1:12.5

Fig. 501 Fig. 502

Fig. 511 1:12.5

Fig. 503 Für Schieferdächer

Fig. 504

a Schutzbretter
b Stellschiene
c Dachhaken
d Klemmschiene

e Haken zum Einhängen in die Latten
f Strang

Fig. 508

Verlag von Wilhelm Engelmann in Leipzig

Dr. Otto Kallenberg
Das Zinkblech und seine Verwendung im Baufache

Tafel 1: Bedachung nach dem französischen Leistensystem mit hoher Firstleiste
Tafel 2: Bedachung nach dem belgischen Leistensystem und Darstellung einfach gefalzter Bleche zur Wandverkleidung
Tafel 3: zeigt die Anwendung der geraden Wellenbleche auf Holzkonstruktion und der bombierten Wellenbleche auf der Eisenkonstruktion
Farbtafeln in Buchdruck, 400 x 250 mm

Eine Anleitung zur richtigen Verarbeitung und Anwendung des Zinkbleches bei den verschiedensten Baukonstruktionen.
Um die Eigenarten des Metalls „Zinkblech" dem Verarbeiter zur Kenntnis zu bringen, gab die Schlesische Aktiengesellschaft bereits im Jahre 1857 eine Broschüre „Über die Eigenschaften des Zinkbleches und seine Verwendungsarten" heraus. Dieses Werk wurde mehrfach überarbeitet und erfreute sich großer Beliebtheit bei den Klempnermeistern. 1911 trat dann der Verband Deutscher Zinkwalzwerke, Berlin, an Dr. Otto Kallenberg heran, eine erneute Bearbeitung vorzunehmen. So erschien im Jahr darauf eine neue 4. Auflage unter dem oben genannten Titel. Dr. Kallenberg – erster Lehrer an der Blechner- und Installateur-Fachschule in Karlsruhe und Herausgeber vieler Fachschriften für den Blechbearbeiter – hat sich in dem vorliegenden Fachbuch ausführlich mit den Eigenschaften des Zinkblechs auseinandergesetzt. Er erläutert die verschiedenen Dachdeckungsarten und gibt Anleitungen zur Ausführung von Zinkblech-Dachbedeckungen nach den beliebtesten Systemen einschließlich der Verarbeitung aller vorkommenden Zubehörteile.
Die Farbtafeln sind im Anhang des Buches zu finden und werden hier in verkleinertem Maßstab wiedergegeben.

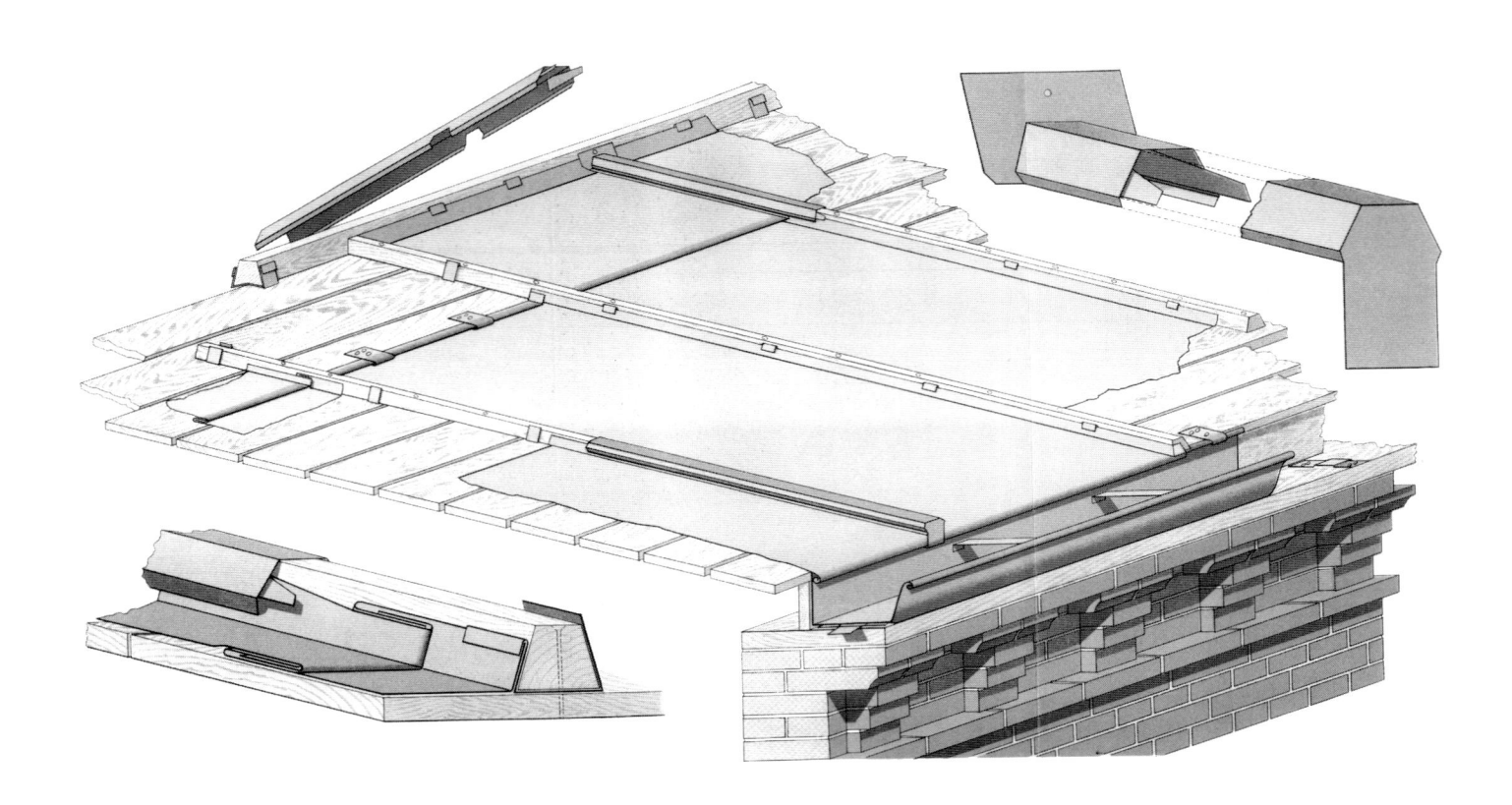

207

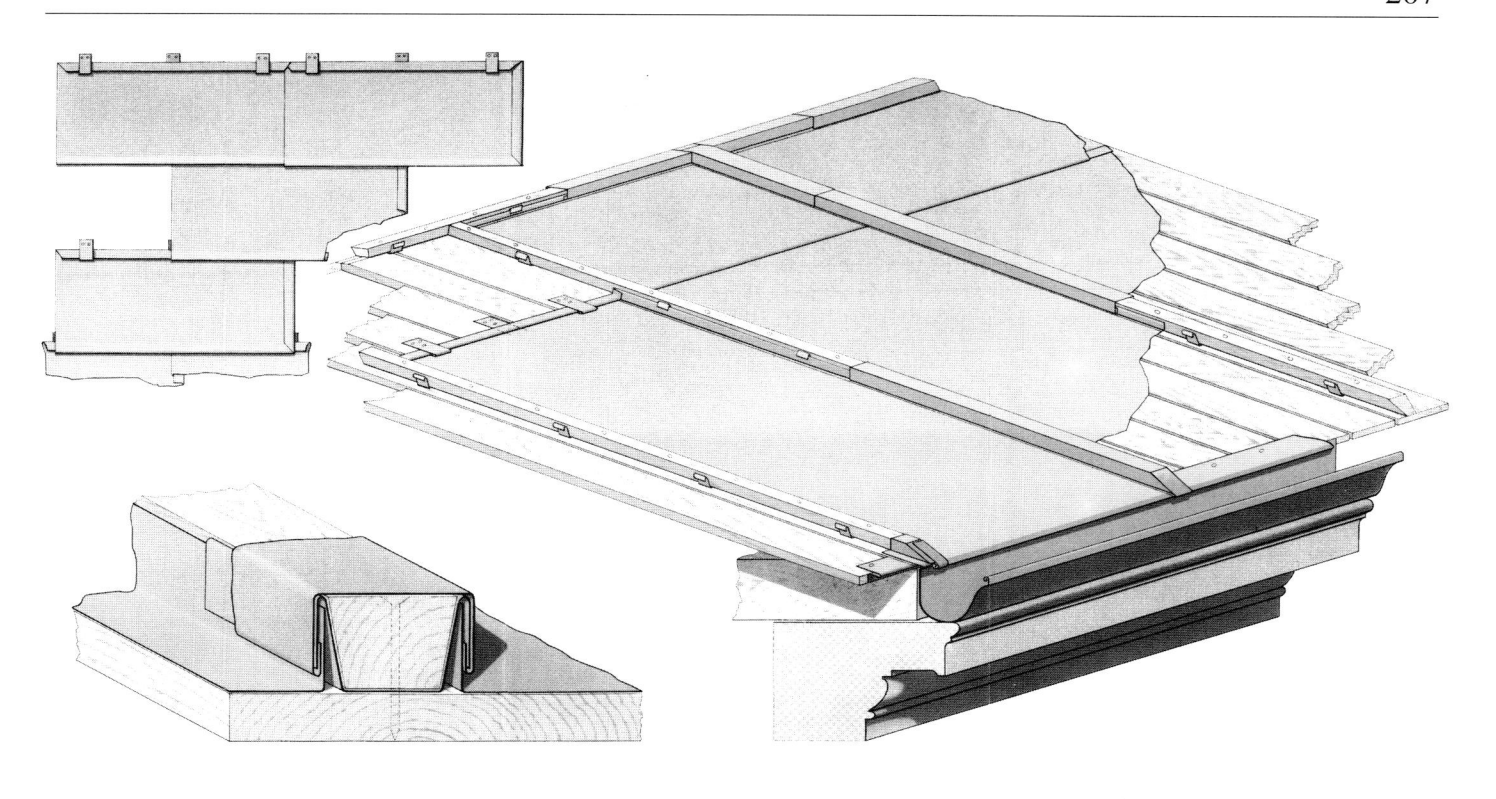

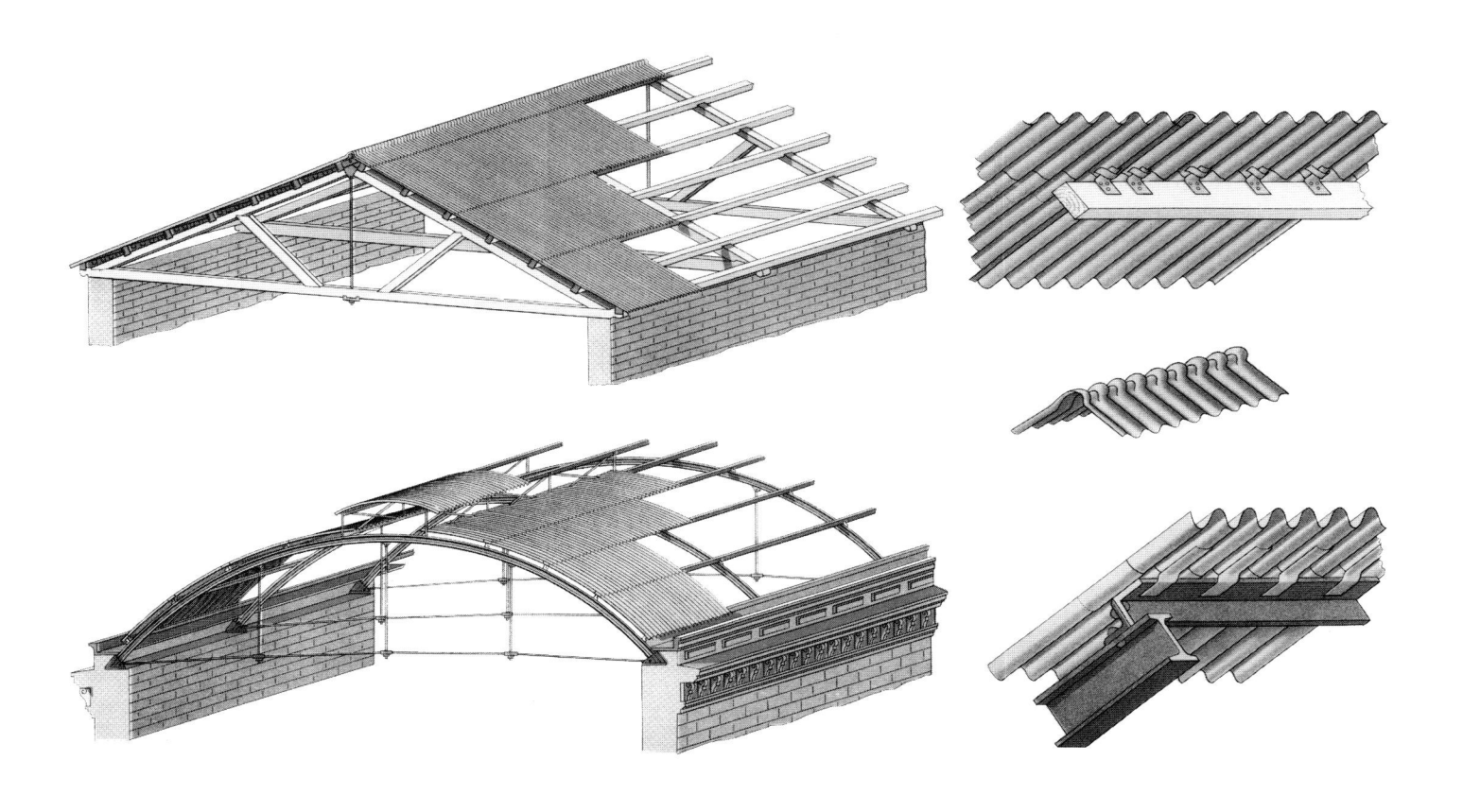

Die Zimmerleute streckten sich
hin auf dieСпän' und reckten sich. Indessen kam die Geisterschar und sah, was da zu zimmern war, nahm Meißel und Beil und die Säg' in Eil'; sie sägten und stachen

Eh' sich's der Zimmermann versah —

August Kopisch/F. Gareis
Die Heinzelmännchen
Buchillustrationen, 148 x 205 mm

Wer kennt nicht die lustige Geschichte von den Heinzelmännchen zu Köln und der neugierigen Schustersfrau, die uns diese angenehmen Helfer in der Nacht ein für allemal vertrieben hat.
Dieses Gedicht, das auch von der Arbeit des Zimmermanns berichtet, wurde von August Kopisch verfaßt. Er wurde 1799 in Breslau geboren und starb 1853 in Berlin. Oft wurde seine Erzählung mit Illustrationen versehen – diese stammen von F. Gareis aus einer Ausgabe von 1920.

Gertrud Kopp-Römhildt
**Zehn kleine Heinzelmännchen –
Sie bauten sich ein Haus**

**Maurer
Zimmermann
Dachdecker**
Buchillustrationen, 160 x 210 mm

Insgesamt acht verschiedene Berufe vom Bau werden in diesem Bildband in Form von Abzählreimen vorgestellt. Dabei sind aus den zehn Negerlein hier zehn Heinzelmännchen geworden. So nach und nach werden diese immer weniger. Auch bei den Dachdeckern ist ein Heinzelmännchen ausgerutscht, und dann waren es nur noch sieben.

Der Architekt

Jedes Werk sei vorbedacht!
So wird erst ein Plan gemacht,
der weist jedem Handwerksmann
seinen Teil der Arbeit an.

Dann wird fleißig ausgeschachtet,
auf die Schnur genau geachtet.
Was gelingen soll am End',
braucht ein festes Fundament.

Lieselott Purjahn
Wir bauen uns ein Haus

Der Architekt
Der Maurer (2 x)
Der Zimmermann
Der Dachdecker
Buchillustrationen, 150 x 170 mm

Diese Illustrationen stammen aus einem Bilderbuch von Lieselott Purjahn. Ihr kleines Werk erschien kurz nach dem Zweiten Weltkrieg in der Verlagsgemeinschaft „Jugend und Welt" in Berlin.

Der Maurer

Schaut gut zu, wie der Geselle
flink den Stein faßt und die Kelle.
In den Mörtel setzt er dicht
Stein auf Stein und Schicht auf Schicht.

Von den Pfeilern zu den Ecken
sich gerade Wände strecken.
Das vor allem prägt Euch ein:
Lotrecht muß die Mauer sein!

Der Maurer

Seht das Werk geschickter Hände!
Schon erkennt Ihr Tür und Wände.
Fenster werden nicht vergessen —
alles sorgsam ausgemessen!

Auf der Rüstung baut man weiter,
und hinauf führt eine Leiter.
Ja, fürwahr, schon wächst das Haus
übern ersten Stock hinaus!

Der Zimmermann

In solch luft'ger Höh', seht an!
wirkt der wackre Zimmermann,
hobelt, hämmert, sägt und schlichtet,
bis der Dachstuhl ist errichtet.

Wer da helfen will, der sei
stark, geschickt und schwindelfrei.
Auf dem First der Kranz zeigt an:
Ein Teil Arbeit ist getan!

Der Dachdecker

Übers schöne Himmelsblau
ziehen Wolken, dick und grau,
und bald tropft es, kühl und naß,
regnet ohne Unterlaß.

Durch die Decke dringt es ein
in die Zimmer uns — o nein!
Denn das Dach wird mit Bedacht
hier mit Ziegeln dicht gemacht.

**Werksbroschüre
H. Martini jun. Dachziegel-Fabriken,
Sömmerda in Thüringen**
Fotografische Abbildungen in Buchdruck

Einen Einblick in die Technik einer Ziegelei der Jahre 1920–1930 gestattet die Werksbroschüre der H. Martini jun. Dachziegel-Fabriken, Sömmerda in Thüringen. Nach eigenen Aussagen des Unternehmens wurden damals bereits seit 75 Jahren Dachziegel gefertigt, und „die Erfahrungen dieser langen Zeit bieten die Gewähr für ein in jeder Beziehung erstklassiges, sauberes und gut passendes Fabrikat mit den Vorzügen der unbedingten Haltbarkeit und Wetterbeständigkeit".

Es werden Doppelfalzziegel, Idealfalzpfannen, Reformziegel, holländische Dachpfannen, Mönch und Nonne sowie Biberschwanzziegel hergestellt.

Die in der Broschüre gemachte Aussage, daß eine moderne und umfangreiche Fabrikationseinrichtung jeder Nachfrage gerecht wird, unterstreichen entsprechende Bilddokumente.

Teilansicht der Tongrube

Teilansicht eines Pressensaales

Teilansicht des Pressensaales
im Hermannwerk

Strangpresse zur Herstellung
von Biberschwanz-
ziegeln und Strangpfannen

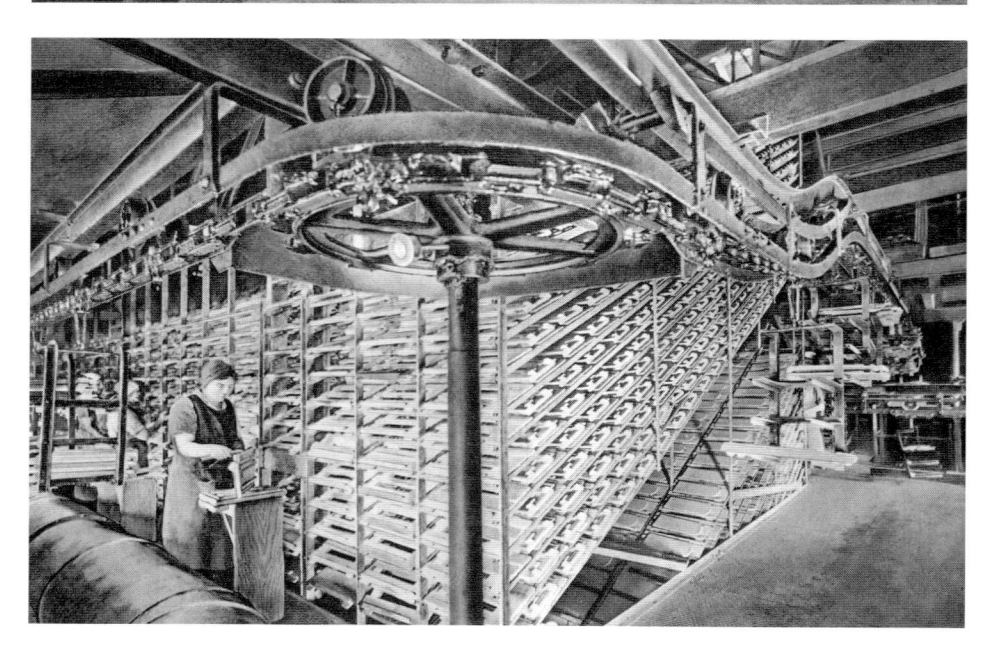

Teilansicht Trocknerei
Martiniwerk

Teilansicht der Ringöfen

Teilansicht der Werkstätten

Bahnversand mit Anschluß-
gleis und Verladerampen

Richard Dehmel/Fini Skarica
Der kleine Held
Buchillustration, 157 x 214 mm

„Eine Dichtung für wohlgeratene Bengels und für Jedermann aus dem Volk" nennt Richard Dehmel im Untertitel sein kleines Buch über Lehrberufe für Jungen. In einem Gedichtbeitrag in dieser Publikation sagt Dehmel, daß ein Junge Dachdecker werden kann, wenn er schwindelfrei ist. Und wenn er bei Blitz und Donner auf dem Kirchturm sitzt – dann ist er auch ein kleiner Held.

Richard Dehmel wurde 1863 in der Mark Brandenburg geboren. Als Schriftsteller wandte er sich in seinen Werken nicht nur an erwachsene Leser, sondern mit Gedichten und Erzählungen auch an die Kinder. Sein Engagement galt im Besonderen der sozialen Gerechtigkeit. Er starb 1920 in Hamburg. Kurz nach seinem Tode erschien „Der kleine Held" in der Pestalozzi-Verlagsanstalt in Wiesbaden.
Die Illustrationen stammen von Fini Skarica, die 1898 in Wien geboren wurde. Sie war besonders im Textilfach und auf dem Gebiet der künstlerischen Schrift tätig, beschäftigte sich aber auch gelegentlich mit Gebrauchsgraphik.

Reichsinnungsverband des Deutschen Dachdeckerhandwerks
Das deutsche Dachdecker-Handwerk
Band 3 – Lieferung 1
Buchdruck nach Fotografien

Schiefergewinnung des 18. Jahrhunderts wird von Fougeroux de Bondaroy in seinem Werk „Die Kunst den Schiefer aus den Steinbrüchen zu brechen" ausführlich behandelt. Im weiteren Verlauf der nächsten fast 200 Jahre haben sich die Schranken der einstigen Gewerke „Schieferdecker" und „Ziegeldecker" verschoben – aus ihnen ist der Dachdeckermeister geworden. Während der Jahre 1930–1940 ging der damalige Reichsinnungsverband des Deutschen Dachdeckerhandwerks mit fachtechnischer Information bereits auf die Handwerker zu. Dabei wurde auch die Werkstoffkunde sehr unterstrichen und die Gewinnung von Dachschiefer in fotografischen Abbildungen ausführlich beschrieben.

Im rheinisch-westfälischen Schiefergebirge wird der Abbau mit wenigen Ausnahmen unterirdisch betrieben. Im Eifeler Gebiet verwendet man Richtschächte, die mit Holz und Eisen ausgebaut werden. An einer geeigneten Stelle des Schieferlagers wird rechtwinklig ein Querschlag angesetzt. Von dort beginnt der eigentliche Abbau mit Sprengstoff und Schrämmhammer. Die Schieferblöcke werden mit Reißkeilen in Platten aufgespalten und soweit zerlegt, daß sie sich für den Transport eignen. Die Stücke werden je nach Betriebsanlage durch Stollen oder Schächte zutage gefördert.

Die Schieferblöcke gelangen in die Spalthütte. Je nach Größe werden die Steine in 4–8 cm dicke Schiefer gespalten, so daß zum Schluß ein reiner, einwandfreier Dachziegel übrig bleibt.

In den Spalthütten sitzen die Spalter zu ebener Erde, links die zu spaltenden Schieferstücke und rechts den fertigen Rohschiefer neben sich lagernd. Die Spalter sortieren den Rohschiefer gleich in verladefertige, handelsübliche Gattungen.

218

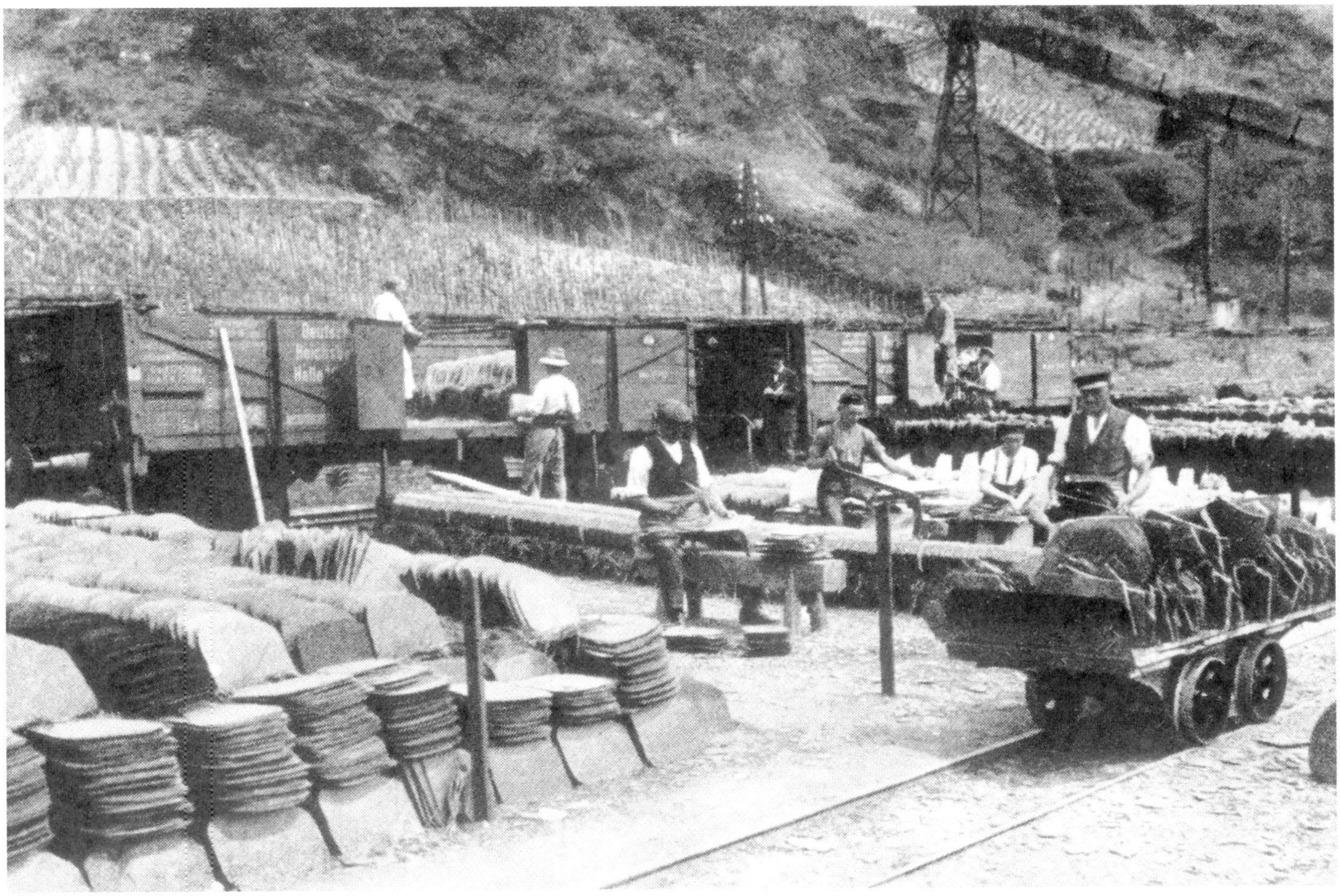

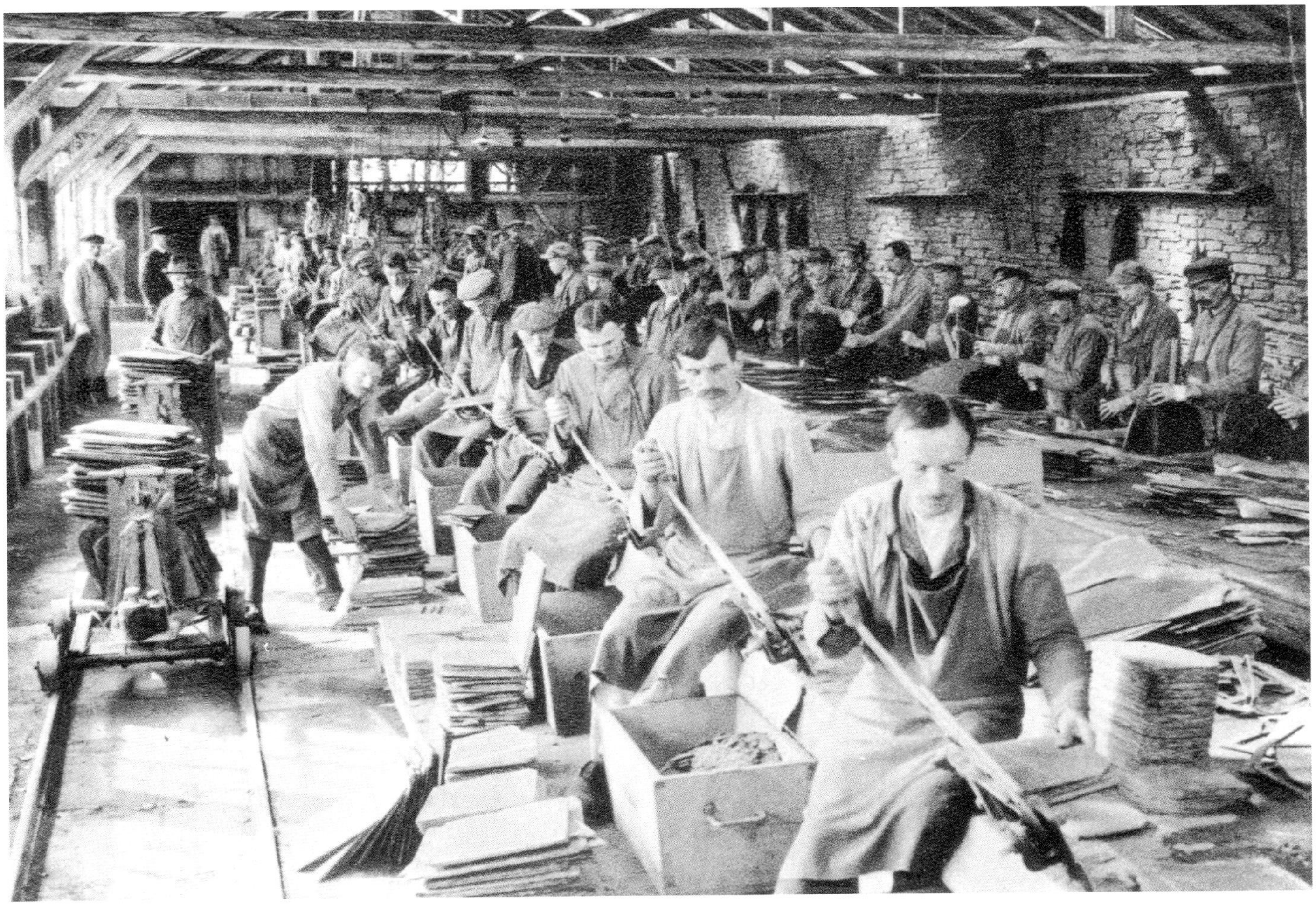

Richard Müller
Ohne Titel
Bleistiftzeichnung, 180 x 280 mm

Die Bleistiftzeichnung ist nicht betitelt, und doch ist der Dachdecker unverkennbar.
Richard Müller war ein hervorragender Techniker im Umgang mit dem Zeichenstift und der Radiernadel und auch ein ausgezeichneter Beobachter der Natur.
Er wurde 1874 in Tschirnitz bei Karlstadt geboren und kam mit 16 Jahren zur Dresdener Kunstakademie. 1893 machte er sich selbständig. Dann erst wagte er sich an Radierungen.
1900 wurde Müller Professor an der Dresdener Akademie und blieb dort bis 1934. Er starb im Jahre 1954.

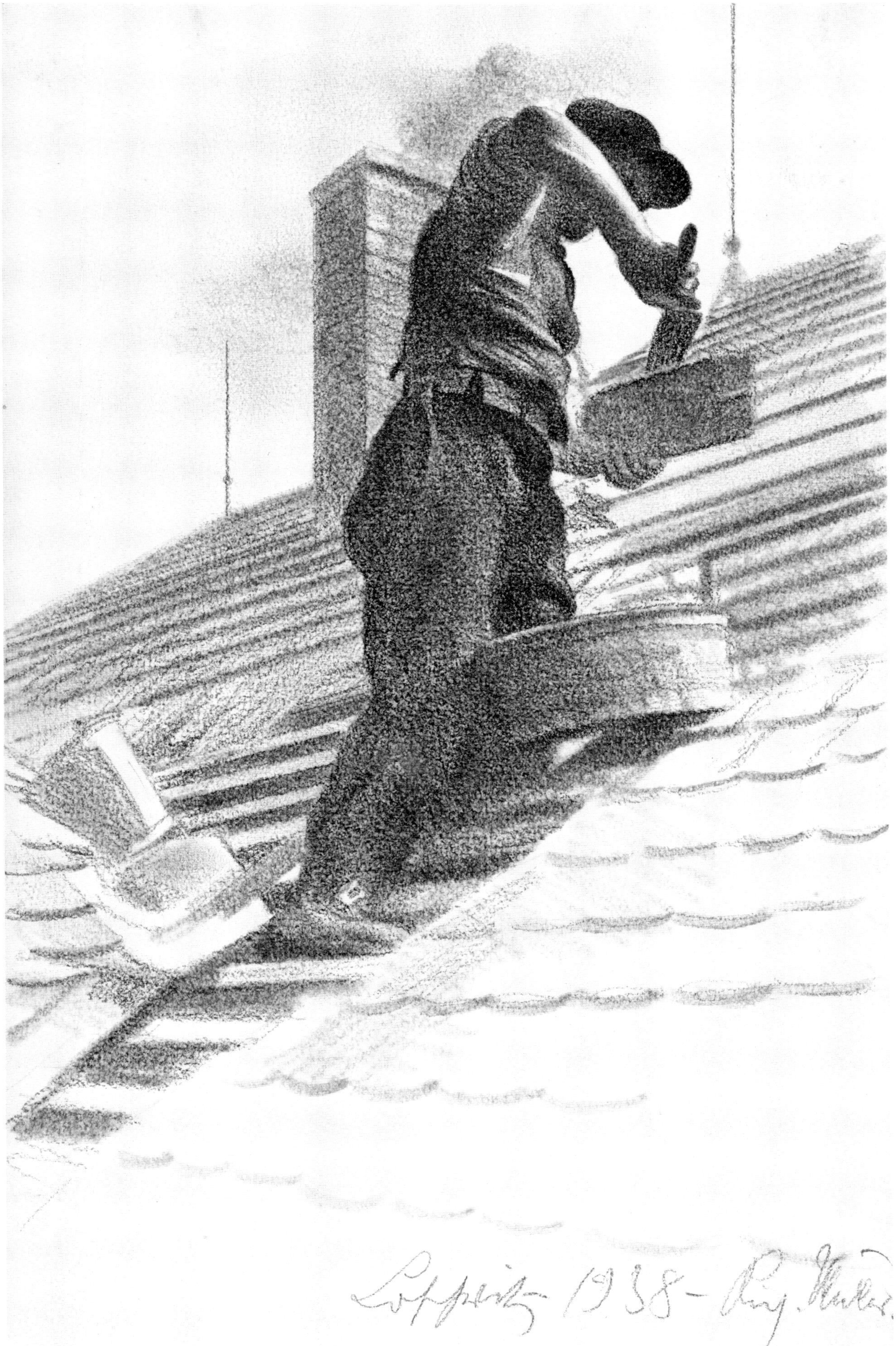

> **SO WIRD EIN HAUS GEBAUT**
> JIŘÍ SCHWERTNER — FRANTIŠEK FREIWILLIG
>
> Willst du ruhig schlafen gehn,
> muß dein Haus auch richtig stehn.
>
> Heb erst eine Grube aus,
> bau die Grundmauern fürs Haus.
>
> ARTIA KINDERBÜCHER

J. Schwertner/F. Freiwillig
So wird ein Haus gebaut

Der Maurer
Der Zimmermann
Der Dachdecker
Der Klempner
Buchillustrationen, 238 x 135 mm

Das von den tschechischen Autoren J. Schwertner und F. Freiwillig geschaffene Kinderbuch erschien 1956 im Artia-Verlag in Prag in der deutschen Übersetzung von Otto Kalina. In Leporelloform wird in zwölf Bildern der Bau eines Hauses den Jungen und Mädchen in einfachen Bildern und schlichten Versen nahegebracht.
Aus der Reihe der Handwerker sind hier der Maurer, der Zimmermann, der Dachdecker und der Klempner mit den sie begleitenden Versen wiedergegeben.

Ziegel und den Mörtelbrei
schafft der Maurer dann herbei.

Sauber reiht er, flink und fein
Ziegelstein an Ziegelstein.

Auf die Mauern zimmert dann
flink das Dach der Zimmermann,

hämmert dort in luft'ger Höhe,
in der Wolken nächster Nähe.

Und der Dachdecker im Nu
deckt sodann den Dachstuhl zu.

Gibt dem Hause eine Mütze,
daß sie es vor Regen schütze.

Klempnermeister bum, bum, bum,
klopfen auf dem Dach herum.

Wenn sie gute Rinnen machen,
gibt's im Hause keine Lachen.

August Kopisch/Lieselotte Neupert
Die Heinzelmännchen

**Die Zimmerleute streckten sich …
… klapp, stand das ganze Haus schon fertig da!**
Buchdruck, 145 x 220 mm

Ein weiteres Bilderbuch von den Heinzelmännchen zu Köln nach dem Text von August Kopisch brachte um das Jahr 1950 der Verlag L. Schwann, Düsseldorf, heraus.
Die Bilder – mit eingerahmtem Text – stammen von Lieselotte Neupert. Ihre Darstellungen der Geisterschar und der faulen Zimmerleute auf zwei Buchseiten werden hier wiedergegeben.

Conrad Felixmüller
Dachdecker (Tautenhain)
Holzschnitt, 395 x 500 mm

Conrad Felixmüller wurde am 21. März 1897 in Dresden geboren. Bereits als Vierzehnjähriger nahm er ersten Zeichenunterricht an der Kunstgewerbeschule in Dresden, anschließend besuchte er die Dresdener Kunstakademie. 1912 entstanden die ersten Holzschnitte. Schon als Zwanzigjähriger zeigte er mit bildnerischen Mitteln seine Abscheu vor dem Krieg.

1920 wurde ihm der Rom-Preis verliehen. Dies setzte ihn in die Lage, ins Ruhrgebiet zu reisen. Er malte, zeichnete, schnitt und radierte seine Motive: Kohle und Kumpel, soziales Elend, Not und Hunger. Es ging ihm um den Menschen.

In der Folgezeit wurde der Künstler mehrfach geehrt. 1933 begannen seine Schwierigkeiten mit den Nationalsozialisten, seine Werke wurden aus öffentlichem Besitz entfernt – den Maler und Graphiker Felixmüller gab es offiziell nicht mehr.

Nach dem Kriege lebte der Künstler in Tautenhain. Ab 1949 lehrte er als Professor in Halle. Unermüdlich saß er an der Staffelei oder reiste zu Ausstellungen, um neue Kunstfreunde zu gewinnen.

Conrad Felixmüller starb am 24. März 1977 in Berlin.

Der Holzschnitt „Dachdecker" (Nr. 576 des Werkverzeichnisses Söhn) entstand 1957. Nach detaillierten Angaben des Verzeichnisses sind neben dem hier wiedergegebenen Holzschnitt – bezeichnet als 1. Probedruck des II. Zustandes – auch zwei Blätter mit hellen und sechs bis acht Drucke mit dunklen Schieferplatten entstanden.

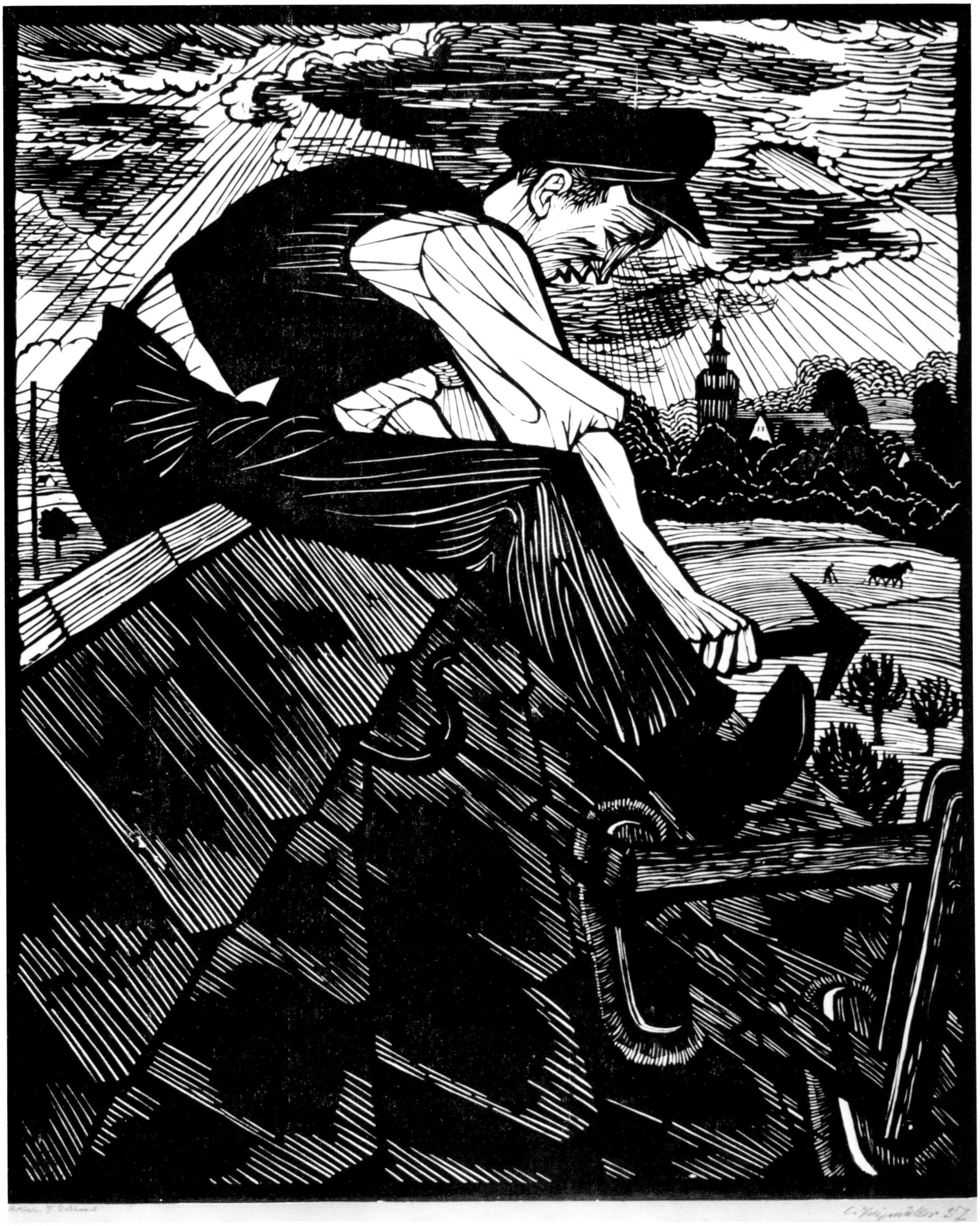

Conrad Felixmüller
Der alte Maurer
Fotographie nach Holzschnitt, 340 x 454 mm

Der Holzschnitt „Der alte Maurer" (Nr. 568 des Werkverzeichnisses Söhn) stammt aus dem Jahre 1959. Von dem Original-Holzschnitt gibt es nur wenige Probedrucke. Die Möglichkeit der Bildwiedergabe an dieser Stelle ist dem Sohn des Künstlers – Architekt in Hamburg – zu verdanken.

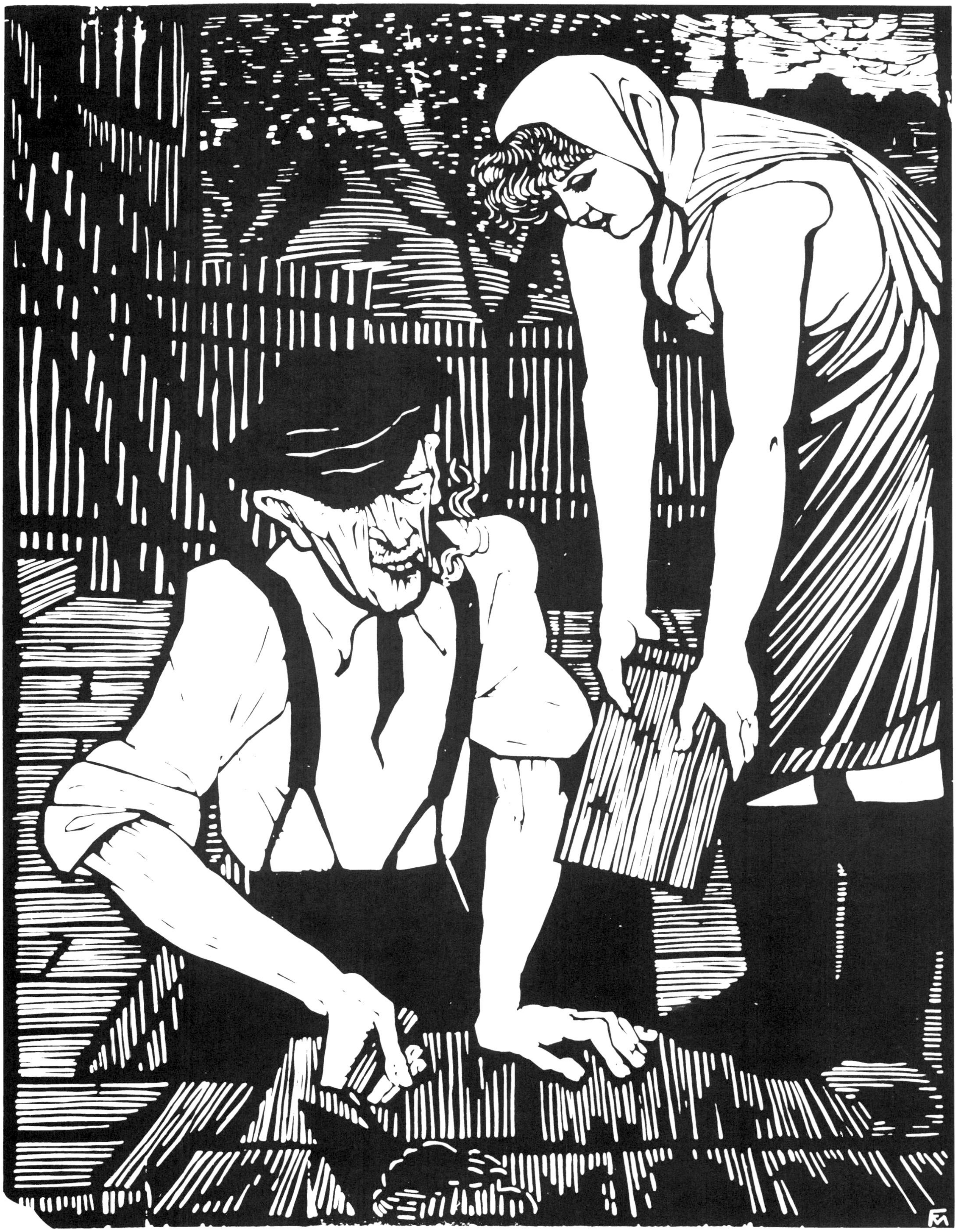

Conrad Felixmüller
Im Herbst kommen endlich die Dachdecker
Holzschnitt, 100 x 123 mm

Bei dem hier wiedergegebenen Holzschnitt von Conrad Felixmüller handelt es sich um ein Exemplar der Original-Handdrucke von 1947, handsigniert und bezeichnet (Werkverzeichnis Söhn Nr. 421).

Conrad Felixmüller (siehe auch die beiden vorhergehenden Doppelseiten) schuf 1970 die Mappe „Jahr des Malers" (Werkverzeichnis Söhn Nr. 653), in der für jeden Monat des Jahres ein Holzschnitt erscheint (Werkverzeichnis Söhn Nrn. 419–430).

Außer dem Dachdecker sind keine anderen Handwerker in der Mappe enthalten.

1/2. I. Zstd   Heijmüller
März in Tautenhain

421

Anton Leidl
Der Reetdachdecker
Öl auf Leinwand, 60 x 75 cm

Der deutsche Maler, Graphiker und Illustrator Anton Leidl wurde im Jahre 1900 in Frankfurt/M. geboren. Er lebte und wirkte in Tutzing am Starnberger See, wo er 1976 verstarb.

Seine Freundschaft zu Dr. Oetker führte Leidl auch nach Bremen, von wo aus er eine Reise nach Südamerika antrat. Dabei malte Leidl mehrere Motive aus der Hansestadt und ihrer Umgebung.

Das Gemälde „Der Reetdachdecker" befindet sich im Besitz des Kunsthauses Bühler in Stuttgart.

233

Franz Schejbal
Mit Zeichenstift und Schieferhammer
Buchillustrationen, Buchformat 180 x 250 mm

„Mit Zeichenstift und Schieferhammer" – so nennt der Dachdeckermeister Franz Schejbal aus Plattling sein Buch, das er 1980 herausbrachte. In lustiger Form ironisiert Schejbal in seinen Zeichnungen sich selbst und das Dachdeckerhandwerk. Aus der Fülle seines Schaffens sind hier zwei Beispiele ausgewählt, in denen der Gebrauch des Schieferhammers am falschen Objekt demonstriert wird.

Franz Schejbal stellt bereits seit vielen Jahren öffentlich aus, so u. a. in Paris, Osaka und auf Neuseeland. Hier erhielt er 1983 den Ersten Preis in einem Zeichenwettbewerb.

235

Francisco Garcia Gómez
Das schützende Dach
Radierung, 140 x 215 mm

Francisco Garcia Gómez, 1936 in Sevilla/Spanien geboren, ist Doktor der Schönen Künste an der dortigen Universität.
Als junger Mann besuchte er die Kunstschule und nahm 1961 seine Studien zum Lehramt für Zeichnen auf. Noch im selben Jahr erhielt er die Lehrbefugnis. 1977 wurde Gómez Zweiter Direktor der Hochschule für Schöne Künste und – nach deren Integration in die Universität von Sevilla – Vizedekan dieser Alma mater.

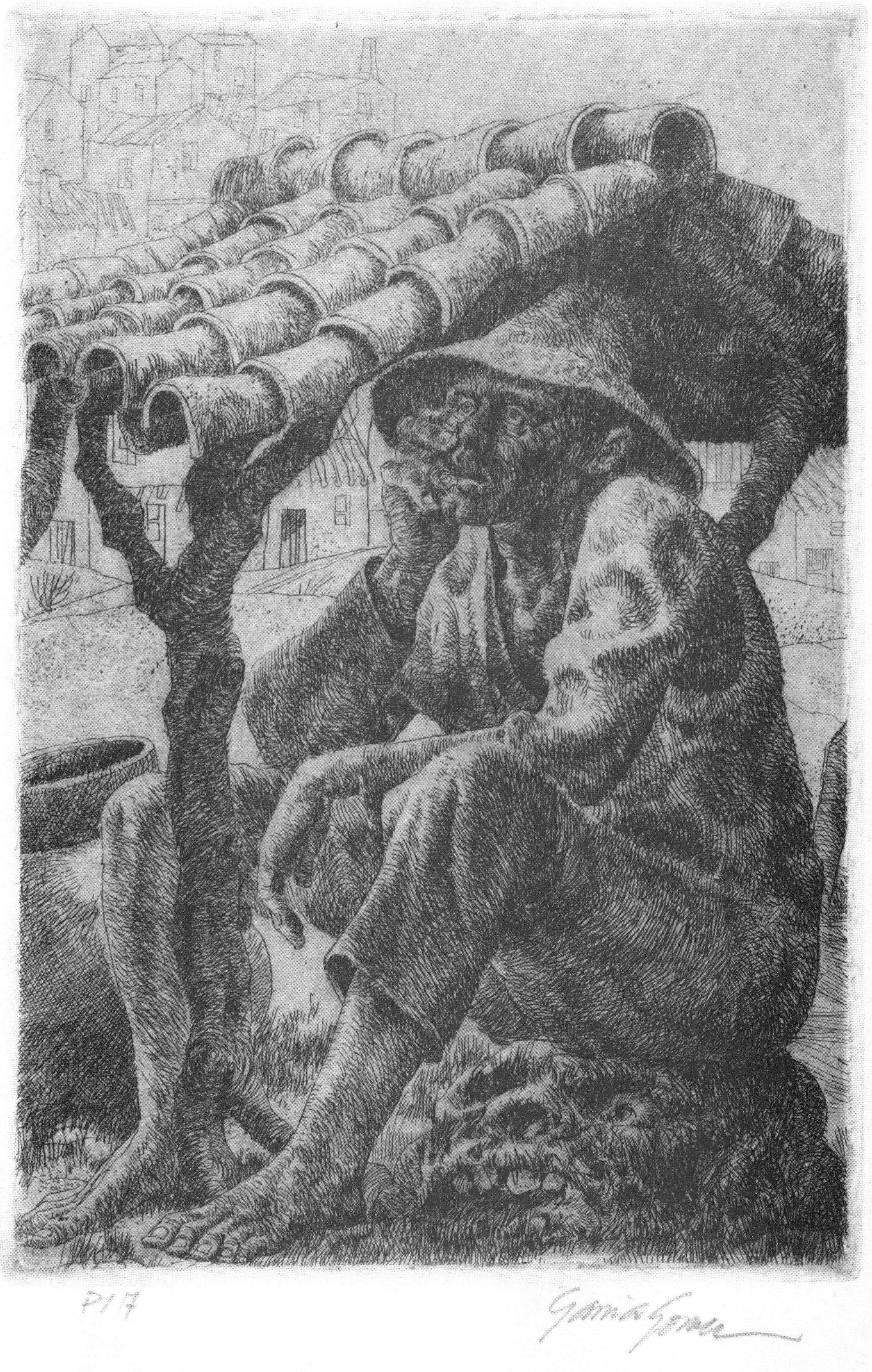

Francisco Garcia Gómez
Das schützende Dach
Radierung, 105 x 150 mm

Der Künstler erhielt schon früh Auszeichnungen für seine Gemälde, Zeichnungen und graphischen Arbeiten. Das von ihm geschaffene Porträt des spanischen Königs schmückt die Aula der Universität von Sevilla. Ausstellungen von F. G. Gómez finden nicht nur in seiner Heimatstadt großes Interesse – in ganz Spanien, Europa und auch in Amerika wird er sehr geschätzt.

239

Impressum

Verlag H. M. Hauschild GmbH, Bremen
© 1996 by Walter Klein, Delmenhorst
Buchgestaltung:
Gernot Braatz, Bremen
Gesamtherstellung:
H. M. Hauschild GmbH, Bremen

ISBN 3-931 785-01-7